Oswald Sanders의
영적성숙

오스왈드 샌더스 지음 | 고신석 옮김

묵상하는사람들
프리셉트

Spiritual Maturity

by J. Oswald Sanders

This book was first published in the United States by Moody Publishers, 820 N. LaSalle Blvd., Chicago, IL 60610 with the title Spiritual Maturity, copyright 1962, 1994 by The Moody Bible Institute of Chicago. Translated by permission

Korean Edition
© 2008 by Precept Ministries of Korea
8-1, Cheongnyongmaeul-gil, Seocho-gu, Seoul, Korea

「영적지도력」의 저자,
오스왈드 샌더스가 제시하는 **영적성숙의 원리**

Oswald Sanders의
영적성숙

오스왈드 샌더스 지음 | 고신석 옮김

묵상하는사람들
프리셉트

C.o.n.t.e.n.t.s

서문

| **GOD**

1 하나님의 섭리   10
   The Overruling Providence Of God

2 하나님의 비전   24
   The Prostrating Vision Of God

3 하나님의 인내   38
   The Undiscouraged Perseverance Of God

4 하나님의 훈련   54
   The Discriminating Disciplines Of God

5 하나님의 능력   68
   The Perfected Strength Of God

6 하나님의 혐오사항   78
   The Moral Antipathy Of God

7 하나님의 보상   96
   The Satisfying Compensations Of God

II CHRIST

8 영광의 그리스도　114
The Supreme Vision Of Christ

9 찬양 받으시기에 합당한 그리스도　128
The Transcendent Worthiness Of Christ

10 계속되는 그리스도의 사역　144
The Unfinished Work Of Christ

11 그리스도의 인격　158
Christ's Ideal Of Character

12 제자의 조건　172
Christ's Terms Of Discipleship

13 그리스도의 편지　184
A Personal Letter From Christ

14 그리스도의 통치　196
A Reigning Life Through Christ

III THE SPIRIT

15 성령: 하나님의 호흡　212
The Spirit - The Breath Of God

16 성령의 변화시키시는 능력　224
The Transforming Power Of The Spirit

17 성령의 정결케 하는 불　236
The Purging Fire Of The Spirit

18 성령의 강력한 에너지　252
The Mighty Dynamic Of The Spirit

19 성령의 선교 열정　264
The Missionary Passion Of The Spirit

20 성령과 방언 (1)　280
The Spirit And Speaking With Tongues(1)

21 성령과 방언 (2)　290
The Spirit And Speaking With Tongues(2)

부록: 그룹 토의 문제

서문

　　신약에는 세 가지 유형의 기독교인이 나타난다. 첫째로 성숙한 영성을 가진 사람, 둘째로 미성숙한 영성을 가진 사람, 셋째로 영성이 퇴보하고 있는 사람이다. 안타까운 사실은 성도라 할지라도 성숙에 이르지 못하거나 혹은 성숙으로부터 퇴보할 수 있다는 것이다. 성경은 이러한 실패의 원인에 대해 신랄하게 진단하고 그 치료법을 제시한다.

　　본서는 총 3부로 나뉘어져 있으며 각 부는 상호간에 긴밀하게 연결되어 있다. 이는 우리가 성부, 성자, 성령 삼위일체 하나님을 신뢰하는 신앙 위에 바로 서 있을 때 하나님과 동행하는 영적 성숙의 기쁨을 누리게 될 것임을 나타낸 것이다.

　　I 부는 성부 하나님에 대해 다루고 있다. 우리가 I 부의 내용을 숙지할 때 하나님은 진실로 거룩하시며 죄를 지극히 미워하시는 성품을 가지신 분임을 깨닫고 하나님에 대한 경외심을 갖게 될 것이다. 또한 하나님의 섭리와 훈련에 대한 통찰력을 새로이 얻게 될 것이며, 성도의 인격을 온전하게 하시기 위해 끝없이 참으시는 하나님의 인내와, 시련 가운데 함께 하시겠다는 하나님의 약속을 보게 될 것이

다. 이러한 하나님의 성품을 통해 우리는 하나님께서 능력 가운데 우리의 삶을 주관하신다는 확신과 자신감 그리고 거룩한 경외심을 갖게 될 것이다.

Ⅱ부에서는 성자 예수님을 다루고 있으며 우리는 이 본문을 통해 예수님의 숭고한 삶, 죽음으로부터의 승리, 그리고 주님의 영광과 위엄을 맛보게 될 것이다. 주님의 제자가 되기 위한 엄격한 조건들을 보게 될 것이며, 주님과 함께 다스리는 왕 같은 삶의 가능성을 마음 속에 그려보게 될 것이다.

Ⅲ부는 성령님을 다룬 부분으로, 성령의 감화시키시고 변화시키시는 능력과 죄를 제거하고 정결케 하시는 활동, 저항할 수 없는 권능과 전도의 열정을 보여준다. 이를 통하여, 우리는 성령께서도 우리를 성숙으로 이끄시는 강력한 의지를 가지고 계시다는 점에서 성부, 성자와 하나라는 사실을 확인하게 될 것이다. 삼위일체의 속죄하시는 권세에 무조건적으로 굴복하는 삶만이 영적으로 성숙한 삶이다.

마지막으로 부록에는 6번에 걸쳐 그룹으로 심도 깊게 공부할 수 있는 「그룹 토의 문제」를 첨부하였다. 본서를 통해 여러분은 영적 성숙의 놀라운 축복을 누리게 되리라 확신한다.

The Overruling Providence of God
I

"우리가 알거니와 하나님이 사랑하는 자 곧 그 뜻대로 부르심을 입은 자들에게는 모든 것이 합력하여 선을 이루느니라" _로마서 8장 28절

Spiritual Maturity

The Overruling Providence of God

하나님의 섭리

[말씀 읽기: 로마서 8장 26-30절]

"우리가 알거니와 하나님이 사랑하는 자 곧 그 뜻대로 부르심을 입은 자들에게는 모든 것이 합력하여 선을 이루느니라"(롬 8:28). 이 말씀은 시련 중에 있는 성도에게 무한한 평안과 위로를 준다. 이 말씀은 바울의 확고한 믿음이었다. 바울은 하나님의 압도적인 섭리를 확신하고 있었다. 그는 "하나님은 모든 것을 가장 좋게 만드신다"는 것을 믿었다. 삶에서 일어나는 모든 일들은 하나님이 계획하셨거나 허락하신 일들이라는 이 믿음 위에서 불만이란 생각할 수조차 없다. 이 확신 위에서 "범사에 감사하라"는 그의 권면이 가능해진다. 이 확신은 탄식을 노래로 바꿨다. 이 확신은 바울 자신과 그의 동료를 한 밤

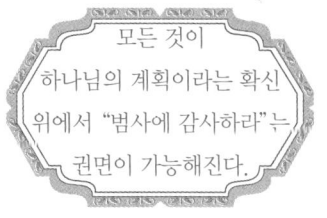

모든 것이 하나님의 계획이라는 확신 위에서 "범사에 감사하라"는 권면이 가능해진다.

중에 찬양할 수 있게 한 실제적인 신앙이었다. 심지어 그들의 계획이 실패한 것처럼 보였고, 피투성이가 되어 지하 감옥에 갇혀 있었다 하더라도 이 확신이 있었기 때문에 그들은 한 밤 중에 하나님을 찬양할 수 있었다. 하나님을 사랑하고 하나님의 목적을 위해 부르심을 받았다는 것을 확신하고 있는 한, 눈에 보이는 좋고 나쁨은 그에게 그다지 중요한 문제가 아니었다. 눈에 보기에 유리하든 불리하든, 모든 것은 반드시 최상의 것으로 나타나게 될 것이다. 여기서 우리에게 중요한 질문이 생긴다. 이러한 기쁨에 찬 바울의 확신을 과연 우리도 가질 수 있을까?

바울은 이러한 엄청난 주장을 하는데 너무나 확정적인 용어를 사용하고 있어서 어떠한 중립적인 태도도 끼어들 여지가 없다. 만약 그가 조금만 덜 독단적인 방식으로 표현을 했더라면 더 받아들이기 쉬웠을 것이다. 지독한 고통이나 실패를 직면했을 때, "모든 것이 합력하여 선을 이룬다"는 말씀은 지금 겪고 있는 냉혹한 현실로부터 분리되어 오히려 그럴 듯하게 들릴지도 모른다. 하지만 정말 그것이 사실일까? 이 주장은 혹 비밀스러운 회의주의적 견해는 아닐까? 아니면 낙천적인 현실주의로 받아들여야 할까? 본문의 문맥 상, 성경 전체를 다 통틀어서 이 말씀 만큼 비극과 시련, 실망 가운데서 균형감과 평온함을 줄 수 있는 성경 구절은 없을 것이다.

"모든 것이 합력하여 선을 이루느니라"라는 구절을 해석하는 데 있어서 문맥을 살펴보는 것은 아주 중요하다. 즉 이 진술은 본문의 상황으로부터 떼어서 설명하거나 혹은 '하나님을 사랑하는 자'와 '그 뜻대로 부르심을 입은 자들'이라는 두 가지 조건 구문과 나누어서 생각할 수 없다. 이 두 조건 구문이 본문의 적용을 제한하고 결정한다. 본문이 말하는 분명한 사실은 '항상 모든 것이 모든 사람에게 합력하여 선을 이루는 것은 아니라'는 것이다. 거기에는 반드시 조건이 있다. 이 구절은 모든 것이 무조건적으로 합력하여 선을 이룬다고 말하지 않는다. 두 가지가 전제되어 있다. 먼저 **하나님과의 바른 관계**(relationship)가 있어야 한다. 약속의 수혜자는 하나님 가족의 일원이며 그 가족의 사랑에 대해 즐거워하고 그 사랑을 증거한다. 이런 사람은, 자신의 독생자를 아끼지 않으신 하나님께서는 그분의 최고의 선을 위한 것이 아니라면 그 어떤 것도 허락하시거나 정하지 않으실 것을 믿는다. 사랑하기 때문에, 그 사실을 확인할 수 없는 상황에서도 믿는다. 다음은 **하나님과의 협력**(partnership)이다. 그는 하나님의 영원하신 목적에 따라 "부르심을 입은" 사람이다. 또한 그는 자신의 계획을 하나님의 계획에 맡긴다. 그는 하나님의 완전한 계획이 자신에게 불리한 어떤 것으로 방해 받을 것이라고 절대 생각하지 않는다. 하나님은 모든 것을 선으로 바꾸신다. 그의 하나님에게 있어서 "우연은 우연히 일어나는 것이 아니며 불행은 불행한 것이 아니다." 결론은 하나님의 선한 목적은 하나님의 부름에 사랑으로 응답한 사람들에게 펼쳐진다는 것이다. 하나님을 대적하고 하나님의 목적에 공감하지 않는 사람에게는 아무 것도 약속되어 있지 않다. 냉담한 마음을 가진 사람들에게는 이 구절이 걸림돌로 작용한다. 하나님에 대한 사랑으로 마음이 따뜻할 때에는 평안함으로 빛이 난다. 그러나 이 구절에서 말하는 평안의 경지를 누리기 위해서 우리는 바울이 정해 놓은 범주 안에 들어가야만 한다.

여기서 또 피할 수 없는 질문이 생긴다. 비극이 어떻게 선할 수 있을까? 아픈 것이 좋은 것일까? 사별이 선한 것인가? 좌절이 좋은 것인가? 도대체 왜 하나님은 이런 일들이 우리에게 닥치도록 허락하시는 것일까? 바울이 살았을 당시에는 역경(불운)에 대해 네 가지 특징적인 반응이 있었다. 쾌락주의자들은 "먹고 마시자. 내일이면 죽을 테니까"라고 말하며 살아갔다. 견유학파(냉소주의자)들은 운명이 더 나쁘게 흘러가도록 그 운명에 반항했다. 금욕주의자들은 이를 악물고 신의 뜻을 받아들이려고 마음을 굳게 했다.

하지만 본문에서 바울은 성도의 자세를 요약해서 보여주고 있다. 그것은 반항도 아니고 무관심도 아니다. 심지어 모든 것을 포기하고 받아들이는 것도 아니다. 성도는 기쁨으로 역경과 슬픔을 받아들인다. 그것은 운이 좋든 나쁘든 모든 것이 합력하여 가장 선한 것을 이룬다는 것을 알고 있기 때문이다.

> 성도는 기쁨으로 역경과 슬픔을 받아들인다.

"모든 것이 합력하여 선을 이루느니라"라는 말씀에는 위로와 격려가 가득 차고 넘치는 네 가지 진실이 나타나고 있다.

하나님의 계획은 유익하다

이 구절을 실제로 적용하는 데 있어서 가장 문제가 되는 것은 "선"이라는 말의 해석에 달려있다. 긴 안목으로 사랑을 바라보시는 하나님께서 약속하신 "선"은 우리가 보기에, 항상 좋거나 받아들일 수 있는 것이 아닐 수 있다. 사실 유물론적인 세상의 관점으로 볼 때 하나님의 섭리는 가끔 재앙으로 보인다. 하나님이 약속하신 선은 세속적이라기 보다는 영적인 것이며 우리가 참 유익을 깨닫기 까지는 어느 정도 시간이 걸릴 수도 있다.

욥도 그의 생애에 나타난 기이한 섭리를 이해하기까지 수 년이라는 시간이 걸렸다. 사단이 악한 마음으로 그에게 고난을 주었지만 욥은 그 고난들을 우연이나 사단의 탓으로 돌리지 않았다. 욥은 고상한 언어로 자신의 철학을 표현하였다. "주신 자도 여호와시요 취하신 자도 여호와시오니 여호와의 이름이 찬송을 받으실찌니이다." 아내에게 조롱을 받았을 때에도 그는 하나님에 대한 믿음을 잃지 않았다. "무슨 말이오! 우리가 하나님의 손에서 좋은 것만 받고 악한 것은 받지 않을 것이란 말이오?" 욥의 믿음의 견지는 그 뒤에 이어지는 사건들로 더욱 입증된다. 그는 시험을 통해 소멸되기 보다 오히려 더 강건해진다. 욥의 협력을 통해 하나님은 사단의 악한 행위를 그대로 사용하여 결국 더 좋은 결과가 되도록 하셨다.

버난 그라운즈(Vernon Grounds)는 다음과 같은 글을 썼다. "우리는 선이라는 말을 육체적인 편안함으로 해석하려는 경향이 있습니다. 병에 걸리지 않으면, 몸이 아프지 않으면, 혹은 주머니에 늘 돈이 있거나 은행에서 인출할 수 있다면, 현대식 집에 살고 최신 사치품을 즐긴다면, 만약 좋은 옷을 입고 바닷가에서 긴 휴가를 즐길 수 있다면, 우리는 이런 것들을 선이라고 생각할 것입니다. 그러나 불행하게도 우리는 우리 자신이 물질문명의 희생양이 되고 있다는 사실을 발견하게 됩니다. 신앙을 가지고 있음에도 불구하고 우리는 우리도 모르게 편안함과 선한 것을 같게 생각합니다. 같은 식으로 성공과 선한 것을, 혹은 쾌락과 선한 것을 같게 보려는 경향이 있습니다. 하지만 이런 생각은 바울의 기본 가르침으로부터 한참이나 떨어져 있습니다.

> 나의 하나님이 정하시는 것은 무엇이든 다 옳습니다.
> 하나님은 나를 늘 배려하시기 때문입니다.
> 하늘에 계신 나의 주치의가 주시는 잔은
> 독약이 아니라 확실한 치료제가 될 것입니다.
> 하나님은 신실하시기 때문이지요.
> 그 변함없는 진리 위에 내가 집을 세우니
> 내 모든 마음이 희망으로 채워집니다.

1812년 3월 12일, 인도의 세람포르(Serampore)에서 발생한 화재는 이 진리를 여실히 보여주고 있다. 윌리엄 캐리(William Carey)와 그의 동료들이 몇 년 동안 고생하며 작업한 번역물들이 순식간에 연기 속으로 사라져 버렸다. 성경을 번역한 원고의 손실은 막대했다. 새로 주조한 타밀(Tamil) 활자와 한자 금속활자를 모두 잃었다. 공들여 편집한 원고, 문법책과 사전 일부분이 사라져 버리고 말았다. 캐리는 다음과 같은 글을 썼다. "인쇄기 외에 남은 것이라고는 아무것도 없습니다. 너무 엄청난 타격을 입어서 우리는 오랜 동안 성경을 인쇄할 수 없을 것입니다. 일년 내내 열심히 노력한다고 해도 잃어버린 것을 복원하기는 어려울 것입니다. 재산이나 수많은 자료의 손실은 말할 것도 없지요. 아마 다시 극복할 수 없을 것입니다."

이때 그는 성경을 인도어로 거의 다 번역한 원고와 신약 카나레스(Kanarese) 번역본 대부분, 구약 산스크리트어 번역본 2권, 여러 장의 뱅갈어 사전, 텔루구(Telugu) 문법책 전부와 편잡어 문법의 상당 부분, 그의 언어 사업의 걸작인 산스크리트어 고급 사전 전부를 잃은 상태였다.

그러나 그는 곧바로 이어서 사도 바울의 고백과 유사한 고백을 하고 있다. "하나님께서 분명히 이 불행 가운데서 선한 일을 이루실 것입니다. 그리고 이 일로 우리를 더욱 이롭게 하실 것입니다." 재가 채식기도 전에 캐리의 동료인 마쉬맨(Marshman)은 이렇게 기록하였다. "이 재난은 섭리의 또 다른 방법입니다. 이 재난은 하나님을 사랑하는 자에게는 모든 것이 합력하여 선을 이룬다는 말씀을 실제적으로 믿도록 요구하는 사건입니다. 그러므로 주님 안에서 담대하십시오. 하나님은 자신의 손으로 하신 일을 절대 버리지 않으실 것입니다." 어려운 역경 기운데에서도 이 진리를 이해한 하나님의 종들은 마음의 평안을 누렸다. 마쉬맨은 말한다. "이 진리로 인해 저는 하나님을 바라보며 그 뜻을 기쁘게 받아들이고 평안히 복종할 수 있었습니다." 캐리는 "너희는 가만히 있어 내가 하나님 됨을 알찌어다"라는 말씀이 어떻게 그를 잠잠하게 했는지 말하고 있다. 유명한 삼총사 중 세 번째인 워드(Ward)도 아직 불길이 연기를 뿜고 있는 그 상황에서 그저 복종만 하고 있었던 것이 아니었다. 그는 오히려 환호하고 있었다.

하지만 도대체 이 상황에서 어떻게 합력하여 선을 이룰 수가 있을까? 오래지 않아서 하나님의 전략이 드러났다. "그 큰 재해가 영국 기독교인들의 귀를 열었습니다. 화재의 불길 속에서 사람들은 이들이 해 온 엄청난 사역들을 알게 되었습니다. 그 소식이 순식간에 퍼졌습니다. 화재가 횃불이 되어 선교에 열성적인 친구들을 배가시켰습니다." 이 화재로 인해 오히려 전화위복의 기회를 얻었다. 풀러(Fuller)는 진심어린 경고의 편지를 보내기도 했다. "그 화재는 엄청난 명성을 가져다 주었습니다. 이제 대중은 우리에게 찬사를 보내고 있습니다. 캐리 박사의 초상화를 위해 800기니(-영국의 옛 금화. 역자 주)가 기부되었습니다! 만일 우리가 이 향기(incense)를 독차지 한다면 하나님께서 복을 거두어 가시지 않을까요? 그럼 우린 어디에 있게 될까요?"

그렇다면 바울의 관점에서 보는 선의 본질은 무엇일까? 대답은 성경의 문맥 속에서 찾을 수 있다. "하나님 이 미리 아신 자들로 또한 그 아들의 형상 을 본받게 하기 위하여 미리 정하셨으니"

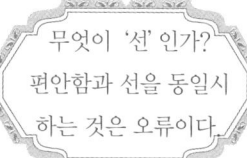

(로마서 8:29). 바울에게 있어서 선이라는 것은 편안함이나 건강이나 성공이나 쾌락의 여부와 상관없이, 어떤 것이든 그리스도를 더 닮도록 하는 것이었다. 그리스도를 닮아 가는 것이 항상 물질적인 편안함 가운데서 나오는 것은 아니다. 예수님을 가장 많이 닮은 기독교인들도 수 없이 질병으로 고통 받아왔다. 많은 사람들의 삶에 있어서 사업의 성공은 곧 거룩함의 종말이 되었다. 쾌락을 추구하는 것은 종종 그 목적을 무너뜨린다.

하나님의 계획은 능동적이다

하나님을 사랑한다는 것은 인생의 큰 고통 중에서도 하나님께서 일하고 계심을 믿는 것이다. 하나님께서는 파멸을 축복으로, 비극을 승리로 바꾸시면서, 모든 것이 최선의 것으로 변하게 하신다. 하나님께서 일하신다는 것을 늘 깨달을 수 있는 것은 아니다. 사실 대부분의 경우, 하나님께서는 아무 것도 안하시는 것처럼 보인다. 하지만 하나님은 모든 것이 그대로 멈춰있는 것처럼 보이는 순간에 가장 활발히 활동하신다. 자연 속에서 역사하시는 하나님의 섭리는 눈에 보이지는 않지만 가장 강력하다. 하나님의 보이지 않는 섭리 아래 별들은 예정된 궤도를 돌고, 쉼 없는 바다는 정해진 경계 내에서 머문다.

우리는 하나님이 활동하지 않으시는 것처럼 보이기 때문에, 조급하게 우리 마음대로 일들을 처리하고 우리 자신의 섭리로 만들려고 해시는 안된다.

일상에서 일어나는 비극적인 일이나 즐거운 일들은 하나님께서 삶을 디자인 해 가시는 원재료들이다. 하나님께 인생의 사건들을 아뢰면, 혼란으로부터 질서가 나타날 것이다. 우리가 생각할 수 있는 어떠한 최고의 환경도 하나님의 계획을 능가할 수 없으며 우리에게 가장 좋을 수 없다.

하나님의 계획은 총괄적이다

"모든 것"은 말 그대로 모든 것을 의미한다. 모든 영역의 모든 것이 하나님의 유익한 통제 아래 있다. 이 문장이 갖는 포괄성을 생각할 때 숨이 멎을 정도이다. 죽음, 질병, 실망, 모두 사라져 버린 희망, 신경질환, 근심 덩어리 자녀, 열매를 맺으려고 전심으로 노력함에도 불구하고 열매 없는 사역- 과연 이 모든 것들이 합력한다고 해서 선을 이룰까? 그러나 바울은 바로 "그렇다"라고 말하고 있다. 아마도 우리는 삶 전반적으로는 하나님의 섭리 하에 있다는 것을 기꺼이 인정할 수 있을 것이다. 하지만 인생의 세세한 부분들까지 하나님의 사랑 안에 있다는 사실을 믿는 것은 쉽지 않다. 하지만 성경말씀은 분명 이것이 사실이라고 증거하고 있다. 하나님께서 허락하시지 않으시면 참새 한 마리도 땅에 떨어지지 않는다. 그리스도인의 삶의 환경은 하나님께서 정하신다. 우연 같은 것은 없다. 사랑은, 하나님께서 우리 삶의 세세한 부분에는 관심이 없으시다는 생각을 거부한다. 모든 것은 현명한 목적을 위해 하나님께서 계획하시고, 또 허락하신 것이다. 단 한 순간도 하나님께서는 감찰하시는 것을 쉬지 않으실 것이다.

> 모든 시련의 경험도 우리가 순종할 때 "선"이 될 것이다.

하나님이 주시는 것을 제대로 받기만 한다면, 모든 시련의 경험들은 "선"으로서 제 몫을 감당할 것이다. 신체적 고통이나 약함은 우리의 연약함을 깨닫게 한다. 혼란은 우리의 지혜 없음을 알게 한다. 경제적인 어려움은 우리의 자원이 얼마나 한정적인가를 알려 준다. 실수와 실패들은 우리의 교만을 겸손하게 한다. 이 모든 것들이 '선'이라는 말에 포함될 수 있다.

하나님의 계획은 조화롭다

모든 일들은 미리 계획된 패턴으로 일어난다. 인생에서 일어나는 모든 일들은 서로 상관이 있다. 의사의 처방전은 많은 약들의 조합으로 이루어져 있다. 어떤 약들은 하나씩 따로 먹으면 독이 되어 해만 끼칠 것이다. 그러나 숙련되고 경험이 있는 의사의 지시대로 섞일 때 좋은 작용을 하게 된다. 바클레이(Barclay)는 이런 표현을 했다. "하나님께서는 당신을 사랑하는 자들을 위하여 모든 것을 선이 되도록 혼합하십니다." 하나씩 따로 떼어 보면 결코 선일 수 없던 인생의 경험들이 함께 섞어 놓으면 그 결과가 선이 된다.

  시련의 상황 속에서 믿지 않는 사람은 이렇게 질문할 것이다. "도대체 어떻게 이것이 신을 이룰 수가 있단 말입니까?" 그 대답은 이렇다. "위대한 의사 선생님이 처방전을 다 쓸 때까지 조금 더 기다려 보십시오." 인생을 되돌아 볼 때 재난으로 생각되었던 일들이 결국 변장한 축복이었다고 하지 않을 사람이 누가 있을까? 예술가들이 섞는 색은 문외한의 눈으로 보면 주제에서 저 멀리 벗어난 것처럼 보인다. 그러나 그 섞는 것을 마칠 때까지 기다려 보라.

  인생은 베틀에서 짜여지는 색색의 실로 수놓은 비단과 같다. 아름다운 옷감을 만들어내기 위해서는 색깔들이 모든 같은 빛깔이어서는 결코 안된다. 어떤 것은 밝고 아름다워야 하고 어떤 것은 어둡고 칙칙해야 한다. 이것이 모두 합력하여 아름다운 옷감을 만드는 데에 도움이 되기 때문이다.

> 모든 베틀의 움직임이 멈추고
> 북이 그 움직임을 멈춘 후에야
> 하나님은 그 옷감을 들어
> 이유를 설명해 주실 것이라네.
> 숙련된 직공이 계획한 옷감을 만들기 위해서는
> 금빛 은빛 실들 만큼이나
> 검은 실들도 필요한 법.

극심한 고난의 시간에는 항상 유혹이 있다. 보통 때라면 진리를 따를 테지만 현재 나의 상황은 예외라고 느끼려는 유혹 말이다. 만일 그렇다면 우리가 다룬 본문 말씀은 아무 효력을 발휘하지 못할 것이며 인간사를 다스리시는 하나님의 섭리는 아무런 의미가 없게 된다. 요셉에게 비극이 겹겹이 닥쳤을 때 – 집에서 버림받고, 노예로 팔려가고, 부당하게 감옥에 갇히게 되었을 때– 그가 이러한 힘든 일들이 합력하여 선을 이룬다고 생각하기는 어려웠을 것이다. 그러나 그는 과거를 회상하며 그의 형제들에게 이렇게 말했다. "당신들은 나를 해하려 하였으나 하나님은 그것을 선으로 바꾸사…"(창세기 50:20).

삶의 사건들 가운데서 "하나님은 가장 가치 있는 결론을 확실히 알고 계신다. 그리고 우리가 부분적으로 알기를 멈출 때, 하나님은 우리의 온전한 동의를 요구하실 것이다."

> 무엇이든 나의 하나님이 정하시는 것은 옳다네.
> 그 분은 나의 빛, 나의 생명이시며,
> 나에게 선한 것만을 행하실 수밖에 없는 분이라네.
> 나는 그분을 전적으로 신뢰하네.
> 왜냐하면 나는 기쁨과 경외감 속에서
> 우리의 보호자가 얼마나 신실했었는지
> 태양빛처럼 확실하게 곧 보게 될 줄을 알기 때문이네.

"원컨대 주의 영광을 내게 보이소서" _ 출애굽기 33장 18절

Spiritual Maturity

The Prostrating Vision of God

하나님의 비전

[말씀 읽기: 출애굽기 33장 11-23절]

"원컨대 주의 영광을 내게 보이소서"(출 33:18). 모세의 이 기도는 수세기 동안 울려 퍼져왔다. 그 간구의 의미가 무엇인지 깨닫지 못한 채 수 많은 그리스도인들이 하나님의 이상을 보여달라고 기도해왔다. 그러나 기도가 응답되었을 때에도 그것을 알아차리지 못하고 지나가는 경우가 허다했다. 노예 상인에서 회심한 존 뉴튼(John Newton)은 자신을 변화시킬 하나님의 이상을 열렬히 갈망했다. 그러나 그의 간절한 기도가 응답되었을 때 그는 비틀거리며 거의 정신을 차릴 수가 없었다. 그는 이 경험을 다음과 같이 기록하였다.

나는 주님께 간구하였다네.
믿음과 사랑과 모든 은혜 안에서 성장하길.
주님의 구원을 더 알고
주님의 얼굴을 진심으로 구하게 되길.

이렇게 기도하도록 나를 가르치신 분은 바로 주님이시며,
또한 주님께서는 이 기도에 응답하셨다는 것을 나는 믿네.
그러나, 그 방법은
나를 거의 절망으로 몰아갔다네.

나는 은혜의 시간에
주님께서 내 요구에 응답하시리라 생각했었지.
그리고 그분의 놀라운 사랑의 능력 안에서
내 죄가 녹아지고 나는 안식을 누리리라 생각했었네.

그러나 주님께서는 이런 기대와는 달리
내 안에 숨겨진 죄악들을 깨닫게 하셨고
지옥의 성난 권세가 내 영혼을 속속들이
맹렬히 공격하게 하셨다네.
게다가 주님은 당신의 손으로 나의 슬픔을
더욱 심하게 하시는 듯 보였지.

내가 계획했던 모든 아름다운 계획들은 지워지고

나의 박넝쿨은 시들었으며 나는 미천한 곳으로 내려갔다네.

"주님, 왜입니까?" 난 온 몸을 떨며 울부짖었다네.

"이 벌레 같은 제가 죽기를 바라시나이까?"

주님은 대답하셨네.

"이것이 은혜와 믿음의 기도에 대해 내가 응답하는 방법이다.

이러한 마음의 고통이 너를 자아와 죄로부터 자유롭게 할 것이다.

그리고 세상적인 즐거움을 좇는 너의 계획을 지워버릴 때

너는 내 안에서 너의 모든 것을 발견하게 될 것이다."

하나님의 이상을 구하는 기도를 할 때, 우리는 무엇을 기대하는가? 하늘에서 반짝거리는 불빛을 기대하는가? 다소의 사울을 압도했던, 그의 눈을 멀게 한 그 영광의 섬광을 기대하는가? 영적으로 높아지는 감격적이고 압도적인 느낌인가? 그러나 하나님의 임재에 대한 성경의 기록들을 연구해 보면 무척 다른 양상으로 나타난다. 하나님의 임재 앞에서 의기 양양해지거나 황홀해진 사람은 단 한 명도 없었다. 한 경우도 예외 없이 하나님의 이상을 본 사람들은 마음 깊은 곳으로부터 자신을 낮추고 있다. 그 순간들은 황홀함이 아닌 두려움으로 가득 차 있었다. 또한 그 이상이 강할수록 하나님 앞에 더욱 완전히 굴복하였다.

만일 이것이 사실이라면, 하나님의 모습을 보여달라고 기도하기 전에 우리는 그 결과에 대해 준비되어 있어야만 한다. 눈부실 정도로 새하얀 눈 앞에서는 어떤 깨끗한 옷감도 너더워 보인다. 흠 없는 하나님의 깨끗함과 거룩함 앞에서 세상의 모든 것은 오염되고 더럽다. 하나님이 임재하신 빛 앞에서는 거룩한 대제사장 여호수아도 "더러운 옷을 입고" 있었다(스가랴 3:3). 우리도 이 법칙에서 예외가 될 수는 없다.

하나님의 임재에 대한 확실한 답이 있다. "하나님께서 예수 그리스도의 얼굴에 있는 하나님의 영광을 아는 빛을 우리 마음에 비취셨느니라"(고린도후서 4:6). 성령님은 성경이라는 캔버스 위에 거장의 손놀림과 생생한 색깔로, 보이지 않는 하나님의 형상인 예수 그리스도의 얼굴을 그리셨다. 그리고 하나님의 영광을 보기를 갈망하는 자들에게 그 그림을 밝히 알도록 해 주시는 것도 바로 동일한 성령님이시다. 성령님은 하나님의 말씀에 기록된 대로 그리스도에 속한 것들로 하나님의 영광을 드러내시길 가장 기뻐하신다.

> 하나님의 모습을 보여달라고 기도하기 전에 우리는 그 결과에 대해 준비되어 있어야 한다.

아브라함과 동시대에 살았던 것으로 추측되는 욥은 영적인 여명기에 살았음에도 불구하고 하나님에 대한 놀라운 지식이 있었고 삶의 고상한 기준도 있었다. 그의 성품은 그 자신이 보기에 흠이 없었다.

그는 자신의 내적인 완전함을 인식하고 이렇게 말한다. "나는 깨끗하여 죄가 없고 허물이 없으며 불의도 없거늘"(욥기 33:9). 이것은 종교적인 위선이 아니라 그의 정직함을 진실되게 나타낸 것이다. 또한 그의 성품은 그의 눈에만 완벽했던 것이 아니라, 하나님이 보시기에도 특별히 가치가 있었다. 욥은 "순전"하여 흠이 없고 완전하다고 하나님께서 확언하신 극히 적은 사람 중의 하나였다. 그러나 극심한 시련의 절정 가운데 하나님을 뵈었을 때, 이 완벽한 사람은 어떻게 반응했을까? 그는 이것을 의미심장한 말로 기록한다. "내가 주께 대하여 귀로 듣기만 하였삽더니 이제는 눈으로 주를 뵈옵나이다. 그러므로 내가 스스로 한하고 티끌과 재 가운데서 회개하나이다"(욥기 42:5-6). 하나님의 임재를 체험했을 때, 이 순전한 사람은 자신을 혐오하는 비참한 상태까지 낮아졌다.

얍복 강가에 홀로 남은 야곱이 어떤 사람과 날이 새도록 씨름했을 때 하나님의 이상이 그에게 임했다. "어떤 사람이 날이 새도록 야곱과 씨름하다가"(창세기 32:24). 야곱은 그곳을 브니엘이라 이름 붙이고 두려워하며 말한다. "내가 하나님과 대면하여 보았으나 내 생명이 보전되었다"(창세기 32:30). 하나님의 이상이 야곱에게 어떤 영향을 끼쳤을까? 그는 자신의 부끄러운 성품을 드러내고 있는 자기 자신의 이름을 말해야만 했다. "네 이름이 무엇이냐?" 그가 가로되 "야곱(협작꾼, 속이는 자, 사기꾼)이니이다." 하나님이 부어주시는 은혜를 받기 전에 그는 먼저 자신의 진실된 본성을 고백해야만 했다. 그는 죽는 날까지 이 만남의 흔적을 가지고 있었다. 하나님과 마주했을 때, 다른 모든 사람을 속여왔던 이 사람은 비밀스런 자신의 치욕을 인정해야만 했다.

모세는 자신이 받아 온 방대한 양의 학문을 뽐낼 수 있었다. 그는 바로 왕의 딸의 아들이라 불리는 명성을 즐겼다. 그는 열렬한 애국심으로 인해 성급하게 인간적으로 이스라엘을 해방시키고자 했다. 그는 하나님이 자신의 계획을 펼치시기까지 기다리지 않았으며 그 결과 왕의 노여움을 피해 숨어있어야 했다. 사막에서 그의 성급함이 복종으로 바뀐 후에야 그는 하나님의 임재를 체험할 수 있었다. "여호와의 사자가 떨기나무 불꽃 가운데서 그에게 나타나시니라. 그가 보니 떨기나무에 불이 붙었으나 사라지지 아니하는지라 하나님이 가라사대 이리로 가까이하지 말라. 너의 선 곳은 거룩한 땅이니 네 발에서 신을 벗으라 모세가 하나님 뵈옵기를 두려워하여 얼굴을 가리우매"(출애굽기 3:2-6). 하나님의 선택된 백성을 해방시키는 임무를 맡게 된 이 사람은 하나님의 이상에 경외심을 느끼고 얼굴을 가리웠다.

> 하나님의 임재 앞에서 우리의 모든 부끄러움과 허물은 드러난다.

엘리야는 이스라엘이 낳은 가장 위대하고 열정적인 인물로 묘사되어 왔다. 그는 갑자기 갈멜산 드라마의 무대 위에 등장 했다. 하나님과 함께 한 그의 힘이 얼마나 대단했던지 그의 뜻대로 하늘 문을 잠글 수도 있었다. 그는 사람을 전혀 두려워하지 않았기 때문에 왕과 또한 온 나라에 도전하였다. 에녹처럼 죽음을 보지 않고 하늘에 올리우는 특권을 누렸다. 이 겁 없고 거침없는 하나님의 사람은 어떻게 하나님의 임재를 견뎌냈을까? "여호와께서 지나가시는데 여호와의 앞에 크고 강한 바람이 산을 가르고 바위를 부수나 바람 가운데 여호와께서 계시지 아니하며 바람 후에 지진이 있으나 지진 가운데도 여호와께서 계시지 아니하며 또 지진 후에 불이 있으나 불 가운데도 여호와께서 계시지 아니하더니 **불 후에 세미한 소리가 있는지라. 엘리야가 듣고 겉옷으로 얼굴을 가리우고**"(열왕기상 19:11-13). 그는 위엄 있는 하나님의 능력을 대면했을 때에도 대담하고 도전적일 수 있었다. 그러나 부드럽고 세미한 주님의 소리에 무너지고 정복되어 얼굴을 가리웠다.

복음의 진수를 가장 명확하게 미리 보았던 선지자 **이사야**는 열등감이라고는 전혀 없었다. 민족을 향해 외치는 그의 메시지에는 고상한 예언들이 냉정하고 경고적인 선언으로 섞여있었다. 하나님의 이상을 보기 전까지 그는 당시의 사람들에게 재난을 내리도록 기도하는 것이 정당하다고 생각했다(이사야 3:9, 11, 5:8, 11, 20). "내가 본즉 주께서 높이 들린 보좌에 앉으셨는데 그 옷자락은 성전에 가득하였고 스랍들은 모셔 섰는데… 서로 창화하여 가로되 거룩하다 거룩하다

거룩하다 만군의 여호와여 그 영광이 온 땅에 충만하도다. 이같이 창화하는 자의 소리로 인하여 문지방의 터가 요동하며 집에 연기가 충만한지라"(이사야 6:1-4). 이 빛나는 이상을 본 후 누구에게 재난을 선고합니까? "그때에 내가 말하되 화로다 나여 망하게 되었도다 나는 입술이 부정한 사람이요 만군의 여호와이신 왕을 뵈었음이로다"(이사야 6:5). 하나님의 메시지를 전하던 그 입술은 하나님의 거룩한 빛 앞에서 부정하고 더러운 것이 되었다.

하나님의 이상이 에스겔에게 나타나셨을 때, 그는 그의 백성들과 마찬가지로 바벨론에 포로로 잡혀 비통한 가운데 있었다. "내가 그발 강가 사로잡힌 자 중에 있더니 하늘이 열리며 하나님의 이상을 내게 보이시니"(에스겔 1:1). 그 이상은 하나님의 위엄과 편재 그리고 그의 끊임없는 활동하심과 무지개로 감싸인 보좌의 영광을 보여주었다. "그 머리 위에 있는 궁창 위에 보좌의 형상이 있는데 그 모양이 남보석 같고 그 보좌의 형상 위에 한 영상이 있어 사람의 모양 같더라. 내가 본즉 그 허리 이하의 모양도 불 같아서 사면으로 광채가 나며 그 사면 광채의 모양은 비 오는 날 구름에 있는 무지개 같으니 이는 여호와의 영광의 형상의 모양이라. 내가 보고 곧 엎드리어 그 말씀하시는 자의 음성을 들으니라"(에스겔 1:26-28). 두려움 없고 신실한 선지자는 하나님이 앉으신 영광의

> 욥, 야곱, 모세, 엘리야, 이사야, 에스겔, 다니엘… 이들 모두 하나님의 영광 앞에 죽은 자처럼 엎드러졌다.

보좌의 빛을 감히 감당할 수 없었다.

성경에 나타난 경건한 사람들 가운데 다니엘은 믿음의 선두주자이다. 그는 동방의 다섯 왕이 통치하는 동안에 재상의 자리를 지키는 탁월함을 보였다. 그가 이렇게 길게 살아남을 수 있었던 것은 그의 뛰어난 지혜와 청렴함 때문이었다. 그의 대적들은 그가 기도를 너무 많이 한다는 것 외에 어떤 결점도 찾아낼 수 없었다. 하나님이 그를 얼마나 사랑하시는지 말해주기 위해 오직 다니엘에게만 천사를 보내셨다고 기록되어 있다. 그는 이 기쁨을 주는 이상을 보고 아무 일도 없었을까? 그의 고백을 들어보자. "이 이상은 나 다니엘이 홀로 보았고… 나만 홀로 있어서 이 큰 이상을 볼 때에 내 몸에 힘이 **빠졌고** 나의 아름다운 빛이 변하여 썩은 듯 하였고 나의 힘이 다 없어졌으나… 그 말소리를 들을 때에 내가 얼굴을 땅에 대고 깊이 잠들었었느니라" (다니엘 10:7-9). 가장 흠이 없는 성자 중의 한 사람은 하나님의 영광을 대면하였을 때, 그의 선함에도 불구하고 썩은 자처럼 엎드러졌다.

밤새도록 수확 없이 그물을 던졌던 베드로에게 하나님의 이상이 나타났을 때, 그는 그리스도의 명령에 순종하여 그물이 찢어질 만큼 많은 고기를 낚았다. 이러한 기적을 보고 베드로는 알았을 것이다. 예수님은 그들을 물고기떼가 있는 곳으로 인도할 수 있는 전지(全知)하신 분이시거나 아니면 물고기떼를 그들에게 데려올 수 있는 전능(全

能)하신 분이라는 것을. 예수 그리스도의 얼굴에서 하나님의 영광을 살짝 본 것만으로 그는 자신의 부정함과 무가치함에 무너지고 말았다. 그는 예수님의 말 아래 엎드려 외친다. "주여, 나를 떠나소서 나는 죄인이로소이다"(누가복음 5장 8절). 사실 이 고백은 그가 가장 원치 않는 일이었을 것이다. 하지만 하나님께서 유대인과 이방인을 위해 천국 열쇠를 맡길 사람이었을지라도, 그가 하나님의 이상을 보았을 때 그는 하나님의 존전에 설 수 없는 존재임을 깨닫게 되었다.

다소의 사울은 하나님께 대한 잘못된 열정과 증오하는 그리스도인의 피에 대한 갈망으로 가득 찬 사람이었다. 그가 다메섹으로 향하고 있을 때였다. 그는 자신이 히브리인 중의 히브리인이요, 가장 엄격한 바리새인이라는 것을 자랑스러워했으며 또한 하나님을 섬기고자 하는 열정에 만족하고 있었다. "홀연히 하늘로서 빛이 저를 둘러 비추는지라. 땅에 엎드려져 들으매 소리 있어 가라사대 사울아, 사울아, 네가 어찌하여 나를 핍박하느냐? 하시거늘 대답하되 주여, 뉘시오니이까? 가라사대 나는 예수라"(사도행전 9:3-5). 강림하신 그리스도의 얼굴에서 빛나는 하나님의 영광은, 다른 누구보다도 행위에 의한 의로움에 가장 가까웠던 사람의 눈을 멀게 하고 굴복시켰다.

사랑받은 자 요한은, 의심의 여지 없이 당대에 가장 다정하고 성숙한 성자였다. 요한은 그리스도께 특별한 사랑을 받았는데 이것은 편애 때문이 아니라 그가 어떤 제자보다도 그 사랑을 스스로 받아들였기 때문이다. 그는 재판정에서 홀로 신실했다. 매력적인 그의 성품과 그리스도에 대한 그의 순수한 헌신에 관한 많은 증거들이 전해 내려온다. 노년에 완숙해졌을 때 그는 그리스도의 최고의 이상을 볼 수 있었다. "인자 같은 이가 그 머리와 털의 희기가 흰 양털 같고 눈 같으며 그 눈은 불꽃 같고 그의 음성은 많은 물소리와 같으며… 그 얼굴은 해가 힘있게 비취는 것 같더라"(요한계시록 1:13-17). 만약 누군가가 하나님의 임재 앞에 엎드러지지 않는다면, 그것은 사람으로 오신 하나님의 가슴에 자주 머리를 기대왔던 이 사람일 것이다. 하지만 그렇지 않았다. 요한은 이렇게 기록한다. "내가 볼 때에 그 발 앞에 엎드러져 죽은 자 같이 되매." 이 세상에서 가장 다정하고 가장 인자한 성인은 하나님의 위엄과 거룩함이 임할 때 죽은 자처럼 엎드러졌다.

> 베드로, 사울, 요한… 이들 또한 하나님의 임재 앞에 죽은 자처럼 엎드러졌다.

이 모든 하나님의 임재 체험들에는 일관된 양식이 나타난다. 아직도 하나님의 이상을 보여달라고 기도하고 싶은가?

하지만 이 장면들에는 또 다른 면이 있다. 하나님은 그 자녀들이 재 가운데 누워있는 것을 보고 기뻐하지 않으신다. 만일 하나님이 그들을 낮추고 겸손하게 하신다면 그것은 하나님의 때가 이르렀을 때에 그들을 높이시려는 이유때문이다. 치욕은 끝이 아니라 단지 축복으로 가는 통로이다. 이러한 하나님의 임재 체험이 주는 교훈은, 아

> 하나님께서는 자기 백성들이 재 가운데 누워있는 것을 보고 기뻐하지 않으신다.

무리 축복받고 아무리 중요한 영적인 직무가 있더라도 자아가 완전히 무너지지 않으면 하나님이 그 사람을 믿을 수 없다는 것이다.

스스로 의롭다고 생각하는 것이 무너졌을 때, 욥은 곧 그가 잃은 것을 두 배로 받았으며 그의 친구들을 위한 중보기도를 통해 곤경에서 돌아오게 되었다. 야곱은 하나님을 만나고 인격의 변화를 겪었으며 이것으로 인해 그는 하나님과 사람에 대하여 새 능력을 갖게 되었다. 모세는 육체적인 혈기로 인해 비난 받아 자신감을 상실했을 때, 하나님의 백성을 해방시키는 엄청난 사역을 감당하도록 준비되었다. 엘리야는 침체된 후에 하나님께 용기를 얻고 더 심화된 새 임무를 받았다. 이사야는 부정한 입술이 정함을 받고 악이 제하여졌을 뿐만 아니라 더 큰 사명을 받았다. 다니엘이 느낀 썩은 자 같던 느낌은 하나님의 계시를 전하는 특권의 기쁨으로 바뀌었다. 베드로가 자신의 무가치함을 뼈저리게 체험한 것은 그를 오순절 설교자가 되도록 준비시키는 가장 중요한 요소였다. 하나님과의 만남은 바울을 여러 왕들과 이방인에게 하나님의 이름을 알리는 선택된 도구가 되도록 하였다. 요한을 땅으로부터 들어올리신 자는 그가 요한계시록을 쓸 수 있도록 하였으며 그 책은 2천년 동안 박해 받는 교회에 머물렀다. 하나님의 임재 체험은 개인의 거룩함을 증가시키고 사역의 범위를 확장시키기 위한 서곡이었다.

참으로 하나님의 이상을 대하면 자신의 수치와 죄악이 드러날 수밖에 없다. 그러나 항상 그 끝은 유익하다. 하나님은 우리에게 굴욕을 주려고 하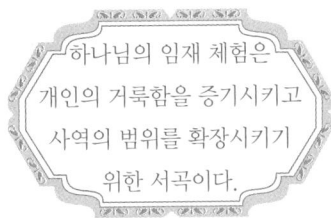
시는 것이 아니다. 자신이 바닥까지 간다고 해서 두려워할 필요는 없다. 왜냐하면 "자신의 마지막이 곧 하나님의 시작"이기 때문이다. 우리가 거룩함 안에서 진보하고 하나님께 가장 크게 쓰임 받기를 마음 깊은 곳에서 소원한다면 하나님의 이상을 진심으로 환영할 것이다.

우리가 진정으로 하나님의 임재를 소망할 때마다, 그리고 우리가 그 결과들을 기꺼이 받아들이고자 할 때마다 하나님의 이상을 볼 수 있을 것이다. 그리고 하나님의 임재 앞에서 우리는 자신을 혐오하며 재 가운데 기어 다닐 필요가 없다. 만일 하나님의 임재의 빛 앞에 드러난 잘못을 모두 진심으로 회개하면 우리도 이사야에게 임했던 말씀을 듣게 될 것이다. "네 악이 제하여졌고 네 죄가 사하여졌느니라 … 가서 이 백성에게 이르라."

"야곱의 하나님"_ 시편 46장 7절
"지렁이 같은 너 야곱아"_ 이사야 41장 14절

Spiritual Maturity

The Undiscouraged Perseverance Of God

하나님의 인내

[말씀 읽기: 창세기 32장 1-32절]

"야곱의 하나님" 하나님의 칭호 중 이보다 더 놀라운 것은 없다. 왜냐하면 하나님과 야곱의 성품이 그만큼 어울리지 않기 때문이다. 하지만 낙심치 않고 참으시는 하나님의 성품을 이보다 더 인상적으로 나타낼 수 있는 문장 또한 없을 것이다.

칼빈 신학에서 성도의 인내심에 대한 교리는 늘 중요시 되어왔다. 그러나 성도의 인내를 가능하게 하는 하나님의 인내는 오히려 그 정도의 관심을 받지 못했다. 하나님의 인내가 없었다면 오늘날 성도가 될 수 있는 사람은 한 사람도 없을 것이다. 바울은 하나님의 참으심에 대해 굉장한 확신이 있었다. "너희 속에 착한 일을 시작하신 이가 그리스도 예수의 날까지 이루실 줄을 우리가 확신하노라"(빌립보서 1:6). 그는 인간의 사소함과 미약함으로부터 하나님의 전능과 위엄으로 우리의 눈을 들리게 한다. 그는 좁고 제한된 능력으로부터 우리를 들어 올려 절대 실패함이 없는 하나님의 목적의 장대한 영역으로 옮긴다.

하나님께 미완성이란 있을 수 없다. 일단 시작하신 것은 꼭 완성하신다. 비록 이스라엘이 매번 하나님을 방해하고 실망시켰을지라도, 하나님은 그들이 하나님의 목적을 깨닫고 이 나라를 통하여 지구상의 모든 민족들이 복을 받기까지 그의 은혜로운 훈련을 계속하셨다. 한 방법이 실패하면 다른 방법을 도입하셨다. 만일 한 세대가 응답을 거절하면, 하나님께서는 참을성 있게 다음 세대와 다시 시작하셨다. 하지만 이스라엘 백성들은 몇 번이고 계속해서 우상숭배로 돌아갔고, 결국 마지막 징벌로 바벨론의 포로가 되어 그들의 어리석음과 경망함을 절감하게 되었다. 그 이후로 유대 국가는 절대 우상을 섬기지 않았다.

> 하나님의 인내가 없었다면 오늘날 성도가 될 수 있는 사람은 한 사람도 없을 것이다.

우리 주님의 인내는 그분의 삶에 드러난 독특한 성품 중의 하나였다. 그에 대하여 이렇게 예언되어 있다. "그는 쇠하지 아니하며 낙담하지 아니하고 세상에 공의를 세우기에 이르리니"(이사야 42:4). 정말 그랬다. 희망을 걸었던 사랑하는 제자들이 주님을 배반했다. 그들의 나약함과 이기적인 욕망이 주님을 향한 그들의 사랑마저 뒤덮어버렸다. 주님이 그들을 가장 필요로 하신 그때에 모두가 주님을 배반하고 도망하였다. 적의 손에 주님을 판 것은 원수가 아니라 절친한 친구 중 하나였다. 그러나 이 모든 것에도 불구하고 주님은 실망하거나 좌절하지 않으셨다. 그리고 바로 이 사람들을 통하여 주님은 그 목적을 이루셨다. 주님은 선한 일을 시작하신 아버지께서 그것을 성취하신다는 흔들림 없는 확신을 품고 있었다. 하나님의 목적은 반드시 이루어진다. 우리 또한 이 확신에 동참할 수 있다. 하나님께서 당신의 일을 마무리 하시리라는 것을 우리도 믿을 수 있다.

끝까지 참으시며 우리를 찾으시는 하나님의 사랑은 성경 곳곳에 반복되고 있으며 그리스도인의 경험 속에 반복되고 있다. 프랜시스 톰슨(Francis Thompson)은 수 년간이나 하나님을 피해 도망하다 급기야는 런던의 템스강에서 부랑자들과 함께 생활하는 사회의 낙오자가 되었다. 그러나 바로 그곳에서 하나님의 사랑은 그를 뒤덮고 그를 압도했다. 그의 장엄한 시 '천국의 사냥개'(The Hound of Heaven)에서 그는 이 경험을 설명하고 있다.

> 그에게서 도망쳤다네
> 밤과 낮의 비탈길 아래로.
> 그에게서 도망쳤다네
> 세월의 아치 저 아래로.
> 그에게서 도망쳤다네

내 마음의 미로 속으로.

그를 피해 숨었다네

눈물의 안개 속으로.

활짝 트인 희망의 가로수 길로 달려 올라가다

이내 떠밀려 아래로 곤두박질쳤다네.

거대한 공포의 심연 속으로 쫓고 또 쫓아오는

저 힘찬 발을 피해.

야곱의 하나님

성경에서 야곱을 끝까지 쫓으시는 모습을 통해 이러한 하나님의 속성은 극명하게 드러나고, "야곱의 하나님"이라는 어울리지 않는 이름 속에서 그 절정을 이룬다. 믿음의 조상 아브라함의 하나님? 그렇다! 친구로서 하나님을 대면하여 이야기했던 모세의 하나님? 맞다! 사랑받았던 사람 다니엘의 하나님? 그렇다! 그러나 부정직하고 욕심 많고 속이고 사기치는 야곱의 하나님? 천만에 말씀! 하나님은 야곱의 이름과 당신의 이름을 연결지음으로써 자신의 성품을 더럽히고 있는지도 모른다. 그러나 하나님은 말씀하신다. "내 사랑하는 야곱아 … 야곱의 하나님이 너의 피난처가 되시니 지렁이 같은 너 야곱아 두려워 말라." 지렁이보다 더 약하고, 더 쓸모 없는 것이 있을까? 그러나 지렁이 같은 야곱, 쓸모 없는 야곱이 끊임없이 추적하시는 하나님의 사랑의 지배를 받았을 때, 하나님과 사람 앞에서 존귀한 자가 되었다.

주권적인 하나님의 선택

숭고하고 거룩한 목적을 이루어 나갈 민족의 시조가 되고 또 그를 통해 모든 나라들이 축복을 받게 될 그런 사람을 찾는다면 야곱은 가장 부적합한 사람일 것이다. 관대하고 마음이 넓은 에서가 훨씬 더 유력하다. 야곱처럼 비열한 인물을 선택할 사람이 하나님 외에 누가 있겠는가? 탐욕스럽고 욕심 많으며 교활한 이 사람에게서는 별 매력을 느낄 수가 없다. 그는 얼마나 비열했던지 형의 발꿈치를 잡아 세상적인 유산뿐 아니라 영적인 권리까지 훔치려고 했다.

인간적인 면에서 야곱은 쓸모 없는 사람이었다. 그러나 하나님은 인간적인 조건에 제한 받으시는 분이 아니다. 예수의 제자들이 눈 먼 사람에 대해 물었다. "이 사람이 소경으로 난 것이 뉘 죄로 인함이오니이까? 자기오니이까, 그 부모오니이까?" 예수께서 대답하시되 "이 사람이나 그 부모가 죄를 범한 것이 아니라 그에게서 하나님의 하시는 일을 나타내고자 하심이니라"(요한복음 9:2,3). 하나님이 야곱을 선택하신 이유의 해답이 바로 여기에 있다. **하나님은 지렁이를 선택하셔서 왕자로 변화시키고자 하신 것이다.**

야곱의 뒤틀린 성격은 오히려 하나님의 무한한 은혜를 보여주고, 약한 자녀까지도 사랑하시는 하나님의 태도를 극명하게 보여준다. 만일 하나님이 그

> 하나님은 인간적인 조건에 제한 받으시는 분이 아니다.

목적을 이루기 위해 강하고 고상하고 훌륭한 사람들만을 선택하셨다면 그리스도인들의 대다수가 자격을 잃을 것이다.

야곱이 에서의 장자권을 훔쳤을 때 그의 나이는 아마 70세 정도였을 것이며 에서의 복을 가로챘을 때는 80세가 넘었을 것이라는 사실은 일반적으로 잘 알려져 있지 않다. 사실, 그는 147세까지 살았지만 이 불미스러운 일들이 일어나기 전에 그는 이미 중년이었다. 그는 경험이 없는 젊은이가 아니라 이미 생활 패턴이 정해진 성숙한 사람이었으며 그동안 잘못된 삶의 사고방식을 고집해 온 사람이었다. 심리학자들은 그의 성격이 이렇게 늦은 시기에 완전히 바뀐다는 것은 불가능하다고 말할 것이다. 그러나 하나님께서는 심리학 법칙에 제한 받는 분이 아니시다. 우리 자신조차 우리를 포기했을 때에도 하나님께서는 우리를 포기하지 않으신다. 하나님의 인내에는 끝이 없다. 하나님의 방법은 다함이 없다.

심오한 하나님의 통찰력

하나님께서는 가장 장래성 없는 사람에게서도 숨겨진 가능성을 찾아내신다. 매력이 없는 사람에게서도 숨은 기품과 가능성을 발견해 내신다. 하나님은 까다로운 기질을 가진 자의 하나님, 왜곡된 성품을 가진 자의 하나님, 부적격자의 하나님이시다. 오직 하나님만이 야곱 안에 있는 왕자의 기질을 보셨다. 하나님은 모든 성격과 기질에 꼭 맞는 해답을 가지고 계신다. 우리의 삶을 그분의 손에 맡겨 과감하고 철저한 치료를 받을 때, 하나님은 사랑과 은혜의 모든 방법들을 동원하실 것이다.

> 하나님은 까다로운 기질을 가진 자의 하나님, 왜곡된 성품을 가진 자의 하나님, 부적격자의 하나님이시다.

"내가 야곱을 사랑하였고 에서는 미워하였으며"(말라기 1:3, 로마서 9:13). 이 구절은 성경에서 가장 당황스러운 말씀 중 하나이다. 마치 하나님이 변덕쟁이처럼 보이기 때문이다. 하지만 이 말씀을 이해하기 위해서는 두 가지를 염두에 두어야 한다. 첫째는, "미워하다" 라는 단어가 우리가 사용하는 만큼 그런 의미는 아니라는 점이다. 둘째, 말라기 선지자와 바울이 기록한 이 구문들은 일차적으로 나라들 즉, 야곱의 후손인 이스라엘과 에서의 후손인 에돔 사람들에 대한 것이라는 사실이다. 하나님께서 야곱을 선택하신 것은 야곱의 공로나 인격 때문이 아니다. 왜냐하면 그들이 태어나기 이전에 이미 선택되어 있었기 때문이다(창세기 25:23). 바울은 "하나님이 통치권을 행사하심에 있어서 유전이나 공로가 아닌 믿음만이 아들이라 일컬음을 받을 수 있는 영원한 원칙이 됨을 선포하실 것입니다. 두 나라에 각각 적용된 '사랑' 과 '미움' 은 우리가 이해하는 것처럼 주관적인 느낌에 따른 선택이 아닙니다. 하나님의 선택은 독단적이지 않으며 또한 편애로 비난 받으실 수 없습니다. 감정적인 용어들은 오히려 국가의 기능과 운명을 나타내는 말입니다. 에돔이 아닌 유다가 점진적인 역사의 묵시를 위해 뽑힌 것입니다"라고 단언하였다.

하지만 이 구절은 이차적으로 개인에게 적용할 수도 있다. 하나님이 야곱을 선택하시고, 에서를 거부하신 것은 변덕에 의한 것이 아니라 통찰에 의한 것이었다. 야곱의 비열함과 속임의 이면에는 영적인 것에 대한 소망과 포용력이 있었다. 여러 번 그는 이에 어울리지 않게 행동하였지만 여전히 그것은 남아있었다. 에서는 관대하고 넓은 마음을 가지고 있었지만 이러한 매력적인 겉모습 이면에는 영적인 것을 얕보는 마음이 숨겨져 있었다. 그는 근사한 사람이었지만 영적인 임무보다는 세속적인 욕망을 채우는 것을 더 좋아했다.

야곱의 명백한 나약함과 실패에도 불구하고, 영적인 것에 대한 그의 열망은 하나님께서 그를 지속적으로 찾으시고 계속적으로 교제하시도록 하는 근거가 되었다. 그리스도인이 좌절감으로 인해 괴로워할 때에 이 사실은 엄청난 용기를 준다. 사람은 본성상 동료들의 가장 나쁜 점만을 보게 되지만 하나님께서는 항상 가장 좋은 점만을 찾으신다. 그는 우리 마음 가장 깊은 곳에 있는 영적인 열망을 찾아내어 실현시키신다. 하나님의 모든 훈련은 이런 목적을 갖는다. 하나님께서는 야곱에게 다섯 번 나타나셨다. 매번 고집을 꺾지 않으려는 자녀의 큰 잘못을 고쳐주시며 그에게 새로운 기회를 주셨다.

끝까지 찾으시는 인내

"야곱"이라는 이름은 탈취자를 뜻한다. 이 말 속에는 적군을 추격하여 그를 내동댕이 치려는 단호하고 가차 없는 추격자의 개념이 있다. 야곱의 인생을 한마디로 나타낸 것이다. 그러나 야곱은 그의 호적수를 만난다. 그리고 단호하고 가차 없는 추격자이신 그를 사랑하시는 하나님께 결국 항복하였으며, 하나님께서는 그를 얍복 강가에서 집어 던지셨다. 만일 하나님이 그를 추격하시던 것을 멈추었더라면 야곱은 결코 하나님의 왕자가 될 수 없었을 것이다. 그는 아마도 사랑스럽지 않고 사랑 받지 못하는 사기꾼으로 남아있었을 것이다. 하지만 하나님께서는 당신의 은혜로운 사랑 안에서 벧엘에서 처음 그를 만나셨을 때부터 30년 이후 같은 장소에서 그를 정복하실 때까지 끊임없이 그를 쫓으셨다. 하나님의 추격은 네 번의 위기 때에 나타났다.

첫번째 벧엘의 위기는 **야곱이 형 에서로부터 축복을 훔쳤을 때** 일어났다. 허기진 배를 채우고나자 에서는 쌍둥이 동생의 비열한 행동의 결과가 미칠 영향에 대해 깨닫기 시작했다. 야곱이 도망친 것을 발견하고 격분한 에서는 그를 뒤쫓기 시작했다. 바로 이때 야곱은 하나님과 처음으로 대면하고 있었다. 돌베개를 베고 자던 야곱은 꿈속에서 "사닥다리가 땅 위에 섰는데 그 꼭대기가 하늘에 닿았고 또 본즉 하나님의 사자가 그 위에서 오르락 내리락 하고" 있는 것을 보았다. 그리고 그때, 비록 그가 받을 자격이 전혀 없음에도 불구하고 그의 자손으로 인하여 땅의 모든 족속이 복을 받을 것이라는 보장과 더불어 부와 보호를 약속 받았다. 두려움에 가득 차서 야곱은 소리친다. "두렵도다 이곳이여, 다른 것이 아니라 이는 하나님의 전이요, 이는 하늘의 문이로다 야곱이 서원하여 가로되"(창세기 28:17,20). 그리고 그는 이 일을 잊어버렸다! 하지만 하나님은 잊지 않으셨다.

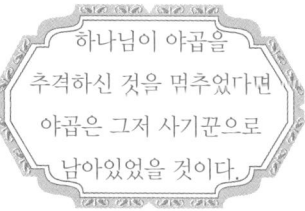

하나님이 야곱을 추격하신 것을 멈추었다면 야곱은 그저 사기꾼으로 남아있었을 것이다.

다음은 브니엘에서의 위기이다. 야곱은 이제 백 세가 넘었다. 그는 20년을 파렴치한 삼촌 라반의 집에서 보냈다. 하나님께서 그의 목적을 이루시기 위해 야곱에게 행하신 훈련을 주목해 보면 교훈을 얻을 수 있다. 하나님은 야곱을 그보다 더 비열하고, 더 욕심 많고, 더 비뚤어진 사람에게 붙이셨다. 이 모든 세월 동안 야곱은 그의 삼촌과 속고 속이며 보냈다. 빼앗는 자가 빼앗김을 당했고 속이는 자가 속임을 당했다. 하지만 야곱이 탈바꿈 할 수 있었던 것은 바로 이 엄한 훈련을 통해서였다. 어떤 사람들에게는 이 고된 훈련이 마음에 들지 않는 집안 환경이나 작업 환경이 될 수도 있을 것이다. 어떤 선교사들이 동역자들과 어려움을 겪는 이유일 수도 있을 것이다. 우리는 항상 즐거운 상황을 선택하려고 하고 같이 일하거나 살기에 좋은 사람들을 선택하려고 한다. 하지만 하나님께서는 우리의 일시적인 편안함보다는 우리의 영적인 성장에 더 관심이 많으시다.

야곱이 이 모든 경험을 하는 동안 하나님께서 그와 함께 하시고 그를 축복하신 것을 보면 마음이 든든하다. 하나님께서는 라반이 야곱에게 어떠한 해도 가하지 못하도록 하셨다(창세기 31:7,24,29). 우리의 라반도 우리에게 어떤 해도 끼치지 못할 것이다. 명예롭게도 야곱은 하나님의 때가 이르기까지 하나님의 시험으로부터 달아나지 않았다. 우리는 불행한 상황에 안달하며 피해가려고 애쓴다. 그러나 만일 우리가 하나님의 훈련을 단축시킨다면 결과는 언제나 영적인 손해가 될 것이다. 하나님께서는 예정된 목표가 달성되면 훈련을 거두실 것이다. 우리의 성품은 우리가 인생에서 만나는 어려운 일들과 어려운 사람들로 인해 완성되고 풍성해진다.

집으로 돌아오는 길에 야곱은 에서가 그를 만나러 온다는 것을 알게 되었다. 곧 죄책감으로 인한 두려움이 그를 사로잡았다. 하나님께서 약속하신 보호(창세기 28:15)를 구하는 대신, 야곱은 형을 달래기 위해 인간적인 계획을 세워 선물을 앞서 보낸다. 하지만 끝없는 하나님의 추격은 계속되었다. "야곱은 홀로 남았더니 어떤 사람이 날이 새도록 야곱과 씨름하다가."

씨름을 시작한 것은 야곱이 아니라 하나님이셨다. 하지만 야곱은 엄청난 힘으로 저항하였다. 야곱은 그가 이전에 그랬던 것처럼 이번에도 도망칠 수 있을 거라 분명히 생각했다. 그러나 계속적인 압력이 이어졌다. 축복하시려는 하나님께 저항한다는 것은 심각한 일이다. 야곱이 굽히지 않으려는 것을 보신 하나님께서는 그의 다리를 절게 만드셨다. 그 이후로 그는 이 무서운 대면의 표시를 항상 지니고 다

녔다. 더 이상 저항할 힘이 없어지자 야곱은 팔로 하나님의 사자를 붙들고 축복하기 전까지는 보내지 않겠다고 말한다. 하나님께서 그 이 평생 동안 이것을 목표로 인도해오셨는데 말이다!

그러나 복을 받기 전에 야곱의 고집스러운 삶은 완전히 깨어져야만 했다. 그는 자신의 수치와 죄악을 대면해야만 했다. "네 이름이 무엇이냐?" 하나님께서 물으신다. "야곱이니이다."- 빼앗는 자, 속이는 자, 사기꾼. 이제 죄를 뉘우친 회개자가 고백한다. 이 짧은 고백은 실패한 인생이 자신의 삶을 가장 일목요연하게 표현할 수 있는 바로 그 고백이었다. 신실함이야말로 축복의 선봉이다. 이제야 야곱은 하나님 앞에 참되게 설 수 있었다. 그에게 있어서 "하나님의 얼굴", 브니엘은 철저한 죄성의 고백과 철저한 나약함의 자각을 의미했다. 야곱은 두려움에 차서 "내가 하나님과 대면하여 보았으나 내 생명이 보전되었다"고 말했다. 그가 더 깊은 복의 약속을 받은 곳도 역시 브니엘이었다. "네 이름을 다시는 야곱이라 부를 것이 아니요 이스라엘-하나님의 왕자-이라 부를 것이니 이는 네가 하나님과 사람으로 더불어 겨루어 이기었음이니라"(창세기 32장 28절). 그는 항복함으로 승리를 얻었다. 하나님께서는 그의 강팍함을 깨뜨리셨다. "천사와 힘을 겨루어 이기고 울며 그에게 간구하였으며"(호세아 12:4).

> 신실함이야말로
> 축복의 선봉이다.

이제 하나님께서 그의 부끄러운 옛 이름을 제하셨으니, 야곱이 새 이름에 맞는 삶을 살 것이라고 기대할 것이다. 그러나 그렇지 않았다! 그는 이전처럼 의심 많고 교활했다. 이 뿌리 깊은 그의 본성은 좀처럼 사라지지 않았다. 결국 이러한 본성들로 인해 부끄럽고 추악한 세겜의 위기가 찾아왔다. 에서에 대한 두려움 때문에 그는 집으로 돌아가지 않고 세겜을 향해 장막을 세웠다. 소돔에서 이와 유사한 어리석은 행동을 했던 그의 친척 롯처럼 야곱은 불신의 행동에 대해 값비싼 대가를 지불했다. 두 번씩이나 나타나셨던 하나님을 신뢰하는 대신 자신의 책략으로 어려움을 빠져 나오려 했기 때문에 야곱의 모든 가족은 비극에 빠지고 말았다. 이어지는 이야기는 강간과 살인 그리고 두려움의 이야기이다. 서원을 잊어버리거나 헌신을 철회하는 것은 그 대가가 매우 크다.

> 야곱은 항복함으로 승리를 얻었다.

하나님께서 처음으로 그를 사로잡으신 지 삼십 년이 지났다. 의심할 여지없이, 하나님께서 이런 고집 세고 완고한 사람을 버리신다고 해도 모두 옳다고 할 것이다. 그러나 하나님은 사람이 아니시다. 하나님의 사랑은 **변덕스럽지 않다**. 야곱을 버리는 대신, 하나님께서는 그를 다시 한 번 찾아 가셨다. "일어나 벧엘로 올라가서 거기 거하며… 네게 나타났던 하나님께 거기서 단을 쌓으라"(창세기 35:1). 이것이 두 번째 벧엘의 위기이다.

30년이 넘는 하나님의 훈육이 이번에는 결실을 맺었다. 야곱은 망설이지 않았다. 야곱은 즉시 가족을 모아 벧엘로 서둘러 갔다. "하나님이 다시 야곱에게 나타나사 그에게 복을 주시고." 하나님께서는 당신의 백성들에게 복을 주시는 것을 결코 단념하실 분이 아니다. 다시 힘 빈 야곱은 하나님의 말씀을 듣는다. "네 이름이 야곱이다마는 네 이름을 다시는 야곱이라 부르지 않겠고 이스라엘이 네 이름이 되리라 하시고 그가 그의 이름을 이스라엘이라 부르시고"(창세기 35:9,10). 이번에는 야곱이 새 이름에 걸맞는 삶을 살았고 다시 교활하고 속이는 이전의 삶으로 되돌아 가지 않았다. 하나님의 훈련은 효과적이어서 지렁이 같은 야곱은 히브리서 11장에 나오는 믿음의 사람들의 전당으로 갈 수 있었다. "죄가 더한 곳에 은혜가 더욱 넘쳤나니."

이 사람과 저 사람 사이에 근본적인 차이는 없다. 단지 유혹의 정도에 차이가 있을 뿐이다. 질투, 자만심, 야망, 돈, 성(性)과 같은 일반적인 유혹에 대다수의 사람들이 무너진다. 자신의 이상으로부터 한참 뒤떨어지게 된다. 이전의 죄악이 되살아나고 힘을 모아 우리를 지배하게 된다. 똑같은 비참한 실패나 성격상의 결점이 우리의 일생을 블러드하운드(후각이 예민한 영국산 경찰견:역자주)처럼 쫓아다닌다. 계속되는 패배로 인해 희망은 점점 마비되어 간다.

사단은 실패의 메시지를 전한다. 그러나 전형적인 인생의 표본인 야곱의 삶에서 하나님께서는 회복의 복음을 말씀하신다. 육신의 법이 가장 높은 법이 아니다. 야곱의 하나님은, 계속적으로 실패하고 또 실패하는 그리스도인들에게 두 번째 기회를 주시는 탁월한 하나님이시다. 두 번째 기회가 과거의 실패의 결과를 되돌리지는 않는다.

그러나 실패조차도 새로운 승리의 디딤돌이 될 수 있다. 하나님의 자녀에게 있어서 실패는 중요한 교육적 가치를 가질 수 있다. 하나님은 실패조차도 사용하신다.

야곱의 인생에서 두드러진 교훈은 바로 어떤 실패도 마지막이 아니라는 것이다. 어떠한 기질이나 성격이라도 야곱의 하나님과 함께라면 희망이 있다. 과거의 어떤 실패도 앞날의 승리를 불가능하게 만들 수 없다. 하나님께서 누군가를 구원하시고 염려하실 때에는 그를 축복하시겠다는, 단념하지 않으시는 인내심을 가지고 따라다니신다. 하나님께서는 회개한 사람이 이전에 실패했었다고 해서 왕의 예식에서 제외시키지 않으신다. 만약 지난 실패 때문에 베드로를 사용하지 않으셨다면 위대한 오순절 설교는 존재하지 않았을 것이다. 하나님께서는 우리의 바로 그 실패로부터 더 넓은 사역을 창조하심으로써 사단을 역습하신다.

"파종하려고 가는 자가 어찌 끊이지 않고 갈기만 하겠느냐?"
이사야 28장 24절

Spiritual Maturity

The Discriminating Disciplines Of God

하나님의 훈련

[말씀 읽기: 이사야 28장 23-29절]

"하나님이 밭 갈도록 하십시오. 그분은 수확하길 원하십니다." 사무엘 러더포드(Samuel Rutherford)가 시련 중에 고백한 이 말은 하나님의 훈련에 대한 진정한 통찰력과 시련을 통해 최상의 이익을 기대하는 태도를 보여준다. 삶의 훈련은 고통스러울 수 있지만 목적 없이 찾아오지는 않는다. "무릇 징계가 당시에는 즐거워 보이지 않고 슬퍼 보이나 후에 그로 말미암아 연달한 자에게는 의의 평강한 열매를 맺나니"(히브리서 12:11). 만일 우리가 열매를 바란다면 훈련을 기쁘게 받아들여야 한다.

우리가 상고하고 있는 말씀은 이사야 선지자의 가장 위대한 예언

> 열매를 바란다면 훈련을 기쁘게 받아들여야 한다.

중의 하나이다. "이 구절의 당당한 필체는 단연 돋보인다. 인물에 대한 날카로운 분석, 죄와 심판에 대한 실감나는 대조, 재기 넘치는 반론과 풍자, 냉소의 급류와 심판의 홍수-그러나 최종 결말은 달콤한 비유가 시내처럼 이어진다."(스미스, G.A. Smith) "달콤한 비유"로, 하나님이 나라들과 교회와 개개인의 교인들을 다루시는 전형적인 방법으로서 농부의 모형을 사용한다.

이사야 선지자는 하나님께서 사람들에게 이처럼 확실한 이해를 주시는 능력에 주목한다. "이는 그의 하나님이 그에게 적당한 방법으로 보이사 가르치셨음이며"(26절). "그의 모략은 기묘하며 지혜는 광대하니라"(29절). 그 분은 단순히 인생을 시험하시는 분이 아니다. 그 분은 변덕이나 선입견에 의해 변하지 않으신다. 모든 행동 하나하나를 가장 높은 지혜로 지시하시고 가장 깊은 사랑으로 실행하신다. 그리고 그 모든 것에는 절묘한 통찰력과 구분이 있다. 적용되는 방법들은 항상 결과를 얻기에 가장 적합한 것들이다. 제대로 받아들여지면 풍성한 수확이 보장된다.

경작의 세 주요 과정인 밭갈이, 씨 뿌리기, 추수의 때를 신중하게 판단하는 농부의 기술은 그를 가르치시는 하나님의 기술과 지혜를 반영한 것일 뿐이다. 이사야 선지자는 만일 농부가 자신의 농작물을 돌볼 때 이런 예리한 분별력을 발휘할진대 하물며 그에게 지혜를 주신 하나님께서는 얼마나 더 정교하게 우리 인생의 열매를 위해 분별력 있게 일하시겠느냐고 주장한다.

훈련의 차별성

비록 하늘의 농부께서 그 자녀들에게 눈물이나 고통의 쟁기질과 써레질을 허락하신다 할지라도 그 과정은 항상 최고의 전문가의 손길에 의해 관리되고 있다. 하나님의 궁극적인 목적인 수확은, 늘 그분의 시야 안에 있다. 이사야 선지자는 하나님께서 성품을 단련시키고 영혼을 부드럽게 하기 위해 발휘하시는 지혜를 묘사하기 위해서 농사의 세 가지 주요 방법들을 이용하고 있다.

밭 갈고, 씨 뿌리며, 타작하는 연이은 과정들을 인생의 훈련을 암시하는 것으로 보면 이 비유에서 세 가지 진리가 나타난다.

❖하나님께서는 각 과정의 기간을 알고 계신다 _ "파종하려고 가는 자가 어찌 끊이지 않고 갈기만 하겠느냐? 그 땅을 개간하며 고르게만 하겠느냐?"(23,24절) 물론 그러지 않으신다. "이는 그의 하나님이 그에게 적당한 방법으로 보이사 가르치셨음이며"(26절). 쟁기질은 단지 결과를 얻기 위한 수단이다. 목적이 이루어지면 밭갈이는 멈추게 된다. 이스라엘의 역사를 보면 하나님의 통찰력을 알 수 있다. 430년 동안 애굽(이집트)의 폭정의 쟁기질로 인해 히브리 민족의 단단한 토양이 완전히 파헤쳐 졌다. 히브리 민족은 가망 없는 황무지였지만 하나님께서는 그 안에서 풍성한 수확의 가능성을 보셨다. 하지만 쟁

기질 없이는 수확도 없을 것이다. 애굽(이집트) 감독자의 채찍질로 이루어졌던 훈련은 그 목적을 달성하자마자 제거되었다. 하나님께서는 당신의 유익한 목저을 이루기 위해 꼭 필요한 만큼만 당신의 백성들을 감독자의 압제 하에 두셨다. 그들이 해방될 준비가 되자마자 하나님께서는 그들을 쉼과 가나안의 풍요와 승리로 이끄셨다. 하지만 혹독한 훈련만이 그들을 애굽(이집트)에서 떼어낼 수 있었다.

❖숙련된 농부는 각각의 토양마다 차이를 둔다 _ 가볍고 모래가 많은 토양은 가벼운 쟁기질이 필요할 뿐이다. 단단하고 메마른 진흙이 곡식을 생산하려면 완전히 다른 방법이 필요하다. 햇빛에 노출시켜 물을 빼야만한다. 쟁기가 심토까지 깊게 들어가야만 한다. 덩어리진 흙이 깨어지고 좋은 토양이 되어서 값진 씨앗이 싹트고 자랄 수 있을 때까지 반복해서 써레질을 해야만 한다. 농부는 쟁기질을 얼마나 오래 해야 할 지 알고 있다. 계속해서 쟁기질하며 뒤집어 놓지만은 않는다. 그는 각 토양의 필요에 따라 각각을 다룬다. 그러니 각 사람이 당하는 고생, 슬픔, 시련이 다른 것이 당연하지 않을까? 우리에게 허락하시는 훈련의 기간과 시기, 그리고 적용방법 등에 대해 우리는 하늘의 농부를 신뢰할 수 있다. 그분의 손에서 우리는 안전하다.

훈련은 언제나 복을 위한 준비 과정이며, 제대로 훈련 받기만 한다면 복을 가져온다. 바로 여기에 우리의 책임이 있다. 소화되지 않은 음식은 복이 아니라 독이다. 제대로 받지 않은 훈련은 성품을 온화하게 하기보다 강퍅하게 만든다. 단련시키는 채찍을 받을 때 "왜?"라는 불만 섞인 질문을 하는 것은, 가장 지혜롭고

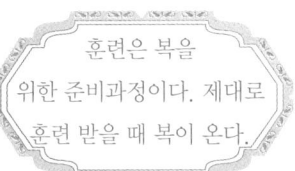
훈련은 복을 위한 준비과정이다. 제대로 훈련 받을 때 복이 온다.

가장 사랑 많은 하나님을 변덕쟁이로 만들어 버린다. 하나님께서 우리의 마음을 산산조각 내시는 것은 자신의 힘과 주권을 과시하기 위해서가 아니다. 더 큰 열매를 준비하기 위해서이다. 그분은 더 풍성한 수확을 위해 열매 맺지 않는 가지들은 모두 잘라 내신다. 훈련에는 목적이 있다. 우리가 어떻게 하나님의 쟁기질에 반응해야 할까? 그것이 우리를 부드럽게 하고, 낮추고 단련시키는가? 아니면 더 단단하고 굳게 그분의 쟁기질에 저항하고 있는가? 그분의 쟁기질은 우리를 온화하게 하는가 아니면 강퍅하게 하는가?

가족 문제나 경제적 어려움에 대한 반응, 고통이나 실망에 대한 반응, 야망이 좌절되거나 기대가 어긋날 때의 반응은 몹시 중요하다. 만일 우리가 저항이 아무 소용이 없다는 것을 느끼고 복종한다면 계속해서 반항하는 것보다는 좋다. 기쁨이 없더라도 하나님의 뜻을 묵묵히 따른다면, 좀 더 높은 경지에 있다 할 수 있다. 그러나 이해할 수 없을 때에라도 찬양하고, 하나님의 설명되지 않은 섭리를 두 팔 벌려 받아들일 때 하나님이 가장 영광 받으시고 우리는 가장 큰 복을 받게 된다. 사무엘 러더포드(Samuel Rutherford)가 아버딘(Aberdeen)감옥에 있을 때 그는 그의 편지 가장 윗줄에 "하나님의 궁전, 아버딘"이라고 쓰곤 했다.

교양 있는 프랑스 여성인 귀용 부인(Madame Guyon)은 신앙 때문에 1695년에서 1705년까지 감옥에 갇혀 있었다. 감옥에서 불평하는 대신 그녀는 기쁘게 하나님의 뜻을 자신의 행복으로 받아들였다. "빈센느(Vincennes) 감옥에 있을 때 나는 큰 평화 가운데 시간을 보냈습니다. 내가 기쁨의 노래를 지어 부르자 시중을 들던 시녀가 그 곡들을 외웠답니다. 그리고 우리는 함께 '당신을 찬양합니다, 오 나의 하나님'을 찬양했습니다. 내 눈에는 감옥의 돌들이 루비처럼 빛나 보였습니다. 내 마음은 가장 큰 고난 중에서도 그분을 사랑하는 자들에게 주시는 기쁨으로 가득 차 있었습니다." 그녀의 대표적인 찬송 가운데 한 곡은 바로 이곳에서 쓰여졌다.

나는 창공의 들판에서 내쫓긴
한 마리의 작은 새
그러나 내 새장 안에 앉아서
나를 그곳에 있게 하신 그분을 노래하네
갇힌 자 됨을 기뻐함은
나의 갇힘이 하나님을 기쁘시게 하기 때문이라네

할 수 있는 일이 아무 것도 없어
나는 온종일 노래하네
그리고 내가 가장 기쁘게 해 드리고 싶은 그분은

내 노래에 귀를 기울이신다네
그분은 나의 방황하는 날개를 붙잡아 매셨지만
여전히 내 노래에 귀를 기울이신다네

나의 새장은 사방으로 나를 가두어
밖으로 날아갈 수 없지만
내 날개가 꽉 묶여 있어도
내 마음은 자유롭다네
내 감옥의 벽은
내 영혼의 비상을, 자유로움을 막을 수 없네

오, 이 빗장과 창살들을 넘어
내가 찬양하는 그분에게로
내가 사랑하는 그분에게로 날아오르리
그리고 그분의 능력 안에서
내 마음의 기쁨과 자유를 찾으리

욥은 그의 인생을 통해 맹렬한 쟁기질을 경험하였다. 그러나 그의 반응은 그의 실패를 통해 하나님을 이용하려 했던 대적들을 침묵시키게 했다. 사단은 욥의 고귀한 선언에 대해 할 말을 잃었다. "주신 자도 여호와시요 취하신 자도 여호와시오니 여호와의 이름이 찬송을 받으실찌니이다." 욥에 대한 하나님의 확신이 충분히 입증되었다.

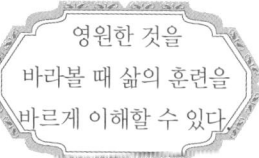
영원한 것을 바라볼 때 삶의 훈련을 바르게 이해할 수 있다

❖**하나님은 신중하게 선택하신다** _ "지면을 이미 평평히 하였으면 소회향을 뿌리며 대회향을 뿌리며 소맥을 줄줄이 심으며 대맥(보리)을 정한 곳에 심으며 귀리를 그 가에 심지 않겠느냐 이는 그의 하나님이 그에게 적당한 방법으로 보이사 가르치셨음이며"(25-26절). 신중한 농부는 씨앗의 가치를 구하는 것과 상태를 고르는 데에 있어서 가장 탁월한 판단력을 보인다. 그는 되는 대로 대충하지 않는다. 더 가치 있는 씨앗은 가장 좋은 위치에 심는다. 덜 가치 있는 씨앗은 쓸모 없는 구석 땅에 심을 것이다. 소회향과 대회향은 향미료로 이용되는 작은 씨앗이므로 주요 곡물인 밀이나 보리에 비하여 상대적으로 덜 중요하다. 농부는 항상 어떻게 하면 가장 높은 수익을 낼 것인지, 최대 수확량을 낼 것인지를 계산한다.

하나님도 그러하시다. 하나님은 훈육에는 절대 낭비가 없으시다. 그분은 어떤 것이 가장 가치있는 수확을 낼 수 있는지 아신다. 무한한 지혜로 각각 선택하신다. 그분은 우리의 인생을 영원의 밭으로 생각하시기에 씨앗뿐만 아니라 토양에도 주의를 기울이신다. 하나님이 정하신 횟수와 시기는 지나칠 정도로 세심하고 정확하다. 농부에게 가장 적절한 방법으로 알게 하시는 하나님께서 사람의 마음을 농작하시는 데에 덜 지혜로운 방법을 쓰시지는 않는다. 그분의 선택에는 실수가 없으시다. 그것이 지연되는 것이든 거절하는 것이든, 보류하는 것이든 철회하는 것이든, 형통이든 역경이든, 기쁨이든 고통이든, 하나님은 늘 열매를 목표로 하신다.

우리가 살면서 내리는 수많은 결정이나 우선 순위는 어떠한가? 세속적인 성공이나 영적인 성공의 비결이 바로 여기에 있다. 우리는 우리가 뿌린 것을 거둔다. 만일 우리 삶의 토양에 하찮고 육욕적인 것이 심겼다면 그런 종류의 결실을 낼 것이다. 반대로 만일 우리가 가장 중요하고 영적인 것을 심는다면 거룩함과 기쁨의 결실이 풍성할 것이다.

> 하나님의 선택에는 실수가 없으시다.

❖ **하나님은 신중하게 적정함을 결정하신다** _ "소회향은 도리깨로 떨지 아니하며 대회향에는 수레 바퀴를 굴리지 아니하고 소회향은 작대기로 떨고 대회향은 막대기로 떨며 곡식은 부수는가, 아니라 늘 떨기만 하지 아니하고 그것에 수레 바퀴를 굴리고 그것을 말굽으로 밟게 할지라도 부수지는 아니하나니 이도 만군의 여호와께로서 난 것이라 그의 묘략은 기묘하며 지혜는 광대하니라"(27-29절). 각각의 씨앗을 똑같이 다루게 되면 어떤 것에는 돌이킬 수 없는 손상을 주거나 혹은 어떤 것은 껍질도 벗겨지지 않은 상태로 남아있게 될 것이다. 결과를 얻기 위해서는 정확한 시간을 적용해야만 한다. 소회향은 막대기로 부드럽게 두드리는 것만으로도 충분하지만 소맥은 강한 도리깨질이 필요하다. 농부는 지식과 경험을 바탕으로 적당한 타작 방법

을 사용한다. 씨앗을 싸고 있는 겉껍질이 벗겨지면 타작 과정은 멈춘다.

하나님께서도 그 자녀들의 삶을 추수하기 위해 비슷한 반난과 석절함을 이용하신다. 하나님은 가벼운 막대기 타작만으로도 목적을 달성할 수 있는 곳에 심한 도리깨질(tribulum-고난을 의미하는 'tribulation'의 어원)을 사용하지 않으신다. 그분의 목적은 곡식을 가루로 만들고 부수는 것이 아니라 깨끗이 하여 보존하는 것이다. 만일 하나님께서 시련을 보내신다면 그 외에 다른 방법이 없기 때문이다. 하나님은 필요 이상의 힘이나 혹은 필요한 것보다 더 긴 시간 동안 시련을 사용하지 않으신다. 모든 훈련의 마지막은 결실이다. 진정한 영성을 지닌 사람은 하나님께 더 풍성한 수확을 드릴 수 있다면 시련을 기꺼이 받는다. 사도 바울은 말한다. "내가 환난 중에도 기뻐하나니." 그는 자신이 무슨 이야기를 하고 있는지 확실히 알았다. 사도 바울보다 더 예민한 기질을 가진 사람은 아무도 없다. 그러나 사도 바울 만큼 연단의 막대기를 경험한 사람도 거의 없다.

> 하나님의 목적은 곡식을 가루로 만들고 부수는 것이 아니라 깨끗이 하여 보존하는 것이다

훈련의 목적

하나님께서 사람들을 다루시는 방법은 무한히 다양하다. 심지어 두 사람도 똑같이 다루시는 법이 없다. 그분은 개인의 독특함을 알고 계시며 이것이 훈련 방법에 반영된다. 하나님의 훈련에는 세가지 차

원의 목적이 있다.

❖개인적 차원: 영혼의 성숙을 위해 _ 우리가 어떤 사람인가 하는 것은 우리가 얼마나 많은 일을 하느냐 보다 훨씬 더 중요하다. 하나님은 예수님 같은 성품을 계발시키는 것에 지대한 관심을 갖고 계신다. 하나님의 목적은 모든 그리스도인들이 "그 아들의 형상을 본받게" 하는 것이다. 하나님의 아들은 참 인간으로서, 고통을 통해 성숙한 대제사장의 직무를 감당할 수 있었다. 어떤 것으로도 대체할 수가 없다. 훈련을 받지 않거나 받더라도 유의하지 않으면 개인적으로 거룩해지거나 그리스도를 닮는 열매를 거둘 수 없다.

주님의 은혜 가운데 주님이 그의 선하심을 그 백성에게 아낌없이 부어주실 때의 반응은 감사가 아니라 배반이었다고 기록되어 있다. "여호와께서 그로 땅의 높은 곳을 타고 다니게 하시며… 반석에서 꿀을, 굳은 반석에서 기름을 빨게 하시며 소의 젖 기름과 양의 젖과 어린 양의 기름과… 수양의 염소와 지극히 아름다운 밀을 먹이시며… 그러한데 여수룬이 살찌매 발로 찼도다"(신명기 32장 13-15절).

종종 성품은 균일하게 발달되지 않는다. "에브라임은 뒤집지 않은 전병이로다." 호세아 선지자는 말한다. 한 쪽은 잘 구워지고 다른 한 쪽은 덜 구워진 빵이다. 하나님께서는, 어떤 면에서는 지나치게 발달되고 다른 면에서는 부족한 그리스도인들의 부분적인 성화를 기뻐하지 않으신다. 하나님께서 우리의 덜 발달된 성품에 시험의 불을 가하시는 것은 이러한 불균형을 바로잡기 위함이다.

❖관계적 차원: 다른 사람을 위힌 음식으로 제공되기 위해 _ 타작 과정에서는 곡식이 빻아지지 않는다. 만일 빻아지면 그 가치를 잃게 된다. 이사야 28장 28절은 이렇게 말한다. "늘 떨기만 하지 아니하고 소맥은 갈아지니." 농부는 쓸데 없이 도리깨(tribulum)로 곡식을 갈지 않는다. 곡식이 껍질 속에 있을 때에는 쓸모가 없기 때문에 타작의 목적은 곡식의 껍질을 벗겨 먹을 수 있도록 준비시키는 것이다. 일단 타작이 되고 나면 빻아서 가는 과정으로 들어간다.

> 알곡은 빻아진다! 내 영혼아 겁내지 말라.
> 뽑히고 매이는 것을,
> 깨어지고 갈리는 것을.
> 깨뜨리신 그 심령을 하나님이 온전하게 하신다네.
> 껍질이 벗겨지지 않고 버려진 알곡은
> 사람의 궁핍함을 위하여 공급될 수 없다네.

우리 주님은 "우리의 죄악을 인하여 상함"을 입으셨으며 우리에게 생명의 떡이 되셨다. "제자가 그 선생보다, 또는 종이 그 상전보다 높지 못하나니 제자가 그 선생 같고 종이 그 상전 같으면 족하

> 영적인 성장을 위해 우리는 당연히 부서져야만 한다.

도다"(마태복음 10:24-25). 그러므로 영적인 성장을 위해 우리는 당연히 부셔져야만 한다.

❖ 궁극적 차원: 천국을 예비하기 위해 _ 이 생의 삶은 천국의 유치원에 불과하다. 이제 우리는 고난이 없으면 영광도 없다는 초급 과정을 이수했다. 멍에를 메어 보지 않으면 쉼을 즐길 수 없다. 그러나 우리가 제대로 배우지 못하기 때문에 종종 수업이 계속해서 반복되고 또 반복되는 것이다.

알렉산더 와이트(Alexander Whyte)는 이렇게 썼다. "하나님께서는 십자가를 통해 우리의 인격을 변화시키기 위한 모든 비용을 지불하셨다. 이제 소멸하는 것들은 영원한 것을 섬기고, 시간은 영원을 섬기는 것이 합당하다. 이 세상에서 우리가 소유하거나 추구하는 다른 모든 것들은 사라지고 부패할 것이며 우리의 인격만이 남게 될 것이다. 부, 명예, 소유, 모든 종류의 기쁨들은 언젠가 죽음의 황량한 손짓 한 번만으로 무의한 것들이 되고, 우리는 벌거벗은 채 수의에 싸여 우리가 그토록 소유하고자 했던 모든 것들을 뒤로한 채 관으로 가게 될 것이다."

"내 능력이 약한 데서 온전하여짐이라"_ 고린도후서 12장 9절

Spiritual_Maturity

The Perfected Strength Of God

하나님의 능력

[말씀 읽기: 고린도전서 1장 25절-2장 5절]

약하고 부족한 것을 바라보는 하나님의 생각과 사람의 생각에는 흥미로운 차이가 있다. 사람들은 이것을 어려운 임무가 주어질 때 회피하기 위한 정당한 핑계로 생각한다. 하나님께서는 이것이 바로 어려운 사명을 맡을 수 있는 이유라고 말씀하신다. 우리는 우리가 너무 약하다고 주장한다. 그러나 하나님께서는 바로 그 이유 때문에 우리를 선택하셨다고 말씀하신다. 하나님의 군대 앞 줄을 채운 것은 현명하고 능력있고 고상한 사람들이 아니라 어리석고 약하고 멸시 받고 보잘 것 없는 사람들이다. 도대체 왜 그러셨을까? 그것은 하나님 앞에서 아무도 자랑치 못하게 하려 하심이며 그의 능력이 우리의 약함

가운데서 온전해지도록 하기 위함이다(고전 1:26-28).

하나님의 원리

하나님께 자신의 최고를 드리고자 하는 사람이라면 반드시 알아야 할 중요한 영적인 원칙이 있다. 하나님께서는 자신의 목적을 이루시기 위해 아주 특별한 재능이 있거나 굉장히 똑똑한 사람들을 쓰시지 않는다. 사실, 하나님은 이런 사람들이 자신의 순수한 재능을 의지하는 것을 포기할 때 그들을 사용하신다. 모든 역사를 통해 하나님께서는 보잘 것 없는 사람들을 선택하시고 사용하셨다. 왜냐하면 그들은 남달리 하나님을 의지하여 하나님의 능력이 발휘될 수 있도록 여지를 남겨 놓았기 때문이다. 그들이 기꺼이 아무 것도 아닌 것(nothing)이 될 때 하나님께서는 전부(everything)가 되신다. 하나님께서는 많이 받은 사람들이 자기 자신의 능력과 자원을 포기할 때, 그들을 선택하시고 사용하신다.

위의 본문에서 사도 바울은, 형편없는 재료이지만 하나님께서 그래도 최선을 다해서 사용하셨다는 식으로 표현하지 않았다. 하나님께서는 오히려 신중하게 그들을 선택하셨다. 지혜롭고 능력 있고 고상한 사람들이 자신의 재능과 권리를 포기하고 영적인 목적을 성취하려고 하지 않는 한 하나님께서는 그들을 제외시키셨다. 이것은 확실히 도전적이고 혁명적인 생각이다. 하나님께서는 우리의 약함과 부족함에도 불구하고 우리를 사용하시는 것이 아니다. 오히려 바로 그것들 때문에 우리를 사용하신다. 하나님께서는 우리의 뛰어난 재능과 권리를 포기할 때까지 우리를 사용하지 않으신다. 인간의 약함은 하나님의 능력을 드러내는 데 가장 좋은 조건이 된다.

역사를 살펴보면 재능과 자격을 지나치게 강조하는 바람에, 얼마든지 훌륭한 선교사가 될 수 있었던 사람들의 앞길을 막아왔던 것을 볼 수 있다. L. T. 라이얼(L.T. Lyall)은 이렇게 쓰고 있다. "수많은 선교사들이 자신의 재능을 땅에 파묻어 버렸지만, 그들은 열매 맺는 자들이 되었습니다. 주님은 조건 없이 따르는 제자를 원하십니다. 그리스도인은 명령 받는 존재입니다. 발을 내딛기 전에 길을 보여달라고 요구해서는 안됩니다. 모든 것을 아시는 주님께서 우리를 보시고 우리에게 가장 알맞은 곳으로 우리를 보내시도록 해야합니다. 우리의 능력이 가장 잘 쓰임받을 수 있게 해 달라고 기도하는 것은, 그리스도의 주권에 온전히 따르지 않는다는 증거입니다. 만일 우리가 하나님께서 우리에게 훈련을 통해 특별한 청지기의 임무를 주셨다는 것을 믿는다면, 그분이 그 재능을 잠시 혹은 영원히 가져가시는 것처럼 보인다고 해서 그분을 신뢰하지 못할까요?"

하나님께서 바울에게 말씀하셨다. "내 능력이 약한 데서 온전하여짐이라." 이에 바울이 고백한다. "내가 약할 그때에 곧 강함이라"(고린도후서 12:9,10). 하나님의 영웅들에 대해서도 성경은 "연약한 가운데서 강하게 되기도 하며"(히브리서 11:34)라고 기록하

> 인간의 약함은 하나님의 능력을 드러내는 데 가장 좋은 조건이 된다.

고 있다.

대영제국의 노예 해방을 책임지고 있던 위대한 기독교 개혁가 윌리엄 윌버포스(William Wilberforce)는 매우 왜소하고 약해서 강한 바람이 불면 쓰러져 버릴 것 같은 사람이었다. 하지만 보스웰(Boswell)은 그의 연설을 듣고 나서 이렇게 말하였다. "내가 보기에는 꼭 새우가 단상에 오르는 것처럼 보였습니다. 그러나 그의 연설을 들을 때에 그가 점점 커지더니 결국 그 새우가 고래가 될 때까지 커졌습니다."

J. S. 스튜어트(J.S. Stewart)는 이렇게 쓰고 있다. "하나님께서 자신의 왕국을 건설하시기 위해 사람들을 선택하실 때, 사람의 힘과 자신감이 아니라 약함과 굴욕을 보십니다. 다시 말해 그분이 우리의 평범함과 무력함과 자격 없는 결점들에도 불구하고 우리를 사용하시는 것이 아니라 바로 그것 때문에 우리를 사용하신다는 것을 깨닫게 되는 것은 우리에게 큰 기쁨이 됩니다. 자신이 능력이 있다는 것을 자랑하는 것이 아니라, 자신이 약하다는 것을 인정하는 것, 그리고 그것을 하나님께 드려 그분의 무기로 사용하시도록 하는 교회나 영혼은 그 어떤 것으로도 파괴할 수 없습니다." 이것이 프란시스 자비에르(Francis Xavier), 윌리엄 캐리(William Carey), 그리고 사도 바울을 택하신 방법이었다. '주님, 여기 저의 인간적인 약함이 있습니다. 주님의 영광을

> 자신이 약하다는 것을 인정하는 것, 그리고 그것을 하나님께 드려 그분의 무기로 사용하시도록 하는 것이 중요하다.

위해 이것을 드리옵니다.' 이것은 반격할 수 없는 완벽한 전략이다. 이것이 세상을 이기는 승리의 원리이다.

원리의 예시

우리의 문제는 우리가 너무 약한 것이 아니라 우리가 하나님께 대해 너무 강하다는 것이다. 웃시야 왕은 "기이한 도우심을 얻어 강성하여짐이더라. 저가 강성하여지매 그 마음이 교만하여 악을 행하여 그 하나님 여호와께 범죄하되"(역대하 26:15, 16). 야곱은 그의 힘줄이 그의 하나님의 손길에 의해 마른 후에야 하나님과 사람 앞에 힘을 갖는 왕자가 되었다. "저는 자도 그 재물을 취할 것이며"(이사야 33:23)라는 말씀은 역설적으로 보일 수도 있다. 우리의 방해물이 오히려 도움이며, 하나님께 가장 큰 기회를 제공하는 것은 바로 우리의 비참한 최후라고 말한다.

D.L. 무디(Dwight L. Moody)는 정식 교육을 전혀 받지 않았다. 그의 글들을 보면 문법적인 오류로 가득 차 있다. 그의 외모도 별로 인상적이지 않았다. 그의 목소리는 고음이었고 또 콧소리가 났다. 그러나 이러한 결점들도 그가 두 대륙을 흔들도록 하나님께서 그를 사용하시는 것을 막을 수는 없었다. 한 신문기자가 영국에서 열리는 무디의 집회에 그의 능력의 비밀을 취재하기 위해 파견되었다. 그 집회에서 귀족과 직공 모두가 하나같이 하나님께 돌아왔다. 한참을 관찰한 그가 다음과 같은 기사를 썼다. "무디의 놀라운 업적을 설명할 길이 없

다." 무디가 이 기사를 읽고 웃으며 말했다. "그럼요, 이것이 바로 이 운동의 비밀인 걸요. 하나님의 힘 외에는 그것을 설명할 수 있는 것이 아무 것도 없지요. 이 일은 제가 아니라 하나님의 업적입니다."

> 우리의 힘을 넘어서는 임무를 받는 것은
> 비밀스러운 기쁨입니다.
> 그러기에 그 임무가 선하게 이루어진다면
> 분명히 그 찬양은 우리의 것이 아니라 그분의 것입니다.
>
> _ F. 휴톤(F. Houghton)

하지만 하나님께서는 자신을 세상의 무디들과 캐리들에게만 가둬 놓으시는 분이 아니다. 사도 바울을 어떻게 사용하셨는가를 생각해 보라. 그는 현명하고, 힘있고 고상한 부류의 사람이었다. 그는 모든 것-지적인 능력, 감정적인 열정, 반박할 수 없는 논리와 억누를 수 없는 열심을 가지고 있었다. 그러나 그는 이것들 중 어떠한 것도 의지하지 않았다. "하나님의 증거를 전할 때에 말과 지혜의 아름다운 것으로 아니하였나니 내가 너희 중에 예수 그리스도와 그의 십자가에 못박히신 것 외에는 아무것도 알지 아니하기로 작정하였음이라. 내가 너희 가운데 거할 때에 약하며 두려워하며 심히 떨었노라. 내 말과 내 전도함이 지혜의 권하는 말로 하지 아니하고 다만 성령의 나타남과 능력으로 하여"(고린도전서 2장 1-4절). 그는 모든 것을 가지고 있었지만 그의 뛰어난 재능과 훈련에 의지하지 않고 능력 있는 그의 하나님께 전적으로 의지하였다.

모세도 역시 이 원칙을 보여주고 있다. 젊고 학식 있는 왕자로서 그는 지나치게 자부심이 강했기에 억압받는 그의 동족들을 혼자서 해방시키려 했다. 그러나 그는 아직 하나님의 목적에 맞게 준비되지 않았다. 그는 애굽(이집트)에서 내쫓겨 40년의 광야 대학 과정을 이수하게 된다. 사람의 나약함에 대한 어려운 수업을 너무나 충실하게 배웠기에 하나님께서 그를 부르셨을 때 그는 오히려 피해버렸다. 그는 왜 하나님의 뜻대로 할 수 없는지 7가지 이유를 댄다. 모두 자신의 나약함과 무능력함에 근거한 것이었다.

그가 나열한 자신의 무능함의 목록은 이러했다. 능력이 없고(출 3:11), 전할 말이 없고(3:13), 권위가 없고(4:1), 입이 뻣뻣하고(4:10), 보낼 만하지 않고(4:13), 이전에 성공한 경험이 없고(5:23), 이전에 받아들여지지 않았던 것(6:12)이다. 이것보다 더 철저하게 무능력에 대한 목록을 만들어내기도 어려울 것이다. 그러나 겸손을 가장하여 발뺌하고자 한 것이 하나님을 기쁘시게 하기는커녕 분노를 일으켰다. "여호와께서 모세를 향하여 노를 발하시고"(출애굽기 4:14). 사실 자신의 무능력함을 보여주기 위해 모세가 제시한 변명들은 하나님이 그 일을 위해 모세를 선택하신 바로 그 이유였다. 이제 자신감과 자기 의존을 완전히 비운 모세가 그의 하나님께 의지한다.

그의 무능력 하나하나에 대해 하나님께서는 적절한 답과 정확한

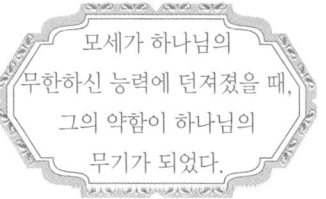
모세가 하나님의
무한하신 능력에 던져졌을 때,
그의 약함이 하나님의
무기가 되었다.

섭리를 가지고 계셨다. 모세는 하나님께서 부르실 때에는 항상 임무에 맞는 쥬비를 예비하신다는 사실을 잊고 있었던 것이다. 모세가 하나님의 무한하신 능력에 던져졌을 때, 그의 약함이 하나님의 무기가 되었다. "이런 일들을 누가 할 수 있습니까?"라고 묻는 것은 단지 믿지 못하여 포기하는 것일 수 있다. 믿음으로 기쁘게 응답하는 것은 "우리의 능력은 하나님에게서 나옵니다"라고 말하는 것이다.

기드온이 300용사로 승리를 거둔 이야기는 이 원리를 다른 각도에서 보여준다. 하나님의 부르심에 대한 대답으로 기드온은 부족함을 의식하고 있는 완전한 예를 보여준다. "주여, 내가 무엇으로 이스라엘을 구원하리이까? 보소서 나의 집은 므낫세 중에 극히 약하고 나는 내 아비 집에서 제일 작은 자니이다"(사사기 6:15). 그러나 하나님께서 주신 승리의 약속과 확증의 표적들을 보고 용기를 얻은 그는 부르심에 응한다. 그를 따르는 32,000명은 135,000명의 미디안 군대를 상대하기에 턱없이 부족해 보였다. 그러나 하나님께서는 "너무 많았다"(7:2). 용기 시험을 통해 22,000명이 추려졌지만 남아있는 10,000명도 "아직 많았다"(7:4). 다시 물 마시는 시험을 통해 300명의 열렬한 훈련 받은 사람들이 걸러졌다. 이제 기드온의 군대는 450대 1의 싸움을 해야만 했다. 그런데 그들을 가장 강력한 무기로 무장시키는 대신에, 하나님께서는 깨지는 항아리와 횃불과 나팔을 무기로 쓰라고 명하셨다. 이보다 더 터무니없는 전략이 있을까? 그러나 하나님께서 고르시고, 하나님께 순종한 사람들이 그날의 승리를 거둔다. "그 온 적군이 달음질하고 부르짖으며 도망하였는데"(7:21). 전능하신 하나님께서는 완전한 수적 열세와 무기를 단순히 보충하시는 정도가 아니었다. 기드온 군대의 철저한 약함이 하나님의 승리의 무기가 되었다. 미숙한 기드온으로부터 인간적인 자원을 빼앗은 이유는 무엇이었을까? "이스라엘이 나를 거스려 자긍하기를 내 손이 나를 구원하였다 할까 함이니라"(7:2). 바로 바울의 이유와 유사한 것이었다. "아무 육체라도 하나님 앞에서 자랑하지 못하게 하려 하심이라"(고린도전서 1:29).

> 기드온 군대의 철저한 약함이 하나님의 승리의 무기가 되었다.

이것은 하나님의 전략이다. 개인의 삶에서 일어나는 믿음의 모든 승리들, 계속 되는 행진 그리고 교회의 선교와 같은 신앙은 인간의 어떤 것, 즉 사람의 선행이나, 용감한 행위나 능력으로는 설명이 되지 않는다는 것을 세상은 알아야 한다. 그러므로 유일하게 가능한 설명은 초자연적인 하나님일 수밖에 없다."

"여호와의 미워하시는 것 곧 그 마음에 싫어하시는 것이
육칠 가지니 곧 교만한 눈과…" _ 잠언 6장 16, 17절

Spiritual_Maturity

The Moral Antipathy Of God

하나님의 혐오사항

[말씀 읽기: 이사야 14장 12-15절, 에스겔 28장 11-19절]

성경은 죄가 어떻게 세상에 들어왔는가는 말해 주지 않지만, 죄가 인간 세상에 들어온 방법과 죄가 우리가 인식하기 전부터 이미 시작되었다는 점을 알려준다. 우리가 알고자 하는 것을 모두 말해 주지는 않지만, 우리가 삶의 위기에 대처하고 죄와 환경을 이기는 승리의 삶을 살아가는데 필요한 모든 것을 이야기해 주는 것이 성경 계시의 특징이다. 이런 삶을 살기 위해 죄가 어떻게 처음 생기게 되었는지 알 필요는 없지만, 우리의 첫 번째 조상이 죄를 범한 이래 세상을 파멸시켜 온 원죄의 특성과 본질을 아는 것은 필요하다.

창세기에서 최초의 죄의 유혹은 사단에 의해 찾아 왔다. 사단은 높

> 교만이라고 하는 근본적인 죄는 자기 자신의 보좌를 하나님보다 높이려고 한 죄였다.

은 지위에 있다가 타락한 자였다. 구약의 두 구절은 그 죄의 본질에 대해 암시하고 있다(겔 28:11-19, 사 14:12-15). 이 말씀들은 본래 두로왕과 바벨론왕에 대하여 언급한 것이다. 하지만 이 말씀들의 의미는 단지 사람에게만 적용되지 않는다. 에스겔서 본문은 이렇다. "너는 완전한 인(印)이었고 지혜가 충족하며 온전히 아름다왔도다. 네가 옛적에 하나님의 동산 에덴에 있어서 각종 보석… 으로 단장하였음이여… 너는 기름 부음을 받은 덮는 그룹임이여… 네가 지음을 받던 날로부터 네 모든 길에 완전하더니 마침내 불의가 드러났도다… 네가 범죄하였도다 너 덮는 그룹아 그러므로 내가 너를 더럽게 여겨 하나님의 산에서 쫓아 내었고… 네가 아름다우므로 마음이 교만하였으며… 내가 너를 땅에 던져 열왕 앞에 두어 그들의 구경거리가 되게 하였도다." 우리 주님의 말씀이 생각나지 않는가? "사단이 하늘로서 번개 같이 떨어지는 것을 내가 보았노라"(눅 10:18).

또 이사야서에도 이렇게 기록되어 있다. "너 아침의 아들 계명성이여 어찌 그리 하늘에서 떨어졌으며… 네가 네 마음에 이르기를 내가 하늘에 올라 하나님의 뭇 별 위에 나의 보좌를 높이리라 내가 북극 집회의 산 위에 좌정하리라 가장 높은 구름에 올라 지극히 높은 자와 비기리라 하도다. 그러나 이제 네가 음부 곧 구덩이의 맨 밑에 빠치 우리로다."

　이 구절들은 그 언급된 역사적 인물들에게만 국한되는 것이 아니다. 의심의 여지없이 이 구절들은 더 깊은 의미를 가지고 있다. 이런 방법으로 진리를 계시하는 방법은 성경의 다른 곳에도 있다. 예를 들어 메시야 시편을 기록한 시편 기자는 자신의 이야기인 것처럼 기록하긴 했지만 전적으로 메시야에 대해 기록하고 있다(시 2, 22, 110편). 또 다른 곳에서도 이런 방식을 확인할 수 있다. 따라서 우리는 이 말씀이 이차적인 적용에서 하나님의 보좌를 지키고 보호하는 높은 직책을 가졌던 사단에 대한 말씀이라고 적용할 수 있는 근거를 가지게 된다. 사단은 의로운 태양 가까이에 가장 높은 영광의 자리를 차지했던 계명성이었다.

　무엇이 그를 타락시켰을까? 바로 교만이라고 하는 근본적인 죄, 즉 자기 자신의 보좌를 하나님보다 높이려고 한 죄였다. 자신에게 주어진 임무를 따라 하나님의 보좌를 지키는 대신, 사단은 전능하신 하나님께 도전하고 그 보좌를 빼앗으려고 시도했다. 교만으로 인해 자아를 드러내는 자기숭배(self-exaltation)에 빠지게 되었다. 그의 죄의 본질은 하나님으로부터 독립하기를 원하는 것이었다. 교만은 오직 자유로운 독립을 갈망하는 이기적인 영적 자기충족(self-sufficiency)이다. "내가 하늘에 올라 하나님의 뭇별 위에 나의 보좌를 높이리라… 가장 높은 구름에 올라 지극히 높은 자와 비기리라." 이것이 바로 하나님 대신에 자기 자신을 보좌에 앉히려는 근본적인 죄이다.

비록 사단은 하늘에서 추방되었으나, 타락 가운데 세상을 다스리는 권세를 사람으로부터 빼앗았고 지금 이 세상의 신이 되어 통치하고 있다. 에덴에서 그는 똑같은 비극적인 죄의 씨앗을 뿌렸다. 그는 유혹했다. "너희가 그것을 먹는 날에는 너희 눈이 밝아 하나님과 같이 되어(창 3:5)." 이 말을 "가장 높은 구름에 올라 지극히 높은 자와 비기리라"고 말한 것과 비교해 보라. 사단은 교만으로 타락하였다. 아담과 하와도 교만으로 타락하였고, 그 결과 모든 인류를 파멸의 구렁텅이로 몰아 넣고 말았다. 우리도 모든 죄의 뿌리에 놓여있는 근본적인 죄인 교만으로 타락한다. 그 죄는 곧 우리 자신이 우리 삶의 주인이 되고자 하나님으로부터 독립하려는 욕망이다. 그렇기 때문에 교만이 성도들의 모든 죄의 목록 가운데 첫 번째가 된다는 것은 놀라운 일이 아니다.

교만을 혐오하시는 하나님

교만은 하나님께서 가장 혐오하시고 용납하지 않으시는 죄이다. 육신의 죄악들도 모두 패역하고 각각의 사회적 영향들을 야기하지만, 교만 만큼 하나님께서 맹렬히 말씀하신 죄악은 없다.

"눈이 높고 마음이 교만한 자를 내가 용납지 아니하리로다"(시 101:5).

"여호와께서.. 멀리서도 교만한 자를 아시나이다"(시 138:6).

"여호와의 미워하시는 것 곧 그 마음에 싫어하시는 것이 육 칠 가지니 곧 교만한 눈과…"(잠 6:16-17).

"나[여호와]는 교만과 거만… 을 미워하느니라"(잠 8:13).

"무릇 마음이 교만한 자를 여호와께서 미워하시나니"(잠 16:5).

"교만은 패망의 선봉이요 거만한 마음은 넘어짐의 앞잡이니라"(잠 16:18).

"마음이 교만한 것… 은 다 죄니라"(잠 21:4).

"자고한 자는 굴복되며 교만한 자는 낮아지고"(사 2:17).

"하나님이 교만한 자를 물리치시고"(약 4:6).

교만과 거만, 오만함에 대한 하나님의 증오와 혐오를 표현하기 위해서 더 이상의 말이 필요하지 않다. 하나님께서는 교만을 싫어하신다. 하나님이 싫어하시는 것을 우리가 용서할 수 있을까? 하나님께 있어 혐오스러운 것을 우리가 즐길 수 있을까? 하나님은 거만한 자들을 적대하시며 그들을 멀리하신다. 거만한 마음과 하나님은 가까울래야 가까울 수가 없다. 그러나 하나님께서는 깨어지고 회개하는 심령을 멸시하지 않으신다.

> 하나님께서는 깨어지고 회개하는 심령을 멸시하지 않으신다.

교만의 특징

야고보서 4장 6절에 나오는 '교만'이라는 단어는 문자적으로 "다른 사람보다 자신을 더 낮게 여기는 사람"이라는 뜻을 가지고 있다. 이것은 하나님과 사람을 모두 불쾌하게 만드는 것이다. 그리스인들은 이것을 증오했다. 데오필락트(Theophylact)는 사탄을 "모든 악의 요새이며 극치"라고 불렀다.

교만은 자신을 신격화 하는 것이다. 교만은 자신의 위치를 본래보다 더 높다고 믿는 것이다. 교만은 오직 하나님께만 속한 영광을 그 자신에게 돌린다. 교만은 랍비 시므온(Simeon Ben Jochai)으로 하여금 겸손을 가장하여 이렇게 말하게 했다. "만일 이 세상에 의로운 사람이 두 명 있다면 그것은 저와 제 아들입니다. 만일 한 명이라면 그것은 바로 저입니다." 교만은 느부갓네살 왕을 짐승의 지경에 이르게 했다. 전 독일 황제의 시종은 "제 주인님은 허영심이 많은 사람입니다. 그분은 모든 것의 중심이 되어야만 했습니다. 세례식에 가면, 그 아기가 되고 싶어할 정도였습니다. 결혼식에 가면 신부가 되고 싶어했습니다. 장례식에 가서는 그 시신이 되고 싶어했습니다"라고 말했다.

교만은 하나님으로부터 독립하려는 특징을 갖고 있다. 그것은 아담의 범죄의 본질이었다. 그는 하나님을 의지하는 대신 하나님과 같아지려 했고, 결국 전 인류에게 파멸을 가져왔다. 교만은 하나님이나 사람에게 은혜 입는 것을 싫어한다. 전적으로 자기 자신만으로 충분하다고 여긴다. 이는 하나님의 아들께서 "내가 아무것도 스스로 할 수 없노라(요 5:30)"고 말씀하신 것과는 극명한 대조를 이룬다. 그분은 아버지를 의지함으로써 아버지를 높였다. 교만은 자신의 힘으로 이룬 것으로 스스로 영광을 더한다.

교만은 다른 사람을 경멸하는 것과도 연관이 있다. "하나님이여, 나는 다른 사람들… 과 같지 아니하고 이 세리와도 같지 아니함을 감사하나이다 (눅 18:11)." 교만은 다른 모든 존재들을 하찮은 것으로 여긴다. 교만은 다른 사람을 자신의 뛰어남을 보여주기 위한 배경으로 이용한다. 교만한 사람은 다른 사람들을 자신보다 아래에 있는 대중들(hoi polloi), 곧 하층민으로 생각한다. 자신의 교만에 경멸을 퍼붓는 대신, 자기 자신보다 더 가치 없다고 생각하는 다른 사람에게 그 경멸을 퍼붓는다.

> 교만은 하나님이나 사람에게 은혜 입는 것을 싫어한다. 자기 자신만으로 충분하다고 여긴다.

교만은 본질적으로 경쟁적인 본성이 있다. C.S. 루이스(C.S. Lewis)가 지적했듯이 어느 누구도 자신이 부자이거나 똑똑하거나 혹은 잘생겼기 때문에 교만한 것이 아니다. 다른 누군가보다 더 부자이거나, 더 똑똑하거나 혹은 더 나아 보이기 때문에 교만하다. 교만은 스스로 교만케 만드는, 항상 자신을 위해 타인과 비교하는 것과 관련된다.

교만의 표현

교만은 모든 기질에 나타날 수 있고 모든 상황에서 드러날 수 있다. 교만은 놀라울 정도로 유동적이다. 임의대로 겸손의 모양과 교만의 모양을 띨 수도 있다. 기질에 따라 맞는 형태를 띨 수 있다. 나는 어떤 형태의 교만이 있는지 스스로 물어 보는 것은 매우 지혜로운 일이다. 외모, 인종, 지역, 은혜에 있어 교만한가? 혹은 지시, 학력, 성공, 기술에 있어서 교만한가?

"지식은 자만심을 불러일으키기"때문에 지적인 교만이 생긴다. 특히 이것은 자신들의 지적 우월함을 자랑스러워하는 똑똑한 고린도교회 성도들에게 유혹이었다. "우쭐거리다(puffed up)"라는 표현이 사용된 여덟 개의 본문 가운데 일곱 개의 표현이 고린도 교인들에게 보내는 편지에 나타난다. 이런 형태의 교만은 지적 능력이 뛰어나지 않은 사람들이나 고등 교육의 기회를 갖지 못한 사람들을 경멸하고 자신에 대해서는 우월감을 갖는 것으로 나타난다. 지적인 교만은, 참된 배움은 교만이 아니라 겸손을 낳는다는 것을 아직 배우지 못한 학생들에게 흔히 나타난다. 하지만 찰스 디킨즈(Charles Dickens)는 달랐다. 그를 처음 만난 사람 중에 그가 당대에 가장 유명한 문학가라고 알아차린 사람은 아무도 없었다.

피부 색깔이나 문화적 차이를 경멸하는 서구의 인종적 교만은 지금 동양에서 그 결과를 거둬들이고 있다. 이 잘못된 태도를 고수하고 있는 사람들은 아직까지도 인종, 혹은 문화적 차이가 열등함과 아무런 관계가 없다는 사실을 배우지 못한 것이다.

> 교만은 놀라울 정도로 유동적이다. 임의대로 겸손의 모양과 교만의 모양을 띨 수도 있다.

사회적인 교만도 있다. 그러나 사회적 환경에 관련된 것들은 태어날 때 저절로 갖게 되는 것이므로 우쭐거릴 근거가 전혀 없다. 그러나 이러한 교만을 가진 사람들은 선택된 사회 집단에 들어가지 못한 평범한 대중을 무시한다. 이들은 고결한 성품은 어떤 한 부류나 집단의 전유물이 될 수 없다는 것을 배워야만 한다.

하지만 하나님께서 이러한 것들보다 더 싫어하시는 것이 있는데 그것은 바로 영적인 교만, 즉 은혜의 교만이다. 하나님께서 우리에게 맡기신 영적인 은사들에 대해서 교만하고 과시하기는 참 쉽다. 우리가 하나님으로부터 받지 않은 것이 하나도 없다는 것과 은혜는 선물이라는 것, 그리고 우리는 그것을 받을 자격이 없는 평범한 사람이라는 것을 잊은 채로 말이다. 사실 우리는 겸손에 관한 탁월한 설교나 강연을 하며 자만심으로 가득 차 있을 수도 있다. 하지만 가장 깨끗한 유리는 유리가 있다는 사실조차 못 느끼게 하는 것이다.

교만은 지나치게 자신을 드러낸다. 교만에 사로잡힌 사람은 자신을 신당(神堂)에 모셔 놓고 경배한다. 연못을 바라보는 나르시스처럼 그는 자기 자신에 푹 빠져 있다. 자신의 아름다운 모습을 보고 나르시스는 그것을 물의 요정이라고 생각하고는 사랑에 빠졌다. 너무나 열중한 나머지 그는 그 열정의 대상을 가질 수 없게 되자 그만 자살하고 만다. 그는 자기 자신을 사랑한 어리석음의 완벽한 표본이었다.

교만한 사람은 자아도취를 만족시켜 줄 아첨과 칭찬에 목말라 있다. 그는 아첨과 칭찬을 들으면 의기양양해 졌다가 그것이 사라지면 풀이 죽는다. 그는 다른 어떤 사람보다도 자기 자신에 대하여 말하는 것을 가장 좋아한다. 그는 모든 초점이 자신에게 맞추어 질 때까지 계속 화제를 돌린다. 부르쫑(Wurtzung) 궁전에는 "천 개의 거울 홀"로 된 홀이 있다. 거기에 들어가면 당신을 맞이하는 천 개의 손이 있다. 당신이 웃으면 천 개의 미소가 당신의 웃음에 답례한다. 당신이 울면 천 개의 눈이 당신과 함께 울어준다. 그러나 이 모든 것들은 당신 자신의 손이며 웃음이고 눈물이다. 교만한 사람은 바로 이와 같다. 자기 자신에게 몰두하고, 자기 자신에게 둘러싸여 자기 자신 안에 갇혀 버리고 만다. 그러나 주님께서는 이와 정반대셨다. 주님께서는 고향 사람들에게 당신이 메시야이심을 밝히실 때에도 "나"라는 대명사를 사용하지 않으셨다. 이사야 61장 1, 2절을 읽으신 후 "이 말씀이 오늘날 너희 귀에 응하였느니라"라고 하셨다. 유일하게 "나"라고 말씀하실 수 있는 분은 오히려 겸손하게 이 말을 사용하지 않으셨다.

교만은 손대는 모든 것을 더럽힌다. 그 안에는 영양 많은 음식을 독으로 만드는 병균이 있다. 교만은 선을 악으로, 복을 저주로 바꾼다. 아름다움과 교만이 더해지면 허영이 된다. 열정과 교만이 더해지면 독재와 무자비함이 된다. 사람의 지혜와 교만이 만나면 불신앙으로 나타난다. 말을 할 때면, 교만은 비판의 모습으로 나타난다. 왜냐하면 비판은 항상 우월하다고 생각하는 데서 나오기 때문이다. 교만은 모든 사람들과 모든 것에서 비판할 만한 것을 찾는다. 교만은 자신을 과장하고 주변의 것을 축소한다.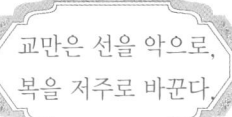
교만은 선을 악으로, 복을 저주로 바꾼다.

성경은 교만의 어리석음과 그 비극적인 결과를 말하고 있는 예화로 가득 차 있다. 다윗 왕이 이스라엘 백성을 계수하도록 한 것은 그의 왕국과 힘에 대한 교만이었으며, 이로 인해 하나님의 심판을 받게 되었다(고전 21:1). 교만에 사로잡힌 히스기야 왕은 탐욕스러운 적에게 "자기 보물고의 금은과 향품과 보배로운 기름과 … 모든 것을(왕하 21:13)" 다 보여 주었다. 그리고 모든 것을 다 잃었다. 느부갓네살 왕의 교만은 자신의 업적을 다 희생시켰다. "이 큰 바벨론은 내가 능력과 권세로 건설하여 나의 도성을 삼고 이것으로 내 위엄의 영광을 나타낸 것이 아니냐?" 그러나 그의 이러한 교만한 마음은 엄청난 파멸을 초래했다. "이 말이 오히려 나 왕의 입에 있을 때에 하늘에서 소리가 내려 가로되 느부갓네살 왕아 네게 말하노니 나라의 위가 네게서 떠났느니라 네가 사람에게서 쫓겨나서 들짐승과 함께 거하며 소처럼 풀을 먹을 것이요." 그는 제 정신을 차리고 나서야 자기 자신이 아닌 하나님께 찬양을 돌렸다. "지금 나 느부갓네살이 하늘의 왕을 찬양하며 칭송하며 존경하노니"(단 4:37). 교만은 도덕적인, 그리고 영적인 광기의 일종이다.

웃시야의 마음은 소문난 군사력과 성공으로 인해 교만하여 높아졌다. "저가 강성하여지매 그 마음이 교만하여 악을 행하여 그 하나님 여호와께 범죄하되 곧 여호와의 전에 들어가서 향단에 분향하려 한

지라... 그 이마에 문둥병이 발한지라"(대하 26:16, 19). 교만은 그로 하여금 하나님의 특권을 침범하게 하였으며, 그 결과 "그는 문둥병자로 죽었다." 헤롯 왕은 자신의 연설에 대해 두루 백성들이 보낸 찬사를 스스로 받았다. "이것은 신의 소리요, 사람의 소리는 아니라 하거늘 헤롯이 영광을 하나님께로 돌리지 아니하는 고로 주의 사자가 곧 치니 충이 먹어 죽으니라"(행 12:22, 23). 베드로의 교만은 동료들보다 자신이 더 도덕적 용기가 있다고 우월하게 느끼게 하여 "다 주를 버릴찌라도 나는 언제든지 버리지 않겠나이다"라고 자랑하게 만들었다. 오래 지나지 않아서 "그가 주님을 모른다고 맹세하며 부인"하였을 때, 그의 자랑하던 교만은 치명타를 입게 되었다.

교만의 증거

교만의 교묘함은, 그 희생자의 주변 사람들은 모두 그를 매고 있는 사슬의 철거덕거리는 소리를 다 들을 수 있는데 정작 본인은 자신이 얽매여 있다는 사실을 전혀 모른다는 사실에서 보여진다. 언젠가 한 사람이 친구에게 이렇게 말했다. "나도 비록 많은 헛점들이 있긴 하지만, 난 무엇보다 내가 교만하지 않다는 사실에 대해 하나님께 감사한다네." 그 친구가 대답했다. "그래, 나도 이해하네. 자넨 별로 자랑할 게 없으니…" 그러자 그 사람이 화를 내며 물었다. "뭐라고? 내가 자랑할 것이 없다고?" "자네의 자랑 거리 정도는 나도 다 가지고 있잖나!" 우리가 스스로에게 정직하다면, 교만이 우리의 삶을 얼마나 지배하고 있는지를 발견하는 것이 그리 어렵지 않을 것이다. 이 혐오스러운 교만의 존재 여부를 알 수 있는 확실한 테스트가 여기 있다.

❖우월감 테스트 _ 몹시 원하던 지위에 다른 사람이 선택되었을 때 어떻게 반응하는가? 다른 사람은 인정받고 나는 무시당할 때 어떤가? 다른 사람이 나보다 더 뛰어날 때는 어떤가? 이러한 상황들 때문에 질투심이 생기고 악한 마음이 일어나는가? 아니면 다른 사람의 발전과 더 큰 능력을 진심으로 기뻐할 수 있는가? 우리는 선두에 서기를 좋아하지는 않는가? 사실 오케스트라에서 가장 다루기 어려운 악기는 바로 제 2바이올린이다. 군중들이 세례 요한을 떠나 예수님을 따를 때, 세례 요한에게 찾아온 테스트가 바로 이것이었다. 그러나 그는 영광스럽게 이 시험을 통과하였다. "그는 승하여야 하겠고 나는 쇠하여야 하리라." "나는 이러한 기쁨이 충만하였노라."

❖신실함 테스트 _ 우리는 우리 자신의 모든 결점들을 말할 수 있을 것이다. 그런데, 만약 동일한 것을 다른 사람이 말한다면 기분이 어떨까? 우리가 스스로를 낮추는 말들은 대부분 진실되지 못하다. 다른 사람들이 동일한 지적을 할 때면 이 사실을 깨달을 수 있다. 사실 많은 경우 힘들어지는 것이 싫어서 직무를 사양한다.

❖비판 테스트 _ 비판에 대한 우리의 반응은 어떠한가? 즉시 우리 자신을 정당화하기 위해 덤벼드는가? 비판 때문에 우리 안에 있는 적대감과 분노가 일어나는가? 우리에 대한 비판을 즉시 반박하기 시

작하는가? 비판에 대한 이러한 반응들은 우리가 교만을 붙잡고 있다는 가장 확실한 증거이다. 우리는 다른 사람들이 아무 동의 없이 우리에 대해서 말하는 것을 견디지 못한다. 겸손한 태도는 누가 하는 비판이든 상관없이 받아들이며, 또한 그것을 통해 교훈을 얻는다. 왜냐하면 겸손은 "아니 땐 굴뚝에 연기가 날 리 없다"는 사실을 아는 것이기 때문이다. 또한 가장 신랄한 비판에서도 얻을 수 있는 진실의 요소가 있다는 것을 아는 것이다.

✣열등감 테스트 _ 열등감이 있다고 해서 반드시 교만으로부터 자유로운 것은 아니다. 사실 열등감은 다른 사람들이 자신의 가치를 제대로 평가해 주지 않았다는 상처로서, 교만의 명백한 지표가 된다. 다른 종류의 교만일 수도 있겠지만, 분명한 것은 그것이 교만이라는 사실이다. 다른 사람들이 우리를 열등하게 본다고 생각하기 때문에 우리의 자존심이 상처를 받는다. 하지만 우리가 아무리 그러지 않으려 해도 우리의 마음 깊은 곳에서는 그들이 생각하는 것 만큼 우리는 열등한 존재가 아니라고 느낄지도 모른다.

교만의 치유

교만은 철저하게 다루어져야만 한다. 윌리암 로(William Law)는 다음과 같이 썼다. "교만이 당신 안에서 죽지 않으면 하늘의 어떤 것도 당신 안에서 살 수가 없습니다. … 교만을 단지 부적절한 기질로 보거나 겸손을 단지 미덕이라고 보지 마십시오. 교만은 지옥이며 겸손은 천국입니다."

치유의 길로 가는 단계는 다음과 같다.

> 자각하지 못하거나 슬퍼하지 않는 죄악은 정복될 수 없다.

❖인식 _ 버나드(Bernard)는 교만의 반대말인 겸손을 '인간이 자신의 무가치함을 깨닫게 되는 덕목'이라고 하였다. 자각하지 못하거나 슬퍼하지 않는 죄악은 정복될 수 없다. 하나님께서 미워하시는 것이라면, 우리도 미워해야만 한다. 우리는 이미 스스로를 좋게 보려는 선입관에 빠져 있기 때문에 자기 자신을 바로 아는 것은 쉽지 않다. 우리는 형제의 눈에 있는 티는 분명하게 잘 보면서, 모순되게도 우리 눈에 있는 들보는 보지 못한다. 우리 자신을 바로 보게 해 달라고 진심으로 간구해야 한다. 자신의 참모습을 보게 될 때, 우리는 자기 비하에 빠질 것이다. 만일 다른 사람이 우리의 모든 비밀스러운 생각들을 알고 숨겨진 모든 동기를 눈치챈다면, 그다지 편치 못할 것은 사실이지 않은가? 하나님께서 우리 각자의 참모습을 알고 계시다는 사실이 우리를 겸손하게 하는가? 만약 우리가 있는 그대로의 자신에 관한 사실들을 발견한다면 교만할 수 있는 모든 근거가 사라질 것이다. 내가 많이 알고 있는가? 내가 알고 있는 것은 알려져야 할 것에 비하면 티끌에 불과하다. 내가 영리한가? 나의 영리함은 거저 받은 선물이기에 자랑할 것이 못된다. 내가 부유한가? 나에게 부를 얻을 수 있는 힘을 주신 분은 바로 하나님이시다.

❖징계 _ 하나님의 자녀 안에 있는 혐오스러운 교만을 방지하기 위

> 교만은 육체에 속한 것이므로 성령님께서 그것을 죽일 수 있도록 도울 것이다.

해 하나님께서는 사랑으로 자녀들을 훈련하신다. 바울은 이런 것을 경험하였다. "여러 계시를 받은 것이 지극히 크므로 너무 자고하지 않게 하시려고 내 육체에 가시 곧 사단의 사자를 주셨으니 이는 나를 쳐서 너무 자고하지 않게 하려 하심이니라"(고후 12:7). 어찌할 수 없는 막다른 길에서 고통스러운 질병 속에서 혹은 야망이 좌절된 가운데서 우리는 우리를 더 나쁜 것, 즉 교만의 지배로부터 건지시려는 하나님의 은혜로운 역사를 깨닫고 있는가?

❖절제 _ 신중한 농부는 씨앗을 뿌린 후 잡초가 더 많아지기 전에 어린 싹을 잘라버린다. 이처럼 우리도 교만한 생각을 살펴서 그것을 고백하고 버리도록 하자. 교만한 생각을 마음에 품고 있다면, 가슴에 독사를 키우고 있는 것과 마찬가지이다. 교만은 육체에 속한 것이므로 성령님께서 그것을 죽일 수 있도록 도울 것이다. "영으로 몸의 행실을 죽이면 살리니"(롬 8:13).

❖비교 _ 우리는 자신을 다른 사람들과 비교해서 그 중 더 높은 자리를 차지하곤 한다. 그러나 이제 우리 자신을 온전하신 그리스도와 비교하도록 하자. 정직하게 자신을 살핀다면, 우리의 성품이 얼마나 겉만 번지르르하고 실상은 초라하고 무가치한지 부끄러워하게 될 것이다. 제자들이 교만하게 서로 첫째 자리를 차지하려고 말다툼하였을 때, 영광의 주님께서는 종의 옷을 걸치고 제자들의 더러운 발을

씻기셨다. 사단이 자신을 타락하게 했던 그 죄악으로 그리스도를 유혹했다는 것은 충격적이다. 그러나 사단이 굴복하였던 곳, 바로 거기에서 그리스도께서는 승리하셨다.

❖묵상 _ 마지막 비밀은 그리스도를 묵상하는 것이다. 우리가 자신을 발견하고 스스로를 훈련하기 위해 아무리 노력한다고 해도 그것만으로는 이 암적인 교만을 뿌리뽑기는 불가능하다. 그러기 위해서는 근본적이고도 초자연적인 마음의 변화가 필요하다. 성경에는 다음과 같이 약속되어 있다. "주의 영광을 보매 저와 같은 형상으로 화하여"(고후 3:18). 그렇다. 겸손한 주님의 영광 앞에 교만은 줄어들고 시들며, 결국 사라지게 된다. 그리고 다시 "주님의 성령으로 말미암아" 변화가 일어난다. 성령께서 교만을 싫어하고 그리스도의 겸손을 갈망하게 된 사람과 마지막까지 항상 함께 동역하실 것이다.

> 이제 우리 자신을 온전하신 그리스도와 비교하도록 하자.

"내가 보니 결박되지 아니한 네 사람이 불 가운데로 다니는데…
그 넷째의 모양은 신들의 아들과 같도다." _ 다니엘 3장 25절

Spiritual Maturity

7

The Satisfying Compensations of God

하나님의 보상

[말씀 읽기: 다니엘 3장 1-30절]

어린 시절에는 이 이야기가 먼 옛날 이야기처럼 들렸다. 그 진실성을 의심하지는 않았지만 우리가 살고 있는 시대와는 크게 상관이 없는 듯 보였다. 하지만 얼마 전 중국 내륙 선교단의 한 선교사가 이와 비슷한 이야기를 해 주었다. 그 선교사가 중국에 있었을 때, 가르치던 학생 중에 디도라는 청년이 있었다. 디도가 자신의 신앙을 부인하지 않자 중국 공산당 관료들은 그를 불 위에 매달아 놓고 신앙을 버리도록 강요했다. 하지만 아무 소용이 없었다. 불 병거가 그를 주님 앞으로 데려갈 때까지 이 무시무시한 과정이 반복되었다. 급기야 그의 몸은 숯이 되었다. 그러나 그의 믿음만은 꺾을 수 없었다. 이렇듯 말씀 속의 이야기는 바로 지금의 이야기이며, 오늘날에도 디도의 처지에 있는 사람들과 매우 밀접한 이야기이다.

이 세 젊은이가 직면한 상황을 자세히 그려보라. 느부갓네살 왕은 그들의 재능을 높이 평가해서 그들에게 호의를 베풀었고, 바벨론 대신들은 이것을 언짢게 여겼다. 그들의 질투는 이해가 된다. 우리는 외국인들이 우리 나라에서 특권을 누리는 위치에 있는 것을 보면서 기뻐할 수 있을까? 자국민의 시샘 없이 그들이 축하 받는 것이 가능할까? 대신들은 어떤 방법으로든 이 세 명의 침입자들을 제거하기로 마음먹었다. 때마침 왕의 승리를 축하하고 그의 영광을 높이기 위해, 모든 사람은 느부갓네살의 금 신상에 절해야 한다는 칙령이 반포되었다. 이것은 그들에게 좋은 기회였다. 세 젊은이들은 그들이 어떻게 행동해야 할지 분명히 알고 있었다. 여호와께서 이렇게 명하시지 않았는가? "너를 위하여 새긴 우상을 만들지 말고" "너는 나 외에는 다른 신들을 네게 있게 말지니라." 그들이 왕의 신상에 절하기를 거부하자 "느부갓네살 왕은 분이 가득"하게 되었다. 만약 그들이 왕의 신상에 절하지 않는다면 그들은 풀무 불에 던져지게 될 것이다. 왕은 "그 풀무를 뜨겁게 하기를 평일보다 칠 배나 뜨겁게 하라"며 분노했다. 이것이 이 이야기의 배경이다.

믿음의 자원

왕의 신상 앞에 절하지 않으면 7배나 뜨겁게 달궈진 풀무에 들어

갈 수밖에 없는데도 젊은이들은 하나님을 배반하지 않았다. 그들의 위대한 믿음이 드러난다. 그들의 믿음은 참으로 용기 있는 믿음이었다. 이 믿음은 그들의 숭고한 말에서 잘 나타난다. "느부갓네살이여 우리가 이 일에 대하여 왕에게 대답할 필요가 없나이다. 만일 그럴 것이면 왕이여 우리가 섬기는 우리 하나님이 우리를 극렬히 타는 풀무 가운데서 능히 건져 내시겠고 왕의 손에서도 건져내시리이다. 그리 아니하실찌라도 왕이여 우리가 왕의 신들을 섬기지도 아니하고 왕의 세우신 금 신상에게 절하지도 아니할 줄을 아옵소서" (단 3:16-18).

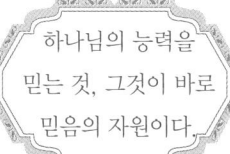

하나님의 능력을 믿는 것, 그것이 바로 믿음의 자원이다.

그들의 고백 속에 나타난 믿음의 자원을 주목해 보라.

그들을 구원하실 하나님의 능력에 대한 믿음이 그들의 첫 번째 자원이었다. "우리 하나님이 우리를… 건져내시겠고" 우리는 모든 것을 하실 수 있는 하나님의 능력에 대해서는 대체로 동의한다. 하지만 우리가 염려하는 어떤 특별한 일을, 특히 극렬한 풀무의 열기를 우리가 벌써 느끼고 있다면, 하나님이 모든 것을 하실 수 있다는 믿음을 갖기 위해서는 믿음의 연습이 필요하다. 구원보다 더 불가능해 보이는 일이 있을 수 있을까? 나의 하나님께서 고난의 특별한 풀무에서 나를 건져내실 수 있을까? 기꺼이 믿음으로 한 걸음 나아가 그분을 신뢰하겠는가?

"왕의 손에서도 건져내시리이다." 하나님께서 자신들을 기꺼이 구원하시리라는 자신감, 이것이 두 번째 그들이 가진 믿음의 자원이었다. 많은 사람들이 하나님께서 모든 것을 할 수 있다고 인정하면서도, 자신들의 경우에는 자신 없어 한다. 하나님을 안다는 것은, 하나님께서는 우리에게 가장 좋은 것을 주시고자 모든 일에 개입하신다는 사실을 확신하는 것이다. 주님께서는 그 세 사람을 확실히 구원하셨지만, 그들은 결코 그 방법을 예상할 수 없었다. 사실, 처음에는 그들이 전혀 구원받지 못할 것처럼 보였다.

전혀 보이지 않아도
하나님께서 일하고 계신다는 것을 알 수 있는
지혜를 받은 자,
그는 매우 축복받은 자라네.

한 문둥병자가 예수님께 자신을 고쳐달라고 애원하며 말했다. "주여, 원하시면 저를 깨끗케 하실 수 있나이다." 그는 주님의 능력은 확신했지만 주님께서 그렇게 하고자 하시는 지는 확신하지 못했다. 주님께서는 즉시 그의 잘못된 생각을 다음과 같은 말씀으로 고쳐 주셨다. "내가 원하노니 깨끗함을 받으라."

> 하나님께서 반드시 구원하시라는 자신감, 그것이 바로 믿음의 자산이다.

그러나 이 세 젊은이의 믿음은 이 두 번째 자원으로 끝난 것이 아니었다. "그리 아니하실찌라도"라는 말에 나타난 세 번째 자원이 있다. 이것은 그들을 굴복시킬 수도, 불로 태울 수도 없음을 보여주었다.

"그리 아니하실찌라도" 이것이 바로 믿음의 자산이다.

바로 하나님의 다스리심을 받아들이는 것이다. 만일 우리가 이 세 번째 자원을 가지고 있다면, 이 교훈에 숙달할 수 있다면, 우리는 영적인 성숙으로 가는 도상에 있는 것이다. 만일 하나님께서 그들을 구원하시지 않으셨다 할지라도 그들의 믿음은 흔들리지 않았을 것이다. 그들은 하나님께서 자신들을 위해 더 좋은 것을 가지고 계심을 확실히 믿었다. 그들은 하나님의 목적을 바라보며 그분의 손에 이 문제를 기꺼이 맡겨드렸다. 그들은 예수님께서 비유 가운데 "내 것을 가지고 내 뜻대로 할 것이 아니냐?"라고 말씀하신 원리를 이해하고 있었다.

그들의 태도는 이러했다. "비록 하나님께서 우리가 기대하는 대로 행하지 않으신다 하더라도 우리의 믿음은 실족하여 넘어지지 않을 것이며 그분과 그분의 사랑에 대한 우리의 확신은 흔들림이 없을 것입니다. 우리는 우리의 하나님을 너무 잘 알고 있기 때문에 우리가 이해할 수 없을 때에도 그분의 다스리심을 받아들일 준비가 되어 있습니다." 사건 자체만 보면 그들이 믿음을 잃을 수 있는 이유는 분명했다. 왜냐하면 그들의 용기의 대가가 결국 풀무 불에 던지우는 것이었기 때문이다. 방관자들은 하나님께서 그들을 무정하게 내버려두신 것이라고 결론지을 것이다. 하지만 그들은 이 시험을 통해 믿음이 더욱 굳건해졌다. 그들에게 있어 하나님을 향한 충절은 자신들의 생명 자체보다 더 중요한 것이었다. 그들은 하나님의 목적을 알 수 없을 때에도 그분을 신뢰했다. 그리고 하나님께서는 그들의 훌륭한 믿음의 척도대로 보상하셨다. 하나님께서는 그들이 꿈도 꾸지 못한 은혜와 복을 비밀스럽게 계획하고 계셨던 것이다.

믿음의 의미

토마스 칼라일(Thomas Carlyle)은 이런 말을 남겼다. "우리에게 남는 마지막 질문은 '영웅이 되겠는가 아니면 겁쟁이가 되겠는가?' 이다." 이 질문은 형태는 다르지만 우리에게도 해당된다. 신앙은 항상 선택의 문제에 부딪히게 된다. 우리는 높은 길이나 혹은 낮은 길을 선택할 수 있다. 이 젊은이들에게 있어서 선택이란 쉽지 않은 것이었다. 우리에게도 마찬가지이다. 종종 그 선택은 힘든 경험이 된다. 왕의 신상에 경배하는 것과 왕의 풀무 불에서 재로 타버리는 것 중에 선택한다고 생각해 보라. 느부갓네살 왕은 그들의 믿음을 부인하라고 명령했던 것이 아니라, 단지 자신의 금신상에 절을 하라고 했을 뿐이다. 초대 교회 시대에 황제에게 아주 조금만 아첨을 했더라면, 사자굴에 던져졌던 많은 순교자들을 구할 수도 있었을 것이다. 이처럼 믿음은 너무 큰 대가를 요구한다. 그러나 믿음은 항상 가장 고결하고 가장 좋은 것을 선택하게 한다.

믿음에는 항상 위험요소가 있다. 만일 위험한 일이 없다면 신앙도 필요하지 않다. 만일 우리가 앞길을 내다볼 수 있다면, 우리는 훤히 보며 걸을 것이다. 아브라함으로 하여금 믿음의 아버지가 될 수 있게 했던 것은 무엇이었는가? 아브라함 전 생애에 걸쳐 믿음의 열쇠는 그 시작부터 나타난다. "믿음으로 아브라함은… 갈 바를 알지 못하고 나갔으며." 그는 모든 것을 하나님께 기꺼이 맡겼다. 우리의 미래가 잘 보이지 않을 때, 하나님께서 우리를 낙심시키실 때, 그때가 바로 믿음을 훈련할 수 있는 때이다. 모든 사람이 다 그런 위험을 즐기는 것은 아니다. 육체적인 위험에 처하면, 사자처럼 담대하던 사람들도 믿음의 발걸음을 떼는 것을 두려워한다. 우리는 안전한 것을 좋아한다. 그리고 우리의 계획대로 되기를 원하고 대안이 미리 준비되어 있기를 원한다. 믿음의 길에는 항상 위험이 있다.

믿음은 항상 반대에 부딪친다. 믿음의 길은 꽃이 뿌려진 길이 아니라 핏자국이 나 있는 길이다. 아브라함은 한 가지 시험이 끝나면 또 다른 시험으로 나아갔으며 새로운 시험은 이전의 것보다 더 어려웠다. 항상 극복해야 할 반대가 있었고 넘어야 할 어려움이 있었다. 우리는 우리가 만나는 어려움들에 대해 불평하는 대신, 믿음을 훈련하도록 해 주는 이 새로운 기회를 기뻐해야 한다. 만일 우리가 믿음의 길에서 전진하고 있다면 동료들보다는 안팎으로 더 많은 반대에 부딪칠 것이라 예상할 수 있다. 그렇지 않다면 어떻게 믿음의 훈련

> 믿음의 길에는
> 항상 위험이 있다.

을 받을 수 있겠는가? 그것이 믿음의 산을 오를 동기가 된다.

믿음이 해방

우리가 배워야 할 두 가지 중요한 교훈이 있다.

첫째 시련에서 벗어나는 것이 반드시 우리에게 가장 좋은 것은 아니라는 점이다. 하나님께서는 세 사람을 극렬한 풀무 불에서 건져내지 않으시고, 반대로 그 안에 집어넣으셨다. 시련에서 벗어나는 것이 최고의 축복이라고 생각해서는 안된다. 이것은 신약의 정신에 비추어 볼 때 전혀 용납될 수 없는 태도이다. 우리가 따르는 주님의 태도가 이런 것이었는가? 바울은 고난으로부터 벗어난 것이 아니라 그 고난을 견디면서 하나님께 영광을 돌렸다. 세 젊은이가 풀무 불에 던져지는 것을 막는 것은 하나님께 너무 쉬운 일이었다. 그러나 하나님께서는 그들을 위해 훨씬 더 좋은 것을 예비하고 계셨다. 예수님의 재림을 가르치는데 있어서도, 이 옛 세상을 지배하고 있는 고통으로부터 벗어나는 것을 너무 강조해 왔다. 천년설 논란을 차치하고라도, 우리는 불건전한 것이 강조되지 않도록 조심해야 한다. 우리 주님께서는 "세상에서는 너희가 환난을 당하나"라고 단호히 말씀하셨다.

> 시련에서 벗어나는 것만이 가장 좋은 것은 아니다. 시련 속에서 하나님을 아는 것, 그것이 중요하다.

고난을 모르고 자기 만족에 빠진 교회는 영적인 영향력도 거의 없다. 하나님께서는 어디에서도 고난을 면제해 주시겠다고 약속 하시지는 않으셨다. 시련이 없는 몇 년보다는 격렬한 풀무 불에서 며칠 동안 배우는 것이 훨씬 더 많다. 더 크신 하나님과 더불어 우리는 시련에서 빠져나온다.

둘째 시련의 빈도는 동일하지 않다는 점이다. 하나님께서는 모든 사람을 똑같이 대하지 않으신다. 이 명백한 사실 때문에 어떤 사람들은 하나님을 대적하기도 한다. 이 세 명의 젊은이는 하나님께서 다른 사람들을 어떻게 다루시는지는 관심이 없었다. 그들은 하나님과 직접 교제하였다. 만일 하나님께서 다른 사람들을 다루시는 것을 돌아본다면 우리는 곧 영적인 어려움에 빠지게 될 것이다. 이 점에 대해 우리 주님께서는 베드로에게 유익한 교훈을 가르치셨다. 베드로는 요한이 더 편애를 받는 것 같다는 생각을 했다. 예수님께서는 단호하게 대답하셨다. "네게 무슨 상관이냐? 너는 나를 따르라." 야고보는 감옥에서 처형장으로 보내졌다. 하지만 베드로는 감옥에서 기도하는 곳으로 보내졌다. 베드로는 3천 명의 영혼을 구했다. 하지만 스데반은 3천 개의 돌을 맞았다. 우리는 "주의 길이 동일하지 않다"는 사실을 받아들여야만 한다. 그분은 우리에게 대량 생산의 원칙을 적용하지 않으신다. 그분은 어떤 사람들은 시련으로부터 구해내시지만, 어떤 사람들은 시련으로 인도하신다.

우리가 가진 영적 사전에 "그리 아니하실 찌라도"라는 단어가 있는가? 우리는 이 믿음의 세 번째 자원을 가지고 있는가? 우리

> 시련의 빈도는 동일하지 않다. 우리는 하나님과만 교제해야 한다.

의 믿음은 불에 타지 않는 것인가? 만일 전쟁이 일어나고 아들과 딸, 그리고 남편과 아내가 모두 사라져도, 우리는 이 맹렬한 풀무 불을 "그리 아니하실찌라도"로 극복할 수 있는가? 만일 사업이 실패하거나, 재정적인 어려움을 겪는다면 어떻겠는가? 건강이 나빠진다면? 나이가 들어 몸이 약해진다면? 사랑하는 사람이 죽으면? 평생 동반자에 대한 소망이 거절당하면? 마음속의 계획이 좌절된다면? 주님을 위한 사업이 예상한 대로 이루어지지 않는다면? 우리가 기대했던 선교지로 가게 되지 못하거나 우리가 선택한 동역자와 지낼 수 없게 된다면 어떻겠는가? 그들의 소원이 응답되지 않을 때에도 하나님을 향한 믿음을 잃지 않았던 고결한 세 젊은이의 두려움 없는 믿음을 힘써 배워보라. "그리 아니하실찌라도, 우리는 여전히 하나님을 신뢰할 것입니다." 세 젊은이가 말했다. 그들은 자괴감이나 불신앙에 빠지지 않았다.

하나님께서 우리를 다루는 방법을 우리가 언제나 바로 이해할 수 있는 것은 아니다. 또한 하나님은 당신 자신의 일을 설명하실 책임도 없으시다. "나의 하는 것을 네가 이제는 알지 못하나 이후에는 알리라." 이것은 하나님의 약속이다. 그동안 우리는 시험의 풀무 불에서 많은 교훈을 얻게 된다.

　　만약 나의 모든 날들이 여름뿐이라면,
　　내가 어찌 "흰 눈보다 더 희다"라는 말을 알 수 있으리오?

만약 나의 모든 날들이 화창하다면,

내가 어찌 천국에서 그분이 내 모든 눈물을

닦으실 것이라고 말할 수 있으리오?

만약 내가 절대 지치지 않는다면,

어찌 "여호와께서 그 사랑하시는 자에게는 잠을 주시는도다" 라고

생각할 수 있으리오?

만약 내 무덤이 없다면,

생명은 영원하지 않고 부질없는 꿈이라고

어찌 생각할 수 있으리오?

내 인생의 겨울과 눈물, 피로,

내 무덤조차도 하나님의 축복의 방법이 될 수 있나니

나는 이것들을 불행하다고 부르지만,

이것은 확실히 나의 주님께서 나에게 보여주시는 사랑일뿐이네.

믿음의 보상

세 젊은이의 믿음은 그 진가를 인정받았으며, 충분히 보상받았다.

먼저 하나님의 아들과의 교제가 바로 그들이 누린 특권이었다. 주님께서는 다른 어떤 때보다도 고통의 불꽃 가운데로 더 가까이 다가오신다. 그들이 "불 가운데" 다닐 때에야 주님께서 그들과 함께 하셨다. 그들은 믿음으로 행동하였고 주님께서는 그들이 모든 것을 주님께 맡긴 후에 그들에게 응답하셨다.

둘째 불꽃을 막아 주셨다. 불꽃은 단지 그들의 결박만을 태웠고 그로 인해 그들은 구속 받지 않고 자유롭게 하나님의 아들과 교제하며 걸을 수 있었다. 이것이 불의 시험을 통해 얻은 값진 보상이 아니겠는가?

셋째 그들의 믿음과 그들이 믿는 하나님이 입증되었다. 왜 그들의 몸과 머리카락, 겉옷에 대해 이렇게 상세하게 묘사해 놓았을까? 그리고 왜 불탄 냄새도 없다고 기록했을까? 한 익명의 작가는 이렇게 말한다. "바벨론의 신 중 불의 신인 이스바(Izbar)는 상위의 신으로서 높임을 받고 있었습니다. 그러나 그때 방백과 수령과 도백과 왕의 모사들의 눈 앞에서 이 신은 패배했습니다. 그 패배는 너무나 압도적이었습니다. 이 세 사람이 불에 약간 그을려 나오거나 불탄 냄새가 있었다면, 혹은 그들의 몸이나 옷의 여기 저기에 불의 흔적이 남아 있었다고 가정해 봅시다. 그렇다면 불의 숭배자들이 과연 어떤 반응을 보였을까요? 아마 이런 반응이었을 것입니다. '이스바께서 그들을 완전히 죽이실 수는 없었다 해도 적어도 그들한테 흔적은 남기지 않았는가? 그들은 이제 이 옷을 더 이상 입을 수 없을 것이야. 그들의 친구들은 예전의 그들이라는 것을 거의 알아보지 못할 거라고. 화염의 냄새는 쉽게 없어지지 않을걸. 그들은 무사히 빠져 나온 것이 아니야. 우리의 이스바는 여

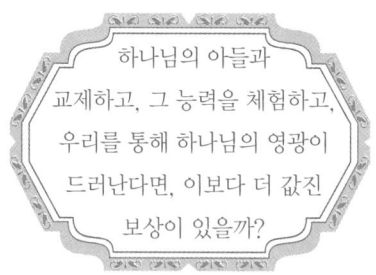

하나님의 아들과 교제하고, 그 능력을 체험하고, 우리를 통해 하나님의 영광이 드러난다면, 이보다 더 값진 보상이 있을까?

전히 건재하셔. 그들은 다음 번에는 왕의 명령을 거역할 수 없을 거야. 아마 다음 번 풀무에서는 이번처럼 쉽게 빠져나올 수는 없을 테니.' 이렇게 말하면서 이 세 히브리인의 주장이 가져올 도덕적인 파장이 감소되었을 수도 있었습니다. 세상은 얼마나 기만적인지, 이런 명백한 이야기도 얼버무려 버리는 데는 그저 놀라울 따름입니다. 하지만 이 경우에 있어서 그냥 얼버무리기는 불가능했습니다. 빠져나갈 구멍이라고는 하나도 없었습니다. 경외심 가운데 여호와께서 승리하셨다는 것을 그들은 인정할 수밖에 없었습니다. 또 그 기적은 완벽하여 의심의 여지가 없었습니다. 지극히 높으신 자를 따르는 용감한 이 세 젊은이에게는 '불탄 냄새도 없었더라' 는 것을 인정하지 않을 수 없었습니다."

혹독한 시련을 가져올 결정 앞에서 "그리 아니하실찌라도"라는 두려움 없는 믿음을 보여주는 이와 비슷한 다른 예들은 얼마든지 많이 있다. 이 각각의 예들은, 믿음이란 하나님의 명령에 복종하는 것 뿐만 아니라 하나님을 대적하던 자들을 넘어서는 승리임을 보여주고 있다.

욥은 모든 것을 잃었다. 집, 가축, 가족, 건강 심지어 부인의 동정마저도 다 잃었다. 하지만 이런 큰 환란 중에도 그의 믿음은 영광스러운 승리를 거두었다. "주께서 나를 인도하사 광명에 이르게 하시리니 내가 그의 의를 보리로다." "그가 나를 죽이실지라도 나는 그를 신뢰할 것이라." 욥은 믿음의 세번째 자원을 가지고 있었다.

이삭이 아브라함에게 던졌던 예리한 질문을 생각해 보라. "번제할 어린 양은 어디 있나이까?" 아브라함은 이미 대답을 갖고 있었다. "번제할 어린 양은 하나님이 자기를 위하여 친히 준비하시리라. 그리 아니하실찌라도, 나는 여전히 하나님을 신뢰할 것이며 하나님이 능히 죽은 자 가운데서 다시 살리실 줄로 믿습니다"(히 11:19). 부활 같은 것은 꿈도 꾸지 못할 시대였지만, 아브라함의 믿음은 이 경지에 있었으며 결국 죽은 자 가운데서 아들을 되찾았다.

세례 요한은 감옥에서 번민하고 있었다. 그는 예수님으로부터 아무런 소식도 듣지 못한 일과 예수님께서 그의 석방을 위해 아무 노력도 하지 않으신 일, 심지어 그를 찾아오지도 않은 일에 대해 실망했다. 그러나 그는 그의 제자들을 보내어 이렇게 물었다. "오실 그이가 당신이오니이까 우리가 다른 이를 기다리오리이까? 만일 아니더라도 저의 믿음은 넘어지지 않습니다. 저는 다른 이를 기다릴 것입니다."

주 예수께서는 겟세마네에서 기도하실 때에 너무 괴로워 피땀을 흘리셨다. "내 아버지여, 만일 할 만 하시거든 이 잔을 내게서 지나가게 하옵소서. 그러나 나의 원대로 마옵시고 아버지의 원대로 하옵소서."

느부갓네살이 이와 같은 믿음 앞에서 무기력해 졌으리라는 것은 당연한 일이 아닐까? 그 불은 이 용감한 삼총사의 몸에 전혀 힘을 쓰지 못했으며, 왕 자신도 그들의 영혼에 어떤 힘도 쓰지 못했다. 세상은 이런 믿음을 가진 용감한 사람들을 감당할 수 없다. 사단은 단지 그들의 결박을 태우고 하나님께 속한 자유인으로서 그들을 놓아주는 것 외에는 다른 것을 할 수 없다.

> 세상은 이런 믿음을 가진 용감한 사람들을 감당할 수 없다.

오늘날에도 우리 주변에는 늘 시험의 불꽃들이 이글거리고 있다. 어디든지 우리에게 섬길 것을 요구하는 우상들은 항상 있다. 세월이 지남에 따라 풀무의 모습은 바뀔 수 있으나 이 사실 만큼은 결코 바뀌지 않는다. 세상이 우리를 사회로부터 매장시키겠다고 위협할지도 모른다. 만일 우리가 관습이라는 신 앞에 절을 하지 않으면 조롱당하고 배척당할 수 있다. 실제로 수많은 풀무의 불꽃들이 이미 우리 주위에 타오르고 있을 것이다. 만일 우리가 하나님의 풍성한 보상을 누리고 싶다면, 불꽃 시험을 통과한 세 젊은이의 그 믿음을 우리도 가져야 할 것이다.

The Supreme Vision of Christ
II

"몸을 돌이켜 나더러 말한 음성을 알아보려고 하여
돌이킬 때… 인자 같은 이가" _요한계시록 1장 12-13절

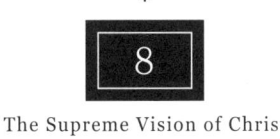

The Supreme Vision of Christ

영광의 그리스도

[말씀 읽기: 요한계시록 1장 9-20절]

위의 요한계시록 메시지는 시험과 박해 속에 있는 교회들에게 가장 소중히 여겨져왔다. 그래서 오늘날에도 이 메시지는 많은 부분 큰 영향력을 갖는다. 역사를 통해 볼때 하나님의 계시는 늘 당신의 백성들의 요구에 딱 들어맞는 것이었다. 그리고 성경 가운데 요한계시록보다 더 분명하게 이 사실을 보여주는 곳은 없다. 고통당하고 박해받는 교회의 필요를 가장 정확하게 채워주는 그리스도의 성품을 나타내는 특별한 임무는 유배당해 있던 요한에게 주어졌다.

이러한 메시지는 전달자가 공감해야만 하기에 하나님께서는 요한이 밧모섬으로 유배되는 것을 허락하셨다. 빅토리누스(Victorinus)에 따르면, 그는 이 돌 섬의 광산에서 범죄자들과 함께 일해야만 했다. 요한이 유배된 이유는 그가 하나님의 말씀에 충성하였고 예수 그리스도를 증거하였기 때문이었다. 실제로 초기 기독교 전통은 요한이 황제를 숭배하라는 요구에 따르지 않았기 때문에 유배 선고를 받았다고 증언하고 있다. 고난 중에 있는 아시아 형제들과 같은 처지에 있었기 때문에, 요한은 하나님의 메시지를 그들에게 전달할 수 있는 자격을 갖추었다. 그들이 처한 상황을 요한도 동일하게 겪었다.

어느 특별한 주일(2세기까지 이 말은 일요일을 일컫는 합법적인 어구였다) 요한은 "성령에 감동하였"다. 이는 선지자가 평소의 능력으로는 이해할 수 없는 말씀을 듣거나 이상을 보게 되었을 때의 격앙된 상태와 황홀경을 나타내는 것이다. 그는 마치 시간과 공간을 초월하여 영원으로 옮겨진 것 같았다. 바울도 이와 비슷한 경험을 했다. 그는 "셋째 하늘"에 올라가 "말할 수 없는 말을 들었으니 가히 사람이 이르지 못할 말"을 들었다(고후 12:4). 요한은 성령님에게 철저하게 사로잡히고 통제되었기 때문에, 바깥 세상은 사라지고 보이지 않는 세상이 생생한 현실이 되었다.

이 황홀경에 빠져 있는 동안 요한은 그의 뒤에서 말씀하시는 "나팔 소리 같은 큰 음성"을 들었다. 이것은 하나님의 백성들을 종교적 향연으로 소집하는 나팔 소리였다. 이 소리는 시내산에서 하나님이 나타나실 때 들렸던 나팔 소리였다(출 19:16, 20:18). 구약 성경에 정통해 있던 요한은 구약에 나타난 상징과 이미지를 사용해서 계시록의 이상을 표현하고 있다.

주님의 특별한 모습

말한 사람을 보려고 요한이 몸을 돌이켰을 때, 그는 다른 누구도 아닌, 60년 전에 마지막으로 보았던, "인자 같은 이", 곧 살아계신 그리스도를 보았다. 그분은 더 이상 "멸시를 받아서 사람에게 싫어버린 바 되었으며 간고를 많이 겪었으며 질고를 아는" 분이 아니라, 형언할 수 없는 위엄과 영광의 옷을 입고, 아시아의 일곱 교회를 상징하는 일곱 금촛대 사이에 서 계신 대 승리자 그리스도셨다. 그분은 요한이 자주 그 가슴에 머리를 기댔던 바로 그 예수님이었지만, 굴욕을 당하셨을 때의 모습과는 너무도 달랐다. 똑같은 분이셨으나 뭔가 달랐다. 똑같은 인간의 속성을 갖고 계셨지만 경외심을 일으키는 권세와 위엄의 옷을 입고 계셨다.

요한이 본 이상은 영적인 것이었고 그 묘사도 상징적으로 되어 있다. 하지만 다른 어떤 그림보다도 더 선명하고 인상적으로 그리스도의 모습을 마음속에 보여준다. 우리는 요한이 목격한 그분의 모습을 문자 그대로의 기괴한 모습으로 상상하려고 애쓸 필요는 없다. 오히려 그 상징들이 성경 다른 곳에서는 어떻게 사용되었는지를 살펴 해석해야 한다. 우리는 상징의 의미를 통해 이 모습의 의미를 발견할 수 있다. 모든 세대의 예술가들이 캔버스 위에 그리스도의 얼굴과 모습을 그려내려고 노력해 왔다. 놀랍게도 복음서에는 그분의 육체적인 모습에 관해서는 단 한 구절도 없다. 우리가 가진 것은 주님의 도덕적이고 영적인 특징들을 보여주는 말씀들뿐이다.

예수님의 모습 중 요한에게 있어서 가장 먼저 인상에 남았던 것은 바로 예수님의 옷이었다. 예수님은 "발에 끌리는 옷을 입고 가슴에 금띠를 띠고" 있었는데, 그것은 가슴에 금으로 된 띠가 있는, 길게 늘어진 옷이었다. 그 옷은 당당하고 위엄 있는 동작과 통치자의 침착함에 어울리는 옷이었다. 그 옷은 시중들기 편하도록 허리에 띠를 질끈 동여맨 작업복과는 뚜렷한 대조를 이룬다.

그 복장을 보면 주님의 역할을 알 수 있다. 그 옷은 선지자, 제사장 그리고 왕의 특징을 보여준다. 이 세 가지 직분을 온전히 감당하신 주님께 가장 잘 어울리는 옷이다. 그것은 하나님의 영감을 받은 메시지를 전달하는 선지자의 옷이었다(단 10:5). 그것은 성소의 등불을 밝히고 관리하는 임무를 수행할 때 대제사장이 입는 옷이었다. 그것은 왕의 옷이었다(삼상 18:24). 그러므로 요한이 뵈었던 주님은 하나님의 메시지를 전하고, 모든 것 중에 가장 거룩한 것을 알리며, 공의로 다스리기에 합당하신 분이었다. 구약에서 오직 하나님께만 사용되던 직함들을 요한이 주님께 돌렸던 것으로 보아, 그의 마음에 이 존엄한 분의 신성에 대한 추호의 의심도 없었음은 분명하다.

> 예수님의 흰 옷은 선지자, 제사장, 왕의 직분을 온전히 이루신 것을 상징한다.

뒤이어 나오는 일곱 폭으로 된 주님의 전신 초상 묘사는 생생한 문체와 사실적인 비유로 주님의 도덕적이고 영적인 특성과 그분의 사법권을 뚜렷하게 보여준다.

"그 머리와 털의 희기가 흰 양털 같고 눈 같으며"(14절). 이 상징은 다니엘서에서 인용되었다. "내가 보았는데 왕좌가 놓이고 옛적부터 항상 계신 이가 좌정하셨는데 그 옷은 희기가 눈 같고 그 머리털은 깨끗한 양의 털 같고"(단 7:9). 여기에서는 고아함와 깨끗함, 즉 예전부터 항상 계신 것과 죄가 없으심이 뚜렷한 조화를 이루며 나타나고 있다. 옛적부터 항상 계신 이의 옷은 햇빛에 반짝이는 눈처럼 빛났다. 요한은 다볼산에서 인자를 뵈었다. "그 옷이 희어져 광채가 나더라"(눅 9:29). "그 옷이 광채가 나며 세상에서 빨래하는 자가 그렇게 희게 할 수 없을 만큼 심히 희어졌더라"(막 9:3). 온전하고 성숙된 거룩함이 여기 있다.

"그의 눈은 불꽃 같고"(14절) 이것은 꿰뚫어 보는 통찰력과, 전지(全知)자의 특징인 무한한 지식을 상징한다. 다니엘의 이상에서 주님의 "눈은 횃불"(단 10:6) 같았다. 이 생생한 상징은, 모든 인생을 찾으시고 감찰하시며 모든 상상의 내면까지 꿰뚫어 "어두움에 감추인 것들을 드러내고 마음의 뜻을 나타내시는" 능력을 가리킨다. 그것은 요한계시록 19장 11-12절에서 다시

> 예수님의 불꽃 같은 눈은 온전한 지식 위에서 심판하실 것을 상징한다.

나타난다. "또 내가 하늘이 열린 것을 보니 보라 백마와 탄 자가 있으니 그 이름은 충신과 진실이라 그가 공의로 심판하며 싸우더라. 그 눈이 불꽃 같고 그 머리에 많은 면류관이 있고." 여기에서 강조된 것은 죄에 대한 공의의 심판자로서 하나님의 소멸시키시는 진노이다. "불꽃 중에 나타나실 때에 하나님을 모르는 자들과 우리 주 예수의 복음을 복종치 않는 자들에게 형벌을 주시리니"(살후 1:8). 그러나 그리스도의 심판은 우리의 판단과 달리 온전한 지식에 근거하고 있다. "내가 네 행위를 안다"는 것은 주님께서 일곱 교회들에게 주시는 반복적인 보증이며, 모든 공로가 인정될 것이라는 보장이다. 그것이 우리에게 유리하든 불리하든 그 어떠한 것도 온전한 지식을 가지신 주님의 눈 앞에서 감출 수 있는 것은 없다.

"그의 발은 풀무에 단련한 빛난 주석 같고"(15절). 여기 나타난 상징은 해석하기가 쉽지 않다. 이 표현은 계시록 2장 18절에 다시 나타나는데 뒤이어 그리스도께서 심판하시는 모습이 나온다(23, 27절). 그리스도는 교회 사이를 거니시며 하나님의 영원한 목적을 완성하기 위해 나아가신다. 요한의 시대에 주석은 그 당시 알려진 금속 중 가장 강한 금, 구리, 은의 혼합물이었다. 여기에 나타난 주석은 풀무의 격렬한 불꽃에서 단련된 것이다. 주석의 성질 중 하나는 열에 휘어지지 않는다는 것이다. 인간으로서 그리스도께서는 하나님의 거룩함이라는 불꽃을 견딜 수 있었다. 죄악으로 더럽혀진 세상을 걸어가셨음에도 불구하고, 주님께서는 타락이나 부패와 타협하지 않으셨다. 하지만 이 표현은 주님의 강직하며 절대적인 심판의 과정을 나타낼

> 빛난 주석 같은 예수님의 발은 죄와 타협하지 않은 주님의 거룩함을 상징하며 심판의 온전성을 상징한다.

수도 있다. 그날에 주님께서는 사람이나 사단의 반대에 방해받지 않으시고, 타오르는 발로 공의에 대적하는 모든 원수들을 짓밟으실 것이다. 주님께서는 온전한 심판을 집행하실 것이다.

"그의 음성은 많은 물 소리와 같으며"(15절). 홍수가 나서 노호하는 나이아가라 폭포 소리나 목청껏 소리지르는 많은 군중의 함성보다 더 인상적인 것이 있을까? 그리스도의 음성이 그러했다. 그것은 피할 수 없고, 권위 있는 모든 민족과 나라들에게 명령하시는 음성이었다. 일찍이 부드러운 음성으로 "내게로 오라"고 말씀하시던 바로 그 음성이 이제는 힘찬 폭포의 포효와 같은 소리를 발하고 있다. 요한의 귓가에 그 커다란 음성이 들렸을 때, 그것은 마치 밧모섬 바위 해안에 맹렬히 부딪치는 힘찬 파도 소리와 같았다. 그 소리는 주님께서 교회 안팎의 대적들을 꾸짖으시며 판결을 내리실 두려운 음성을 상징한다. 주님께서 한번 말씀하신 것은 어떤 것도 철회하실 필요가 없다. 그러므로 그리스도의 음성에는 단 하나의 결말만 있을 뿐이다.

"그 오른손에 일곱 별이 있고"(16절). "일곱 별은 일곱 교회의 사자(전달자 혹은 목사)요"(20절). 그리스도께서는 당신의 강한 오른손에 교회

들의 운명을 잡고 있는 것으로 묘사된다. 사자들이 교회에 대해 가지는 모든 권위는 주님께서 나눠주신 것이다. 주님께서는 그 사자들을 붙드시고 지지해 주시며, 그들은 주님께서 맡기신 책임을 지고 있다. 주님께서는 교회의 주인이시며 지지자가 되시며, 또한 그들의 보호자와 버팀목이 되신다. 그리고 주님께서 교회들에게 허락하신 사자들은 주님의 강한 손 안에서 안전하다. 그 다음 절에서 요한은 위엄 있는 그리스도의 발 앞에 엎드러지는데, 그를 안심시키기 위해 그의 머리에 얹으신 손도 동일한 바로 그 오른손이다.

"그 입에서 좌우에 날 선 검이 나오고"(16절). 이 상징의 해석은 히브리서 4장 12절에서 찾아볼 수 있다. "하나님의 말씀은 살았고 운동력이 있어 좌우에 날선 어떤 검보다도 예리하여… 마음의 뜻과 생각을 감찰하나니" – 진리는 꿰뚫고 나누며, 분별한다. 여기에는 말씀의 꿰뚫는 속성, 사람의 행위에 대한 주님의 식별과 심판의 정확함이 나타난다. 주님의 입으로부터 나오는 말씀이 장래의 모든 심판에 대한 근거가 될 것이다. 검(劍)은 주님의 판단하시는 권위와 힘의 상징이다. 그 말씀은 삶을 쪼개고 죄를 드러내며, 거기 있어서는 안 될 것들을 도려내고, 또한 교회 안에서 하나님의 영광을 위한 것이 아닌 모든 것들을 파괴한다. 심판하실 때 그리스도께서는 온전한 분별력을 드러내신다.

"그 얼굴은 해가 힘있게 비취는 것 같더라"(16절). 얼굴은 모든 특징들이 합해져서 나타나는 것이다. 전체적인 주님의 풍채는 구름 없는 정오의 하늘에 빛나는 태양처럼 강렬해서 맨 눈으로는 볼 수 없을 정도였다. 요한이 변화산에서 "그 얼굴이 해같이 빛났던" 모습을 기억하고 있었던 것일까? 지금 요한이 눈으로 보고 있는 그 얼굴은 "타인보다 상하였던" 얼굴이 아니라 어지러울 정도로 광채가 나며 경외심을 불러 일으키는 권위를 가진, 감당할 수 없이 밝게 빛나는 모습이었다. 사자들은 별이다. 교회들은 촛대이다. 주님께서는 장엄한 태양이시다. 태양이 세상에 빛을 주는 가장 중요한 존재이듯, 그리스도는 영적인 세상에 빛을 주는 최고의 분이시다.

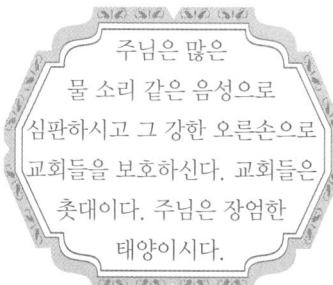

주님은 많은 물 소리 같은 음성으로 심판하시고 그 강한 오른손으로 교회들을 보호하신다. 교회들은 촛대이다. 주님은 장엄한 태양이시다.

주님의 특권

요한은 주님의 이상을 보고 압도당했다. "내가 볼 때에 그 발 앞에 엎드러져 죽은 자같이 되매"(17절). 하나님의 이상을 보면 언제나 부끄러움을 느끼며 엎드러지게 된다. 요한은 아버지의 영광의 광채이시며 그 본체의 형상이신 주님의 위엄 앞에 경외심과 자신의 무가치함을 발견하고 엎드러졌다(히 1:3).

이렇게 장엄하고 놀라우신 분이 정말 요한이 그 가슴에 머리를 기대었던 온유하고 겸손하던 그분일까? 그렇다. 그 금띠 밑에서 뛰고 있는 심장은 동일한 그분의 심장이다. 일곱 별들을 통제하시는 그 손은 십자가에 못박힌 흔적을 가진 바로 그 손이다. 불꽃 같은 눈은 일찍이 비운의 예루살렘을 보시고 불쌍히 여겨 눈물을 흘리셨던 그 눈이다. 음성은 군인들을 감동시켜 "그 사람의 말하는 것처럼 말한 사람은 이때까지 없었나이다"라고 고백하게 했던 바로 그 부드러운 음성이다. 빛나는 발은 피투성이 몸을 이끌고 갈보리산을 오르셨던 주님의 바로 그 발이다. 좌우에 날선 검이 나오는 그 입은 일찍이 "다 내게로 오라 내가 너희를 쉬게 하리라"고 초대하셨던 바로 그 입이다. 빛나는 그 얼굴은 한때 "타인보다 상하였던" 바로 그 얼굴이다.

하지만 하나님께서 요한에게 이 이상을 보여주신 진정한 목적은 그를 두렵게 하기 위해서가 아니라 용기와 힘을 주기 위해서였다. "그가 오른손을 내게 얹고 가라사대 두려워 말라 나는 처음이요 나중이니… 세세토록 살아 있어 사망과 음부의 열쇠를 가졌나니"(17-18절). 주님은 어루만지시고, 계시를 보여주사 요한을 일으키시고 그를 확신시키셨다. 십자가에 못 박힌 흔적을 가진 그 손은 우주를 떠받칠 만큼 강하였지만, 겸손하게 엎드린 예배자에게 힘을 주시고 위로하실 정도로 충분히 부드러웠다.

주님의 특별한 주장

요한이 본 이상에서 주님께서는 주님 자신에 대한 다섯 가지 특별한 말씀을 주셨다. 이 말씀들은 요한의 두려움을 없애기에 충분한 근거가 되었다.

"나는 알파와 오메가요"(8,11절). 이 말씀은 주님께서 영원한 하나님이심을 나타낸다. 그리스 문자의 첫 알파벳과 마지막 알파벳 사이에 모든 가능한 언어의 형태가 다 포함되어 있는 것처럼, 주님은 역사의 처음과 끝, 그리고 그 사이에 있는 이 모든 역사의 하나님이시다. 주님은 온전하고 완벽하며 영원한 하나님의 본체이시다. "그리스도 안에서 구약의 알파인 창세기와 신약의 오메가인 요한 계시록이 함께 만납니다. 첫 번째 책에서 태초에 인간은 죄가 없고 에덴에서 하나님의 사랑을 받았던 것처럼, 마지막 책에서 인간과 하나님은 천국에서 화해할 것임을 우리에게 보여주고 있습니다"(제이미슨, Jamieson).

"나는 시작과 끝이요… 처음과 나중이라"(8, 11절; 이사야 44:6 참고). 모든 것이 주님으로부터 시작되었으므로 주님으로 끝나게 될 것이다. 그분은 모든 창조물의 기원이자 마지막이다. 그리고 주님 이후에 아무도 없을 것이기에 그분은 마지막이시다. 주님은 믿음의 창시자이며 완성자이시다. 그분은 우리가 태어날 때 함께하셨고 우리가 죽을 때에도 함께하실 것이다.

"곧 산 자라. 내가 전에 죽었었노라"(18절). 이 말씀은 그리스도 안에 있는 영원한 생명과 죽음의 권세에 자발적으로 복종하신 그분의 모습 사이에 극명한 대비를 부여준다. 주님께서 죽음을 맛보셨기에 죽음으로 고통받는 인류에게 다음과 같이 말씀하실 수 있다. "사망을 두려워할 필요가 전혀 없노라. 내가 이미 그 길을 짓밟았고 그 능력을 다 없앴으며, 그 쏘는 것을 뽑아버렸느니라."

"내가… 이제 세세토록 살아있어"(18절). 사망은 예수님을 계속 소유할 수 없었다. 주님은 이제 "무궁한 생명의 능력"으로 살아계신다. 나사로와 같은 다른 사람들은 단지 다시 한 번 더 죽기 위해 되살아났다. 그러나 주님께서는 죽음에서 일어나셨고, 영원히 살아 계신다. 주님께서 한 인간으로서 죽음을 이겨내시고 지금 충만한 생명 가운데 영원히 사시는 것은 바로 우리가 확신할 수 있는 이유가 된다. 그것은 바로 주님으로 인해 죽음은 단지 더 풍부한 생명으로 가는 통로라는 것이 알려졌기 때문이다. 이 진리는 순교의 가능성을 직면하고 있는 교회가 두려움을 없애기 위해 절실히 필요한 것이었다. "만일 그리스도께서 죽었다면 교회는 살 수 없을 것이다. 그러나 그리스도가 사셨기 때문에 교회는 죽을 수 없다."

"내가… 사망과 음부의 열쇠를 가졌노니"(18절). 주님께서는 당신의 부활로 인해 "사망의 권세를 잡은 자, 곧 마귀"로부터 이 열쇠를 빼

앉으셨다. 음부는 마태복음 16장 18절에 감옥이나 벽으로 둘러진 도시로 나타나고 있다. 그것은 사망의 문으로 들어가는 눈에 보이지 않는 세계이다. 열쇠는 권위의 상징이다. 보이지 않는 세상의 열쇠가 그리스도의 손에 있으며, 이와 함께 모든 사람의 운명도 그 손에 있다. 주님의 못박히신 손에 그 열쇠가 있다면 우리는 어디를 가든지 두려워할 필요가 없다. 더 이상 무자비한 추수꾼, 공포의 왕을 두려워할 필요가 없다. 그리스도만이 우리의 죽음을 허락하시며 다른 쪽으로 나가는 문을 열어주신다. 주님의 통제로부터 어느 누구도 그 열쇠를 빼앗아 갈 수 없다. 주님이 부활하셨으므로 우리도 부활하게 될 것이다.

이렇게 살아계시고, 위엄과 능력을 지니신 그리스도께서는 당신의 교회 가운데 서서 당신의 손으로 그들의 운명을 잡고 계신다. 그러므로 교회나 우리는 두려워할 이유가 없다.

"책을 가지시고 그 인봉을 떼기에 합당하시도다. 일찍 죽임을 당하사…
죽임을 당하신 어린양이 능력과 부와 지혜와 힘과 존귀와 영광과
찬송을 받으시기에 합당하도다"_ 요한계시록 5장 9, 12절

The Transcendent Worthiness of Christ

찬양 받으시기에 합당한 그리스도

[말씀 읽기: 요한계시록 5:1-14]

저명한 감리교 설교자인 사무엘 채드윅(Samuel Chadwick)은 40년 이상 이 감격적인 본문을 읽고 주일을 시작했다고 한다. 반복해서 계속 같은 구절을 읽으면 영감을 주는 능력이 사라질 것이라고 생각하기 쉽다. 그러나 두 가지 이유에서 그것은 틀린 말이다. 첫째, 성경 고유의 생명력 때문이다. 성경 말씀이 성령에 의해 조명되고 구원받은 자의 마음속에 적용될 때 그 말씀은 늘 새로운 생명력을 부여한다. 둘째, 모든 대적을 물리치신 그리스도의 궁극적이고도 절대적인 승리 때문이다. 그리스도의 승리를 바라볼 때 우리는 삶과 예배에 대한 새로운 영감을 얻는다. 우리는 동일한 제단 불로도 마음속에 예배의 열정을 불타오르게 할 수 있으며, 그 비전의 힘 안에서 맡겨진 사역을 감당할 수 있다.

어린양의 비전

"내가 또 보니 보좌와 네 생물과 장로들 사이에 어린양이 섰는데 일찍 죽임을 당한 것 같더라"(6절). 선지자 요한은 감동적이고 장엄한 천상의 모습을 보게 되었다(4:1). 보좌에 앉으신 주님의 오른손에 일곱 인으로 봉해져 있는 책이 들려 있다. 힘있는 천사가 큰 소리로 이 책을 펴 인을 떼기에 합당한 자를 찾는다. 숨막히는 침묵 가운데 요한은 모인 수많은 군중을 훑어본다. 그러나 전혀 미동도 없다. 어떤 지원자도 나타나지 않는다. 책을 펴는 것은 고사하고 그것을 쳐다볼 수 있는 사람조차 없자 마침내 실망을 견디지 못하고 요한은 억제할 수 없는 큰 울음을 터뜨리고 만다.

이 숨막히는 위기의 중심에 있는 일곱 인으로 봉하여진 책은 무엇일까? 그 의미에 대해서 지금껏 수많은 해석들이 제시되어 왔다.

그 책이 봉인된 성경 두루마리일까? 구약 성경도 그리스도의 강림과 십자가 사건에 비추어 해석하지 않는다면, 의심할 여지 없이 단단히 봉인된 책일 것이다. 아직도 유대인들은 구약 성경 안에 계신 그리스도를 깨닫기를 거부하고 있기 때문에 그들에게 있어 구약 성경은 여전히 봉인된 책이다. 주님의 십자가와 고난을 생각하지 않고 구약 성경을 볼 때 얼마나 불가사의한 일들이 많은가? 하지만 페이지

마다 예수 그리스도를 바라볼 때 그 메시지는 얼마나 명확한가!

그 책은 하나님의 영원한 목적, 즉 최후 심판에 관해 봉인된 책일까? 오직 어린양만이 하나님의 생각과 목적을 해석하고 드러내며 그것을 완성할 자격이 있으시다.

그 책은 그리스도의 죽음을 통해 성취하신 하나님과 인간 사이의 성약이 봉인된 책일까? 아니면 그 대가로 그리스도께 교회와 세상의 운명을 통제할 수 있는 권리를 주시겠다는 계약이 봉인된 책일까?

그 책은 과거를 설명하고 미래를 상술해 놓은 봉인된 역사책일까? 그리스도를 따로 떼어 놓고 본다면 역사는 궁극적인 의미가 없다. 왜냐하면 실제 역사는 구속의 역사이기 때문이다. 역사(history)는 주님의 이야기(His story)이다. 요한은 그가 살았던 당시의 박해와 시련, 죽음의 역사에 대해 만족스러운 설명을 찾지 못해 매우 혼란스러웠다. 그 의미와 결과는 무엇이었을까? 그는 어린양이 역사에 대한 유일한 해석이며 예언에 대한 유일한 열쇠라는 것을 발견했다. 오직 주님만이 인간이 어디로 가고 있는지를 말씀해 주실 수 있다.

드 브루(De Brugh)는 아주 만족스러운 의견을 제시한다. 그 봉인된 책은 인간의 유산, 즉 인간의 죄로 말미암아 저당 잡혔으나 어린양의 희생으로 되찾은 인간의 유산에 관한 권리 증서라는 것이다. 그 책에는 주님께서 찬탈자의 손에서 회복시키시는 단계들이 설명되어 있고, 그 택하신 백성을 위해 이미 대가를 지불하신 왕국의

어린양의 손에 들린 인봉된 책은 무엇인가?

실질적인 소유권을 획득하시는 단계들이 설명되어 있다.

요한의 생애 중에서 가장 장엄한 이상을 체험하는 이 순간, 그가 자신의 무가치함을 발견하고 울고 있었다는 사실은 중요하다. 그의 고민은 다른 모든 피조물도 자신과 같이 자격이 없음을 알게 되었을 때 더 고조되었다. "이 책을 펴거나 보거나 하기에 합당[도덕적으로 적합하고 충분히 강]한 자가 보이지 않기로"(4절). 인간은 스스로 자신들을 결코 구원할 수 없다는 딜레마에 빠졌다. 오직 하나님께서만 이 딜레마에 관한 해답을 가지고 계신다.

"울지 말라." 천사가 요한에게 말한다. "누군가가 보좌로 다가가고 있다." 그렇지만 그가 과연 필요한 자격을 갖추었을까? 요한의 귀에 그 승리자는 유다 지파의 사자라는 소리가 들린다. 이 위엄있는 사자를 보기 위해 뒤돌아보았을 때, 그는 희생의 피로 새빨갛게 젖어 있는 어린양을 보게 되었다. 그리스도는 사자라고 소개되었지만 그분은 어린양의 모습을 하고 있다. 구속은 단지 힘으로 이루어지는 것이 아니라, 자신을 드리신 희생을 통해 얻어진다. 주님께서 보좌로 나아가실 때 모든 눈이 그 어린양을 바라본다. 그분은 두려움 없이 책을 취하시고, 차례 차례 봉인을 떼어 내신다. 오직 주님만이 인간이 박탈당했던 유산의 권리 증서를 되찾으실 수 있다. 그분의 자격이 무엇일까? 다섯 개의 상처, 즉 주님께서 인간의 잃어

> 인간들은 스스로를 구원할 수 없다. 다섯 개의 상처를 가진 죽임 당한 어린양만이 인봉을 뗄 수 있다.

버린 유산에 대한 대가를 완전히 지불하셨고 빚을 완전히 청산하셨다는 무언의 증거들이다.

　이 상처들은 천국에서도 고통과 죽으심의 흔적을 간직하고 계신 그리스도의 인상적인 모습인 동시에 그분의 신적 특권과 특성을 증거하고 있다. 일곱 뿔은 그분의 전능함을, 일곱 눈은 그분의 전지함을 상징한다. 세상에 보내어진 일곱 영은 그분의 무소부재하심을 나타낸다.

　이제 빚이 다 변제된 증서를 어린양이 취하실 때, 모인 군중들이 갑자기 점점 더 큰 파도를 일으키며 자발적이고도 자유로운 경배의 찬양을 드린다. 소리 높여 노래하는 네 생물과 이십사 장로에 만만이요 천천의 천사들이 합류한다. 이 찬양은 점점 커져 "하늘 위에와 땅 위에와 땅 아래와 바다 위에와 또 그 가운데 모든 만물" 즉, 창조된 전 우주적인 찬양대가 크게 기뻐하는 찬양의 환호성에 참여할 때까지 커진다.

받으시기 합당한 찬양

　우리는 천성적으로 이기적인 존재들이다. 하나님의 성품을 나누어 받게 된 후에도 옛 사람의 힘이 너무 강하기 때문에 대개의 경우 주는 것보다 받는 것에 더 관심이 많다. "주는 자가 받는 자보다 복되다"는 주님의 아홉 번째 복은 우리의 이런 경향에 대한 암묵적인 지적이 아니었을까? 하나님과의 관계에 있어서도 우리는 여전히 받는

쪽에 서 있다. 우리는 화목의 선물을 받아 기독교인의 삶을 시작한다
(롬 5:11). 우리는 은혜의 선물을 넘치게 받음으로써 기독교인의 삶을
계속해 나간다(롬 5:17). 우리는 영광을 받는 것으로 기독교인의 삶을
마친다(딤전 3:16). 우리는 하나님의 옷자락에 매달려 원하는 복을 달라
고 계속 떼쓰는데, 하나님께서는 이렇게 하는 것을 기뻐하신다. 하지
만 하나님께서도 우리만이 드릴 수 있는 것을 간절히 받기 원하신다
는 사실을 우리는 잊고 있다.

어떤 면에서 우리는 그리스도를 더 풍성하게 해 드릴 수 없다. 하
지만 예수 그리스도의 초월적인 가치를 우리가 자발적으로 감사하는
것보다 주님을 더 기쁘시게 할 수 있는 일은 없다. 또한 그것만큼 우
리 자신을 풍성하게 할 수 있는 일도 없다. 그 이유는 "하나님께서 당
신의 실재하심을 사람들에게 알게 하시는 때가 바로 우리의 경배를
받으실 때"이기 때문이다. C.S. 루이스는 이런 관계에 대해 "우리는
우리 자신이 하나님과 완벽한 사랑에 빠져 있다고 가정해야 합니다.
즉, 사랑에 빠진 기쁨과 즐거움에 취하고 거기에 빠지고, 그것에 의
해 완전히 녹아버렸다고 가정해야 합니다. 그 기쁨은 말로 표현할 수
없어 도저히 참을 수 없는 희열로서 우리 안에 결코 갇혀 있지 않으
며, 너무나도 쉽고 완벽한 표현이
되어 우리로부터 끊임없이 계속 흘
러나갑니다. 또한 우리의 즐거움은
거울이 빛을 반사할 때 거울과 빛

> 우리가 주님께 드릴 수 있는 유일한 한 가지는 그분의 존귀하심을 찬양하는 것이다.

을 분리할 수 없는 것처럼, 우리 즐거움의 표현인 찬양에서 결코 분리할 수 없습니다. 스코틀랜드의 교리문답에 보면 인간의 첫째 되는 목표는 '하나님을 영화롭게 하고 영원히 그분을 즐거워하는 것'이라고 되어 있습니다. 그러나 우리는 이 두 가지가 결국 같은 것이라는 것을 알게 됩니다. 전적으로 즐거워하는 것이 바로 영광을 돌리는 것입니다. 우리에게 하나님을 영화롭게 하라고 하신 명령은, 우리가 그분을 기뻐할 수 있도록 그분을 초대하는 것입니다"라고 쓰고 있다.

영원을 바라보는 관점은 분명 성도의 모습을 바로잡는다. 왜냐면 수많은 군중들이 한 음성으로 노래한다. "어린양이… 을 받으시기에 합당하도다." 그리고 뒤를 이어 어린양이 받으시기에 합당한 것을 7가지로 나누어 찬양한다. 이 일곱 개의 속성들은 마치 사람들과 천사들에 의해 어린양이 받을 수 있는 모든 영광을 한 단어로 요약한 것처럼 보인다.

일곱 절의 찬송

어린양이 받으시기에 합당한 것들이다.

❖**능력** _ 프랑스 사람들은 나폴레옹이 무제한적 능력을 받을 자격이 있다고 생각했다. 독일은 히틀러에게 무제한적 능력을 맡겼다. 그들의 확신이 잘못되었다는 것을 발견했을 때는 이미 너무 늦어버렸다. 그들은 로드 액톤(Lord Acton)이 주장한 "모든 권력은 부패한다. 절대 권력은 절대 부패한다"는 말이 진실임을 입증했다. 이들은 능력

을 받거나 그것을 사용하기에 적합하지 않았다. 절대 자비하신 주님만이 절대 권력을 받으시기에 합당하다. 지워지지 않는 주님의 수난과 죽음의 흔적은 그분의 손 안에서 능력이 절대 남용되지 않을 것을 보장해 준다. 그 능력은 결코 폭정이나 독재로 타락하지 않을 것이다. 전 우주의 통치권이 못박히신 손에 붙들려 있다. 그 어린양은 능력을 받으시기에 합당하시다.

✢부 _ 비록 그리스도께 모든 상속이 약속되어 있었지만, 이 세상에 사시는 동안 주님께서는 아무런 부를 얻지 못하셨다. 오히려 그 반대로, 때때로 그분은 머리조차 누일 곳이 없으셨다. 주님은 가끔 주변 여인들의 도움을 의지하기도 하셨다. 얼마나 가난하셨던지 돌아가셨을 때 남은 재산이라고는 병정들이 제비 뽑은 옷 한 벌뿐이었다. 바울이 고린도 교인들에게 한 권면을 들어 보라. "우리 주 예수 그리스도의 은혜를 너희가 알거니와 부요하신 자로서 너희를 위하여 가난하게 되심은 그의 가난함을 인하여 너희로 부요케 하려 하심이니라." 진정한 부는 금전적인 것이 아니라 도덕적이고 영적인 것이다. "사랑은 영광의 정금이니." 사랑받지 못하는 부자는 비참하게 가난한 사람이다. 주님께서는 이 땅을 위해 천국을 떠나시고, 사람들을 위해 천사들의 경배를 버리시고 가난해지셨다. 어린양은 참된 부를 누리시고 즐기실 권리가 있으시다.

✢지혜 _ 지식이 많다고 모두 지혜로운 것은 아니다. 지혜는 많이 아는 것 이상이다. 그것은 지식을 바르게 사용하는 능력이다. 그리스

도께서는 하나님의 지혜이며 모든 참된 지혜의 근원이시다(고전 1:24). 그분의 무한한 지식은 언제나 가장 고귀하고 선한 목적을 위해 사용되었다. 어린양은 지혜를 받으시기에 합당하시다.

✤힘 _ 육체적인 힘과 정신적인 힘은 다르다. 삼손은 육체적인 힘은 있었지만 정신적인 힘은 없었다. 육체적으로 힘이 셌지만 정신적, 영적인 힘은 약했다. 정신적인 힘이 가장 고귀한 힘이다. 어린양의 힘은 광범위한 것이었다. 주님은 사단을 이기고 전리품을 나누신 강한 분이었다(눅 11:22). 주님께서는 성취하시는 능력 뿐 아니라 견디시는 힘도 드러내셨다. 엄청난 시험을 직면하셨을 때, 주님께서는 비교할 수 없는 영적인 힘을 보여주셨다. 어느 누가 "죄인들의 이같이 자기에게 거역한 일"을 참겠는가? 한때 나약함과 수치 가운데 십자가에 못박히셨던 주님께서 이제는 힘과 위엄을 두르셨다. 우리는 천사들과 함께 주님께 힘을 돌려드려야 한다.

✤존귀 _ 예술이나 문학, 음악이나 과학, 스포츠나 전쟁의 분야에서 사람들은 명예[존귀]를 열망하고 높이 평가한다. 이 존귀는 봉사를 하거나 훌륭한 업적을 달성하였을 때 받게 된다. 하지만 어느 누구의 업적을 어린양의 공로와 비교할 수 있겠는가? 주님 이외에 누가 모든 족속과 방언과 백성을 멸망으로부터 구할 수 있겠는가? 진실로 이 땅에서 주님은 두 범죄자 사이에서 죽으심으로 가장 치욕스러운 일을 겪으셨다. 참으로 주님께서는 사람들로부터 존귀히 여김을 받는 것을 거부하셨다(요 5:44). 하지만 이제 온 우주가 주를 앙모하며

주께 합당한 존귀를 돌려드리기를 기뻐한다.

✤ 영광 _ 이 단어는 정의하는 것보다 묘사하는 것이 더 쉽다. 이것은 오직 하나님께만 속한 것이다. 이것은 장엄과 광채와 명성을 합쳐 놓은 것이다. 정오의 태양은 그 영광의 광채로 우리 눈을 멀게 한다. 요한은 변화산에서 "그 얼굴이 해같이 빛나며 옷이 빛과 같이 희어" 졌을 때의 그리스도의 형상에 대해 "우리가 그의 영광을 보니"라고 썼다(마 17:2). 또한 이 밧모섬에서 본 그리스도의 이상은 "그 얼굴은 해가 힘있게 비취는 것" 같은 모습이었다(계 1:16). 이후 요한은 "해나 달의 비침이 쓸데없으니 이는 하나님의 영광이 비취고 어린양이 그 등"이 되시기 때문이라고 고백하였다(계 21:23). 어린양은 영광을 받으시기에 합당하시다.

✤ 찬양 _ 찬양은 행복과 성공을 간구하는 기도이자 소원이다. 찬양은 받은 은혜에 대해 감사의 찬양을 돌려드리고자 하는 의지이다. "찬양은 아무것도 소유하지 않은 우리가 모든 것을 소유하고 계신 주님께 드릴 수 있는 유일한 선물이다." 비록 우리가 어린양을 부유하게 만들 수는 없지만 그 이름을 찬양함으로써 주님의 마음을 기쁘게 해 드릴 수는 있다. 주님의 영광을 우리의 생각으로 다 측량할 수 없지만, 우리도 시편 기자의 찬양에 동참할 수 있다. "내 영혼아, 여호와를 송축하라. 내 속에 있는 것들아 다 그 성호를 송축하라"(시 103:1).

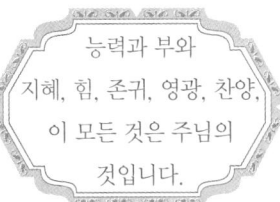

능력과 부와 지혜, 힘, 존귀, 영광, 찬양, 이 모든 것은 주님의 것입니다.

어린양은 너무 관대하셔서 우리가 돌려드리는 이 일곱 가지 속성을 기쁘게 받으시지만, 그 모든 것을 혼자서만 누리시지 않으신다. 주님은 이 모든 것을 믿음과 사랑으로 주님과 하나 된 모든 이들과 반드시 함께 나누신다. 주님께서는 가지신 모든 것을 우리와 함께 나누신다.

우리는 "하늘과 땅의 모든 권세"를 가진 분께 능력을 돌려 드리고 있는가? 그렇다면 주님께서는 우리에게 확신을 주실 것이다. "내가 너희에게… 원수의 모든 능력을 제어할 권세를 주었으니"(눅 10:19). 부는 어떤가? "가난하게 되심은 그의 가난함을 인하여 너희로 부요케 하려 하심이니라"(고후 8:9). 지혜는 어떤가? "예수는… 우리에게 지혜(가) 되셨으니"(고전 1:30). 힘은 어떤가? 바울은 이렇게 증거한다. "내게 능력 주시는 자 안에서 내가 모든 것을 할 수 있느니라"(빌 4:13). 영광은 어떤가? "내게 주신 영광을 내가 저희에게 주었사오니"(요 17:22). 존귀는 어떤가? "나를 존중히 여기는 자를 내가 존중히 여기고"(삼상 2:30). 찬송은 어떤가? 주님께서는 "모든 신령한 복으로 우리에게 복"을 주신다(엡 1:3). "내 영혼아, 여호와를 송축하라."

찬양의 근거

어린양께서는 당신께 합당하지 않은 존귀는 받지 않으신다. 그리고 본문은 우리가 경배드리는 것이 필연적인 행동임을 보여주는 일곱 가지 찬양의 확실한 근거들을 제시한다. F.B.메이어(Dr. F.B.Meyer)

박사는 우리가 주님을 찬양해야 할 다섯 가지 근거를 제시하였다.

❖주님의 통치 _ "보좌[에]… 어린양이 섰는데" 주님께서는 당신의 왕국을 다스리기 위하여 앉아 계신 것이 아니라 일어서 계신다. 여기 히브리서 2장 9절은 그것이 성취된 것을 보여준다. "영광과 존귀로 관 쓰신 예수를 보니…" 더 이상 주님은 가시관을 쓰시고 사람들에게 싫어함과 거부를 당하는 분이 아니시다. 그분 안에서 인류는 우주의 보좌에 다다르며 온 우주의 힘을 행사한다.

> 하늘이 닿을 수 있는 가장 높은 곳에
> 주님은 통치권을 가지고 계시니
> 만왕의 왕으로, 만주의 주로
> 주님은 빛난 영광 중에 다스리시네.

❖주님의 성품 _ "어린 양이… 일곱 뿔과 일곱 눈이 있으니" 성경에서 이보다 더 빈번히 나타나는 상징은 없다. 또 이보다 더 두려운 의미로 가득 찬 것도 없다. 여기서 사용된 "어린양"이라는 단어는 요한계시록에서는 자주 발견되지만 다른 책에서는 그리스도에게 적용된 곳이 없다. "이것은 친밀한 사랑을 나타냅니다. 희생당하신 어린 양으로 인해 지금 우리가 그리스도와 함께 나누는 사랑의 관계를 나타냅니다. 동시에 이것은 주님께 대한 우리의 관계이기도 합니다. 주

님께서는 존귀한 어린양이십니다. 우리는 주님과 함께하는 주님의 사랑받는 어린양입니다"(제이미슨, Jamieson). 비록 영광과 존귀로 옷 입으셨지만 어린양은 두려움의 대상이 아니다. 주님께서는 일곱 뿔 즉, 세계의 온전한 통치권만 가지셨을 뿐 아니라, 당신의 백성들에게 부어주시는 성령님의 사려 깊은 섭리와 주님의 깊은 보살핌을 상징하는 일곱 눈도 가지고 계신다. 어린양 안에는 온유와 위엄, 자비와 권능이 가장 조화롭게 어우러져 있다.

❖주님의 사역 _ "유대 지파의 사자[가]… 이기었으니 이 책과 그 일곱 인을 떼시리라." 그리스도께서는 단지 통치권에 의해서만 왕이 되시는 것을 거부하셨다. 그리고 하나님의 아들로서 자연적으로 얻게 된 능력으로 왕이 되는 것도 거부하셨다. 주님께서는 사람의 아들로서 면류관을 얻으실 것이다. 주님께서 아기가 되기까지 자신을 낮추셨을 때, "당신의 영광을 온 우주에 흩으셨습니다."

인류의 역사에 들어오셔서 죄 없이 우리의 모든 약한 부분들을 나누시면서, 주님은 보좌로 돌아가기 위해 한 걸음 한 걸음 싸우며 나가셨다. 매 걸음마다 어둠의 권세와 그 무리들이 대항했다. 주님은 무덤까지 내려가셨지만 "죽음에 의해 정복당하지 않으셨다." 죽은 지 삼일 만에 주님께서는 죽음과 지옥의 열쇠를 들고 다시 돌아오셨다. 주님께서는 모든 사악한 권세들을 영원히 정복하셨다.

❖주님의 희생 _ "어린양은… 합당하시도다. 일찍 죽임을 당하사 각 족속과 방언과 백성과 나라 가운데서 사람들을 피로 사서 하나님께 드리시고." 클료우(W. M. Clow)는 다음과 같은 글을 썼다. "굳게 잠긴 책을 열고 봉인을 뗄 자는 유대 지파의 사자도 아니며 순전하고 결점이 없는 어린양도 아니었습니다. 그것은 죽임당한 어린양이었습니다. 하나님의 책을 열어 그 기록을 해석하며 감추어진 섭리와 은혜를 밝게 보여줄 수 있는 분은 바로 십자가에 달리신 그리스도이십니다."

하늘의 영광 가운데, 십자가에 달리신 그리스도께서 바로 그 중심에 계신다. 우리는 빛나는 은이나 황금이 아닌, 보혈의 붉은 핏방울로 죄사함을 받았다는 것을 잊어서는 안된다. 첫째 아담에게 하신 말씀은 "네가 정녕 죽으리라"였다. 이 말씀은 마지막 아담이 "죽임을 당하"였다는 말로써 효력을 다하였다. 주님의 값진 희생은 주님의 영광의 절정이었으며, 이 때문에 온 우주가 찬양하며 끝없는 찬양의 환호성을 함께하는 것이다.

❖주님의 업적 _ "저희로 우리 하나님 앞에서 나라와 제사장을 삼으셨으니 저희가 땅에서 왕 노릇하리로다." 희생의 어린양으로서 주님께서는 우리의 죄와 그 결과로부터 우리들을 해방시켜 주셨다. 다스리시는 사자로서 주님께서는 사단과 대면하여 싸우셨고 승리하셨으며, 무장을 해제시키셨다. 주님께서는 죄와 죽음과 지옥을 정복하

셨다. 주님께서는 당신의 보좌를 되찾으셨지만 그것을 혼자서만 차지하려 하지 않으신다. 틀림없이 주님께서는 그 구원하신 사람들과 보좌를 함께 나누실 것이다. 그리하여 주님의 백성을 왕들로, 또 제사장들로 세우신다. 각각 왕들은 주님과 함께 다스릴 것이다. 각각 제사장들은 영원히 찬양과 감사의 제사를 드릴 것이다. 죽임당한 어린양이 책을 취하여 인봉을 떼셨을 때 모두가 새 노래-우리가 동참할 수 있고 또 동참해야만 하는-를 부른 것은 너무나도 당연한 일이다.

오라, 우리가 함께 찬양하자.
하늘의 성도들이 함께 노래하기 시작하네
어린양은 그리스도께 속한 영광을 받으시기에 합당하다네.
죽임을 당하셨기에.

"그가 항상 살아서 저희를 위하여 간구하심이니라"
_하브리서 7장 25절

Spiritual Maturity

The Unfinished Work Of Christ

계속되는 그리스도의 사역

[말씀 읽기: 히브리서 5장1-6절, 7장 22-8장 1절]

    계속되는 그리스도의 사역 즉, 아버지의 우편에서 간구하심이 없었다면 주님의 끝내신 사역도 우리에게 아무런 유익이 되지 못했을 것이다. 복음서들이 상당히 많은 지면을 할애하며 주님의 죽음을 둘러싼 사건들을 다룬 것을 볼때 그 끝낸 사역의 중요성을 알 수 있다. 그러나 이렇게 귀중한 십자가 사역도 오순절 성령 강림과 주님께서 하나님 보좌 우편에 계시다는 사실이 없다면 사실 처음부터 실패한 사역이나 다름없다. 하늘에서 간구하시는 그분의 계속되는 사역은 이 땅에서 이루신 주님의 끝난 사역의 극치이다.

    미개인이든 문명인이든 사람의 마음속에는 하나님 앞에서 자신을 대변해 줄 중재자를 원하는 간절함이 있다. 하나님이 화가 나셨기 때문에 기분을 풀어드려야 한다는 생각이 대부분의 사람들에게 있는 것 같다. 그래서 이 모든 것을 바로잡을 사람은 인간의 나약함에 깊은 동정심을 가지고 있으면서도 하나님께 특별한 영향력을 갖는 사람이어야 한다는 것을 본능적으로 느낀다. 역사의 여명기를 살았던 욥도 "양척 사이에 손을 얹을 판결자도 없구나"(욥 9:33)라고 한탄하였다. 이러한 갈망으로 사람들은 자신들과 하나님 사이를 중재할 제사장 계급을 만들어 냈다. 인간 제사장 제도는 유대교에서 절정에 달했으나, 그 얼마나 불완전한가! 인류가 마음 깊이 사모해 오던 이 갈망은 오직 대제사장이신 그리스도 안에서만 완벽하게 충족된다.

대제사장으로서의 자격

유대인에게 있어 대제사장으로서 꼭 필요한 자격 조건 두 가지가 있다. 첫째, 반드시 사람과 교제가 있어야만 하며 일반 사람들과 연결되어 있어야 한다. 그는 반드시 "사람 가운데서 취하여야" 한다(히 5:1). 그래야만 자신이 대표할 사람들을 동정할 수 있기 때문이다. 그는 사람들에 대하여 지나치게 관대하지도, 지나치게 엄격하지도 않은 "적절한 감정을 가질 수 있어야" 한다. 동정심은 제사장 제도의 개념에 있어 가장 중요한 것이다.

하지만 이러한 인간적인 조건은 필요 조건이긴 하지만 충분 조건은 아니다. 대제사장은 그 사역을 위해 하나님으로부터 권위를 받아야만 한다. 지명된 사람은 기꺼이 하나님의 승인을 받아야 한다. "이 존귀는 아무나 스스로 취하지 못하고 오직 아론과 같이 하나님의 부르심을 입은 자라야 할 것이니라"(히 5:4).

그리스도께서는 이 조건들을 충족시키는가? 주님께서는 인류를 돕기 위해 세상의 일부분이 되셨다. 주님께서는 참으로 "사람 가운데서" 취하여졌으며, "범사에 형제들과 같이" 되셨다(히 2:17). 주님께서는 완전한 사람이 되기 위해 왕의 모습이 아닌, 가난으로 고통받고 걱정거리로 근심하는 노동자의 모습으로 오셨다. 주님께서는 대중들의 사랑을 기뻐하시기도 하셨고 극심한 고독으로 고민하시기도 하셨다. 하지만 이와 동시에 주님께서는 하나님으로부터 권위를 받으셨다. 주님께서는 스스로 제사장이 되셨던 것이 아니라, 하나님으로부터 "너는 내 아들이니… 네가 영원히… 제사장이라"라고 임명 받으셨다(히 5:5-6).

그리스도께서는 도덕적으로나 영적으로 제사장으로서 자격이 있었다. "이는 그가 항상 살아서 저희를 위하여 간구하심이니라. 이러한 대제사장은… 거룩하고 악이 없고 더러움이 없고 죄인에게서 떠나 계시고 하늘보다 높이 되신 자라"(히 7:25-26). 주님께서는 거룩하게 태어나셨고 거룩한 삶을 사셨다. "거룩"이라는 단어는 하나님께 대하여 그 임무를 성실하게 세심하게 지키는 사람을 묘사할 때 공통적으로 쓰인다. 예수님께서는 생을 마감하실 때 "아버지께서 내게 하라고 주신 일을 내가 이루어 아버지를 이 세상에서 영화롭게 하였사

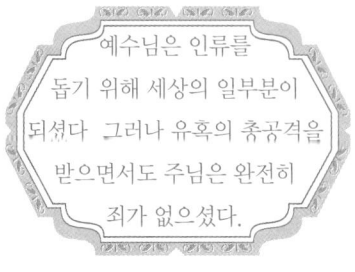

예수님은 인류를 돕기 위해 세상의 일부분이 되셨다. 그러나 유혹의 총공격을 받으면서도 주님은 완전히 죄가 없으셨다.

오니"라고 말씀하셨다(요 17:4). 주님은 악의가 없으시고 정직하며, 사람을 속이거나 사람들에게 상처를 입히지 않으셨다. 따라서 주님은 완전히 믿을 수 있는 분이었다.

주님은 더러움이 없고 오점이 없으며, 하나님께로 나아가기에 전혀 흠이 없었다. 주님께서는 죄인들로부터 분리되어 계셨다. 이 말씀은 육체적인 것을 의미하는 것이 아니다. 주님께서는 죄인들 사이에 계속 계셨다. 오히려 이 말은 도덕적으로 죄인들과 분리되어 있었다는 의미이다. 주님께서는 유혹의 총공격을 받으시는 동안에도 이 모든 것을 이기셨고, 죄가 없는 모습으로 나타나셨다. 주님께서는 죄인들과 완전히 달랐다. 주님께서는 하늘보다 높이 되셨으며 전능자의 오른편에 오르셨다.

대제사장으로서의 능력

그리스도는 대제사장으로서 3가지 능력을 갖고 계신다.

도우실 수 있다 "그러므로 저가 범사에 형제들과 같이 되심이 마땅하도다. 이는 하나님의 일에 자비하고 충성된 대제사장이 되어 백성의 죄를 구속[화해]하려 하심이라. 자기가 시험을 받아 고난을 당하셨은즉 시험받는 자들을 능히 도우시느니라"(히 2:17-18). 주님께서는 참 사람이 되셨기에 인간의 필요를 충족시키실 수 있다. 우리는 도움이 필요한 사람들을 너무나 도와주고 싶은데 그렇게 할 능력이 없다는 것 때문에 슬퍼할 때가 많다. 우리의 대제사장께서는 이러한 한계가 없으시다. 주님의 구원 능력은 단순한 동정에 의한 것이 아니라, 값진 속죄에 근거해 있다는 것을 주목해야 한다(히 2:17). 주님께서는 우리 죄를 속하기 위해 고난을 받으셨기 때문에, 유혹들로부터 우리를 구원하실 수 있으며 우리의 죄악과 반역을 다루실 수 있다.

공감하실 수 있다 대제사장이신 주님은 우리의 약함을 공감하실 수 있다(히 4:15). 그러나 우리의 죄는 결코 용서하거나 공감하지 않으신다. 주님은 죄를 심판하신다. 죄는 언제나 하나님과의 관계를 단절시키기 때문에, 죄인은 회복의 길을 열어 줄 변호사가 필요하다. 주님께서는 죄로 인한 형벌을 견디셨고 그 심판을 마치셨기에, 통회하는 심령을 깨끗하게 하실 수 있다.

우리 주님은, 비록 죄는 아니지만 쉽게 죄로 변질될 수 있는 우리의 결점과 약함을 공감하실 수 있다. 공감이라는 것은 다른 사람의 경험이 마치 자신의 경험인 것처럼 이해할 수 있는 능력이다. 공감은 그 사람이 같은 경험으로 고통을 받았을 때 가장 큰 힘을 발휘하게 된다. 그리스도께서는 "모든 일에 우리와 한결같이 시험을 받은 자"이시며, 죄의 유혹에는 굴복하지 않으셨으나 당신의 영혼에 가해지는 엄청난 죄의 큰 압박을 느끼셨기 때문에 시험의 불을 지나고 있는 사람들의 경험을 공감할 수 있다.

구원하실 수 있다 "자기를 힘입어 하나님께 나아가는 자들을 온전히 구원하실 수 있으니 이는 그가 항상 살아서 저희를 위하여 간구하심이니라"(히 7:25). 주님께서는 영원히 살아계셔서 우리의 중재자와 대제사장이 되시기 때문에, 당신께 가까이 나아오는 모든 자들의 부활을 끝까지 성취하실 수 있다.

구원은 포괄적인 의미를 가진 단어로 성경에서도 다양한 의미로 사용되었다. 마태복음에서 이 단어는, 서로 다르지만 밀접하게 연관된 네 가지 의미로 쓰였다. 그것은 바로 죄의 세력으로부터 벗어남(1:21), 위험으로부터 벗어남(8:25), 질병으로부터 벗어남(9:21), 하나님의 심판으로부터 벗어남(10:23, 24:13)이다. 어떤 이는 구원이 헬라어에서는 죽음과 지옥과 심판으로부터의 구원인 반면 히브리어에서는 우리 주변이나 우리 안에 있는 것들의 압박, 곧 그리스도의 형상을 가리는 것으로부터의 해방을 의미한다고 말한다. 우리의 중보자께서는 이 모든 뜻을 다 포괄하여 우리를 완벽하게 구원하실 수 있다. 주님께서는 모든 개인적인 문제를 해결하실 수 있다. 주님께서는 모든 죄악으로부터, 모든 대적으로부터 주님을 신뢰하는 자녀들을 구하실 수 있다. 그 이유가 무엇인가? 그것은 "그가 항상 살아서 저희를 위하여 간구"하시기 때문이다. 죄에 대해 완벽하고 완전한 희생을 치루셨기 때문에 주님께서는 지성소 안으로 들어가 아버지의 존전에서 우

> 대제사장 그리스도는 우리를 도우시며, 약함을 공감하시고, 모든 상황에서 우리를 구원하실 수 있다.

리를 변호하시고 중보하신다.

주님의 중보사역

"예수 그리스도는 어제나 오늘이나 영원토록 동일하시니라"(히 13:8). 만일 이것이 사실이라면, 우리는 주님께서 이 땅에 인간으로 사셨을 때의 중보 사역을 통해 많은 것을 배울 수 있을 것이다. 중보는 다른 사람을 위하여 간구하는 행위이다. 주님께서 하셨던 기도의 대부분이 중보기도였다는 것은 주목할 만하지 않은가?

누가는 예수님께서 베드로에게 하신 말씀을 기록하고 있다. "시몬아 시몬아, 보라. 사단이 밀 까부르듯 하려고 너희[복수, 모든 제자를 지칭]를 청구하였으나 그러나 내가 너[단수, 베드로]를 위하여 네 믿음이 떨어지지 않기를 기도하였노니"(눅 22:31-32). 그 후에 일어난 일들을 볼 때, 이 얼마나 든든한 보장인가? 주님의 중보로 인하여 베드로는 믿음이 떨어지지 않았다. 부지중에 일어날 사건을 위한 중보였다. 베드로는 자신이 사단의 맹렬한 공격에 노출될 것이라는 것을 전혀 눈치채지 못했다. 그 사건에서 베드로는 실패했지만 그의 믿음은 실패하지 않았다. 이 사건을 통해, 당신의 자녀들 편에 서서 이와 유사한 중보를 하시는 것이 우리 주님의 전형적인 사역이라는 것을 알려주시고자 하셨다.

그리스도의 중보사역을 묘사하기 위해서 두 가지 다른 단어가 사용되었다는 것은 큰 의미가 있다. 이 중 첫 번째 단어는 위의 사건에서 보여진다. 바울은 그리스도를 "우리를 위하여 간구하는 자"라고 말한다. 이 단어는 어려움에 처한 사람을, "뜻밖에 만난" 어떤 사람이 구출해 주는 장면을 생생하게 묘사하는 단어이다. 요구하지 않은 사람에게 주어진 구원이다. 도움이 필요할 때, 졸지도 않으시고 주무시지도 않으시는 주님께서 베드로에게 하셨듯이 구하지 않은 우리에게 오셔서 도우신다. 두 번째 단어는 요한일서 2장 1절에 나온다. "아버지 앞에서 우리에게 대언자가 있으니 곧 의로우신 예수 그리스도시라." 보혜사, 곧 도움이나 위험에 처해서 부르짖을 때에 응답하는 분이다. 주님께서는 우리의 부르짖음에 응답하시고 우리를 변호해 주시며 우리를 완전히 회복시키신다. 그러므로 우리에게 도움이 필요한 것을 우리가 알든지 모르든지 주님께서는 항상 살아계셔서 우리를 위하여 간구하신다.

중보의 근거

그리스도의 중보는 십자가 위에서 피흘리신 주님의 희생에 근거한다. 갈보리 산에서 "다 이루었다"고 하신 것은 주님의 계속되는 사역, 중보의 명백한 근거를 제공한다. 이것은 레위 시대의 속죄 제도에서 잘 나타나고 있다(레 16장). 일년에 한 번씩 대제사장은 지성소에 피와 향을 들고 들어갔다. 그는 피를 속죄소에 뿌렸다. 그는 향로에 향을 채워 여호와 앞에서 분향하였다. 우리의 대제사장께서도 정확히 그렇게 하여 승천 후에 지성소 휘장 안으로 들어가셔서 당신의 희

생의 피를 뿌리셨다. 그리고 하나님
께 온전히 헌신하는 삶을 사심으로써
향기로운 향을 드리셨다. 이것이 바
로 성육신의 절정이다. 인간이 되신

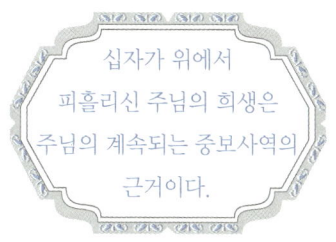

하나님께서는 여전히 우리의 인성을 가지신 채 아버지 앞에서 우리
의 대표가 되셨다. 그렇기 때문에, 우리가 주님과 하나됨으로 인하여
받아들여졌으며 거룩한 확신을 가지고 하나님께로 가까이 나아갈 수
있는 것이다. 주님께서 바로 거기 계신 것이 반박할 수 없는 탄원이
된다.

> 주님께서 갈보리에서 받으신,
> 피 흘리신 흔적 다섯 개를 갖고 계십니다.
> 그 흔적들은 응답 받는 기도를 쏟아내며
> 나를 위해 담대히 간구합니다.
> 그를 용서하소서. 오, 용서하소서, 흔적들이 울부짖습니다.
> 저 속죄 받은 죄인을 죽게 하지 마소서.
>
> _ 찰스 웨슬리(Charles Wesley)

중보의 성격

"주님께서 우리를 위해 무엇을 하셨는지 자세히 아는 것이 중요한
것이 아니다. 정말 중요한 것은 주님께서 당신의 백성과 연합하셨으

며, 죽임 당한 어린양으로서 아버지와 함께 영원히 이 연합 속에 거하신다는 사실이다." 모울 주교(Bishop Moule)는 이렇게 기록했다.

우리는 '간구'라는 것을 종종 눈물 어린 애원이나 벼미하는 타워으로 연상하는 경우가 많다. 때때로 '간구'를 하나님을 설득시키는 것이라고 오해하곤 한다. 그러나 이러한 견해들은 그리스도의 간구와는 전혀 관계가 없다. 주님께서는 하나님을 설득하여서 은혜를 얻어 내는 그런 탄원자가 아니시다. 주님께서는 우리의 대언자로서, "미쁘시고 의로우사 우리 죄를 사하시는" 분이시다. 하나님께 우리를 대신해서 자비를 구하시는 것이 아니라, 십자가 희생으로 우리에게 부여된 **공의**를 구하시는 것이다.

주님의 중보는 소리가 아니다. 즉, 들을 수 있도록 말로 하는 기도가 아니라는 의미이다. 매년 행하던 대 속죄일에 지성소에서 아론은 한마디도 하지 않았다. 단지 그의 옷자락에 달린 금종들의 딸랑거림만이 지성소의 정적을 깰 뿐이었다. 속죄일에 말씀하셨던 것은 아론이 아니라 그 피였다. 그 피는 우리 중보자의 실체이다. 그분은 우리를 대변하시는 승리의 증거를 그 몸에 지니고 계신다.

아민타스(Amintas)는 로마 제국에 대항하였다는 이유로 유죄를 선고받고 반역죄로 재판을 받게 되었다. 그의 형 에스킬러스(Aeschylus)는 동생이 곤경에 처했다는 소식을 듣고 법정으로 서둘러 갔다. 그는 나라를 위해 싸우다 한쪽 팔을 잃었다. 법정에 급히 들어간 그는 잘린 팔을 들고 재판관을 똑바로 보며 말했다. "아민타스는 죄가 있습니다. 그러나 에스킬러스를 봐서 자유롭게 석방되어야 합니다." 재판관은 결국 그를 석방하였다. 우리의 중보자께서도 이와 같이 당신의 고난의 상징을 보여주신다. 그러면 재판관께서는 우리에게 "저들은 죄가 있으나 내 아들로 인하여 자유롭게 하리라"고 말씀하신다.

예수, 나의 대제사장께서 당신의 보혈을 흘리고 죽으셨다네.
나의 죄 범한 양심은 이 외 다른 어떤 희생도 필요치 않다네.
주님의 강력한 보혈이 이미 죄를 속하였으며,
그 피는 이제 보좌 앞에서 간구하시네.

주님의 중보는 영원하다. 주님은 하나님 보좌 앞에서 우리를 대변하신다. 주님께서는 우리의 구원을 이루기 위해 십자가에서 돌아가셨다. 그러나 우리의 구원을 유지하기 위해 보좌 앞에 살아 계신다. "그의 살으심을 인하여 구원을 얻을 것이니라"(롬 5:10). 만일 주님께서 지금도 살아계셔서 우리를 위하여 "생명과 경건에 속한 모든 것을" 주시지 않는다면, 우리는 성도의 삶을 단 하루도 지속할 수 없을 것이다.

주님은 우리의 기도를 받으시고 또한 드리신다. 주님께서는 우리의 불완전한 간구에 당신의 공로의 향을 섞어서 받으시고 또한 드리신다. "또 다른 천사가 와서 제단 곁에 서서 금 향로를 가지고 많은 향을 받았으니 이는 모든 성도의 기도들과 합하여 보좌 앞 금단에 드리고자 함이라"(계 8:3). 아버지의 뜻과 목적에 온전히 부합하신 주님을 통할 때만 진정한 기도가 된다 우리의 믿음의 기도는 홀로 올려지는 것이 아니라 주님의 공로에 흠뻑 적시어져서 강력한 능력을 갖게 된다.

> 우리의 모든 기도와 찬양에,
> 그리스도는 당신의 달콤한 향기를 더하신다네
> 이 사랑의 향기가
> 제단 위에서 피어오르네

주님이 친히 중보하신다. 주님께서는 직접 중보하신다. "그가 항상 살아서 저희를 위해 간구하심이라." 이것은 주님께서 직접 하시는 일이다. 주님께서는 이 사역을 가브리엘에게 위임하지 않으신다. 이 일을 직접 하시다. 주님께서는 우리의 걱정들을 직접 돌보실 수 없을 만큼 바쁘신 분이 결코 아니다. 이 땅에서 그러셨던 것처럼 하늘에서도 주님은 여전히 섬기시는 분이다.

우리는 끝없이 주님의 중보를 필요로 한다. 브리스(H. de Vries)는 이 관계를 다음과 같이 쓰고 있다. "어떤 성도들은 엄청난 도움을 필요로 하거나 위험에 처했을 때에만 주님의 중보가 필요하다고 생각합니다. 만일 주님의 중보가 집이 불타고 있을 때에만 도움을 요청하는 소방서와 같다면 이 말은 옳을 것입니다. 중요한 사실은 우리 집은 항상 불타고 있어서 항상 주님의 중보가 필요하다는 사실입니다. 우리에게 있어 도움이 필요하지 않거나 위험에 처하지 않는 때는 단 한 순간도 없으며, 이 때문에 우리 주님은 항상 살아서 우리를 위해 중보하시는 것입니다. 주님의 중보는 결코 중단되지 않으며 항상 효과가 나타납니다. 정확히 우리의 부족함과 무력함의 한계까지 중보하십니다."

바로 이 순간에도 우리의 약함을 아시고 우리의 감정을 느끼시고, 인생의 모든 과정을 겪으신 우리의 대제사장이 우리를 위하여 하나님 앞에 계시다는 것, 그리고 우리를 시험에서 지켜주시고 슬픔을 위로하시며 약함에서 구원하실 수 있다는 것을 안다면 그것은 우리에게 굉장한 확신을 줄 것이다. 이 사역은 우리가 도움을 필요로하는 한 계속될 것이다.

"심령이 가난한 자는 복이 있나니"_ 마태복음 5장 3절

Spiritual Maturity

Christ's Ideal Of Character

그리스도의 인격

[말씀 읽기: 마태복음 5장 1-11절]

율법의 위협적인 호통과는 매우 대조적으로 그리스도의 천국 복음은 축복으로 시작한다. 축복이 핵심이다. 그러나 이 축복으로 가는 길을 따라 가다보면 낯설고 생각지 못하던 영역으로 이끌리게 된다. 간결하고 명확한 몇몇 말씀을 통해, 예수님께서는 이상적인 삶의 모습을 보여주셨다. 또한 주님의 삶 자체가 그 이상이었다. 주님의 삶은 그분의 신랄하고도 꿰뚫는듯한 설교의 화신이자 본보기였다.

예수님은 축복에 있어서 대가였다. 그러나 가난, 애통, 굶주림, 목마름, 욕먹음, 핍박과 같은 것들은 우리가 기대하는 축복과 얼마나 다른가! 분명히 뭔가 실수가 있었을 것이다. 어떻게 이런 것들이 축복을 가져온단 말인가? 일반적으로 축복받았다는 것은 부를 소유하고 슬픔이 없으며 먹고 싶은 것을 마음껏 먹고, 칭송 받으며 또 잘 대접받는 것으로부터 시작된다고 생각한다. 그리스도의 가르침은 행복에 대한 이런 일반적인 생각들과 일치하지 않았다. 뿐만 아니라 무슨 일이 있어도 피하고 싶은 바로 그 경험들이 가장 큰 기쁨을 얻을 수 있는, 그래서 간절히 바래야 하는 것임을 보여주셨다.

"복을 받았다"는 말은 신약을 통해 고상하게 된 말이다. 이것은 헬라어의 "칭찬받다"라는 말에서 유래하였으며 영어의 "행복"과 같은 말인데, 그 어원을 거슬러 올라가 보면 우연, 기회, 행운이라는 의미가 있다. 원래 이것은 그리스 신들과 인간들에게 쓰였지만 대개 외형적인 번영을 뜻하였다. 그러나 예수님께서는 이 단어에 영적인 부유함이라는 뜻을 부여하여 새로운 중요성을 부가하셨다. 이 말은 "부러움을 사는, 축하 받는, 최고로 행복한, 영적으로 부유한, 부러울 만큼 운이 좋은, 빛나도록 기쁨이 넘치는" 등으로 다양하게 번역된다.

주님께서 나열하신 여덟 가지 축복의 특징들 가운데 앞의 네 가지는 하나님께 대한 우리의 태도이며, 뒤의 네 가지는 사람들에 대한 우리의 태도이다. 앞의 것들은 수동적이며 개인적인 특징이 있고, 뒤의 것들은 능동적이며 사회적인 특징이

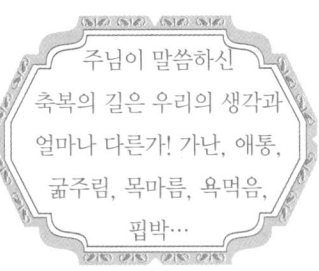

주님이 말씀하신 축복의 길은 우리의 생각과 얼마나 다른가! 가난, 애통, 굶주림, 목마름, 욕먹음, 핍박…

있다. 하나님과의 관계에 있어서 가장 행복한 사람들은 다음과 같은 것들을 인식한다.

부족함

"심령이 가난한 자는 복이 있나니 천국이 저희 것임이요." 주의하라. 심령이 약한 자가 아니라, 심령이 **가난한** 자이다. 단지 자신 없이 머뭇거리는 것이 아니라 심령을 포기하는 것이다. 그는 자기 자신을 의지하는 마음이 조금도 없다. 자기 만족 같은 것은 찾아볼 수도 없다. 그는 자신은 아무 의미가 없다고 생각한다. 바울은 이렇게 고백한다. "내 속 곧 내 육신에 선한 것이 거하지 아니하는 줄을 아노니."

"가난한"으로 번역되는 단어는 두 개가 있다. 하나는 환경에 의해 가난한 노동자에게 사용되고, 또 다른 하나는 선택에 의해서 가난한 거지에게 사용된다. 노동자는 남는 것이 없다. 거지는 아무것도 없다. 여기서 말하는 영적인 가난은 후자에 속한다. 영적으로 거지가 되는 것은 탐낼 만한 태도이다. 이 세상 사람들은 자신의 독립심과 자신감을 자랑스러워한다. 우리 주님처럼 축복 받은 사람은 고백한다. "내가 스스로 아무 것도 하지 아니하고." 사도행전 3장 5절에는 거지의 전형적인 태도가 나타난다. "그가 저희에게 무엇을 얻을까 하여 바라보거늘." 이 사람은 자존심을 버렸다. 살아가는데 필요한 것들이 부족하고 또 자신이 빈 손이라는 것을 알았기에 그는 무한한 하나님의 자원으로 되돌아가게 되는 것이다. 그의 태도는 "나는 부자

라. 부요하여 부족한 것이 없다"며 자랑하는 라오디게아 교인들의 태도와 정반대이다. 이러한 가난은 필연적으로 영적인 풍요를 가져온다. 축복받은 사람은 자신은 비록 가난할지라도 많은 사람들을 부요하게 한다. 그는 세상적인 기준으로는 성공하지 못했을지 몰라도, 천국에서 즐거움을 누린다.

뉘우침

"애통하는 자는 복이 있나니 저희가 위로를 받을 것임이요." 슬픔 자체는 복이 아니지만 하나님이 슬퍼하는 자에게 주시는 위로는 복이다. 슬픔이 없는 곳에는 위로도 없다.

"애통"이라는 단어는 마음 깊은 곳에서부터 시작된 회개를 나타내는 말로서, 한 사람의 온 존재를 지배하여 겉으로도 드러나는 것을 말한다. 이 단어는 영적인 좌절이나 실질적인 범죄로 인한 후회를 나타낸다. 영적 빈곤의 깨달음, 하나님을 향한 미지근함, 주님으로부터 멀어지는 마음, 그리스도를 닮지 않은 모습을 의식하는 것들은 반드시 후회와 회개를 가져온다. 자랑과 오만으로 가득 찬 바리새인들은 참회한 세리처럼 애통하거나 가슴을 치지 않았을 뿐 아니라, 의롭다 하심을 받아도 즐거워하지 않았다. 탕자는 처음으로 자신이 비참하게 가난하다는 것을 인식하게 되었다. "나는 여기서 주려 죽는구나." 그리고 나서 진정한 참회 가운데 자신의 죄를 발견하게 되었다. "아버지여, 내가 하늘과 아버지께 죄를 얻었사오니." 욥이 자신이 얼마나 미천한 존재인가를 깨닫고 말했던 것은 바로 하나님의 이상을 보고 난 다음이었다. "내가 스스로 한하고 티끌과 재 가운데서 회개하나이다." 그는 스스로 만족했어야 했는데, 그렇지 못했던 것들로 인해 애통하였다.

이 애통이 갖는 모순은, 그것이 기쁨과 공존할 수 있다는 것이다. 바울은 "근심하는 자 같으나 항상 기뻐"할 수 있다고 주장하였다. 하나님께서 회개하는 영혼에게 주시는 평안이야말로 가장 행복한 삶의 또 다른 요소이다.

온유

"온유한 자는 복이 있나니 저희가 땅을 기업으로 받을 것임이요." 어떤 이는 말하기를, 온유는 우유 부단한 미덕이 아니라고 하였다. 온유는 약함이나 단순히 기질이 부드러운 것을 뜻하지 않는다. 그 이유는 우리 주님께서 온유를 당신의 제자들이 열심히 배워야 하는 주님의 성품 가운데 하나라고 말씀하셨기 때문이다. 모세는 온유했으나, 그는 결코 약하지 않았다(민 12:3). 그것은 비축하여 놓은 부드러운 힘이지 유약함이 아니다. 온유는 하나님의 영광이나 천국의 유익이 걸려있을 때에 강하고 힘있게 싸울 수 있다. 노끈으로 채찍을 만들어 아버지의 집에서 장사하는 장사꾼을 내쫓으셨던 분은 바로 온유하고 겸손하신 예수님이셨다. 온유는 또한 누군가로부터 아무 것도 받지 않는 단순히 선한 성품도 아니다. 본질적으로 온유는 자신이 권리를 주장하지 않는 마음 가짐이며, 다른 사람의 이익을 위해 항상 자신의 특권을 포기할 준비가 되어 있는 것이다. 온유는 하나님의 계획을 기쁘게

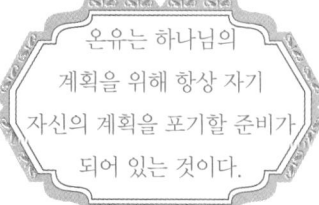
온유는 하나님의 계획을 위해 항상 자기 자신의 계획을 포기할 준비가 되어 있는 것이다.

받아들이기 위해 항상 자기 자신의 계획을 포기할 준비가 되어 있는 것이다. 니체는 만일 우리가 세상을 얻을 수 있다면 세상은 우리의 것이라고 말했다. 그러나 예수님께서는 우리가 세상을 포기한다면 세상은 우리의 것이라고 설교하셨다. 땅을 기업으로 받는 자는 공격적인 사람이 아닌 온유한 사람이다.

성품의 속성들 중 아마도 온유는 우리가 가장 바라지 않는 것일 것이다. 그러나 예수님께서는 온유는 하나님께서 높게 평가하시는 은혜라고 격찬하신다. "오직 마음에 숨은 사람을 온유하고 안정한 심령의 썩지 아니할 것으로 하라 이는 하나님 앞에 값진 것이니라"(벧전 3:4). 우리는 일반적으로 온유한 사람은 너무 선량해서 출세를 잘하거나 중요한 사람이 되지 못할 것이라고 생각한다. 예수님께서는 땅을 기업으로 받는 사람은 바로 온유한 사람이라고 말씀 하시면서 이 생각을 반박하신다. 또한 온유한 사람은 원칙이 걸린 문제가 아니라면 얼마든지 다른 사람에게 양보하는 것으로 특징지어질 수 있다. 온유한 사람은 아무 것도 주장하지 않는다. 그러나 온 땅이 그의 것이다.

갈급함

"의에 주리고 목마른 자는 복이 있나니 저희가 배부를 것임이요." 다른 번역에 보면 이것은 "의에 굶주린(의를 갈망하는) 자는 복이 있나니 저희가 배가 터지도록 먹을 것임이요"라고 되어 있다. 하나님의 온전한 응답을 갈망하는 그리스도의 간절한 소망을 인간의 기본적인 욕구로 표현한 것이다. 이 욕구는 충족되지 않았을 때 가장 극심하게 견디기 힘든 욕구이다. 거룩한 삶에 대한 끝없는 목마름과 채워지지 않는 배고픔을 가진 사람은 부러운 사람이다. 축복받은 굶주림이여!

목마른 사슴이
시냇물을 찾아 헤매임같이
나의 하나님이여, 내 영혼이
주님과 그 구속의 은혜를 찾아 갈급하나이다.

그러나 이 굶주림은 단지 행복에 대한 굶주림이 아니다. 행복은 대다수의 인류가 추구하는 것이지만, 그것은 일반적으로 잡기 어려운 신기루임이 밝혀졌다. 본문에서 예수님께서는 사람이 행복이 아닌 의, 곧 하나님과의 바른 관계를 가장 먼저 추구할 때 최상의 행복을 덤으로 얻을 수 있다고 가르치신다. "저가 사모하는 영혼을 만족케 하시며 주린 영혼에게 좋은 것으로 채워주심이로다"(시 107:9).

하나님을 향해 천국 백성이 지녀야 할 이상적인 태도를 가르치신 후 예수님께서는 주변 사람들과 맺는 사회적 관계로 넘어가신다. 영적으로 성숙한 사람은 시험 받는 환경 속에서 4가지 경향을 보여준다. "긍휼히 여기는 마음으로 약자와 함께 한다. 불결한자들과 함께 있어도 순결하다. 일치하지 않아도 다른 사람을 이해하며 사랑한다. 핍박자들에게 고통을 당해도 올곧다." 이 네 가지는 각각 고유한 축복이 있다. 그것은 하나님의 은혜로운 사역의 결과이다.

긍휼의 마음

"긍휼히 여기는 자는 복이 있나니 저희가 긍휼히 여김을 받을 것임이요." 이 말씀은 올바른 세상의 도덕법칙을 정확히 묘사하는 말이다. 자비를 베푼 사람이 자비를 받게 된다. 우리는 심은 것을 거둔다. 복음주의자인 샘 존스(Sam Jones)는 자비가 없는 의는 소화불량에 걸린 사람의 모습으로 나타난다고 재미있게 말하곤 했다.

온유와 마찬가지로 자비도 그리스도인의 특징적인 가치이지만, 비기독인들 사이에서는 잘 알려져 있지 않은 덕목이다. 자비는 불쌍히 여기는 마음에서 시작해서 불쌍히 여기는 행동으로 표현된다. 자비는 그것을 받을 만한 자격이 없는 사람들에게 보여주는 것이다. 만약 자비를 받을 자격이 있는 사람들이 그것을 받는다면 그것은 그들이 마땅히 받아야 하는 권리일 뿐이다. 자비로운 마음을 가진 사람은 언제나 실패한 사람들을 받아주고 애매모호한 행동에 대해 가장 좋은 뜻으로 해석할 준비가 되어 있다. 그는 자신이 모든 사실을 다 알고 있지 않다는 것을 알고 있기 때문에 연약한 이들에 대하여 가혹하게 판단하지 않는다. 우리의 신앙 생활은 결과적으로 우리 마음가짐의 반동이라는 것을 명심해야 한다. 자비는 보복을 모른다.

청결한 마음

"마음이 청결한 자는 복이 있나니 저희가 하나님을 볼 것임이요." 하나님을 볼 수 있는 이 축복은 청결한 마음을 가진 사람에게만 허용된 것이다. 여기서 말하는 청결이란 가장 넓은 의미 즉, 생각, 마음, 동기, 행동의 청결을 뜻하는 포괄적인 용어이다. 그것은 도덕적인 거룩함, 또는 완전함을 뜻하며 특별히 간계가 없는 사람에게 사용된다. 예수님께서는 단순히 외형적이고 형식적인 순결이 아닌 내적 순결이 절대적으로 필요하다는 것을 강조하셨다. 형식적 요구사항을 외형적으로만 맞춰가는 것은 하나님의 마음과 사람의 마음, 어느 쪽도 만족시키지 못한다.

다윗은 자신의 부정함과 동료에 대한 죄악을 깊이 깨닫고 회개하는 가운데 이렇게 간구하였다. "하나님이여, 내 속에 정한 마음을 창조하시고." 다윗은 사람들과의 관계에서 가져야 할 책임감을 깨달은 뒤 깨끗한 행동과 깨끗한 마음을 연결시키고 있다. 청결한 마음이 없는 곳에 청결한 비전이 있을 수 없다. 너무나 많은 사람들이 그럴듯하게 겉으로 나타나는 것으로 만족한다. 사람들은 자기가 속한 사회에서 "체면을 잃지 않는 한" 정신적인 청렴에서 조금 벗어나는 것에는 별로 신경 쓰지 않는다. 그러나 성경은 "거룩함이 없이는 아무도 주를 보지 못하리라"고 말씀하고 있다. 자기 스스로를 끊임없이 점검하고 매일 그리스도의 보혈의 채우심을 간구해야 한다.

하나님은 영이시기에 하나님을 보는 것은 육체적인 것이 아니라 영적인 것과 관련된다. 죄악은 마음을 흐리게 하고 하나님의 얼굴을 가리운다. 하나님을 보는 것은 하나님을 아는 것이며, 하나님과의 친밀한 사귐을 기뻐하는 것이다. 이런 점에서 우리가 만약 하나님을 보고자 한다면, 위선과 속임수는 제거되어야 한다. 내주하는 청결의 샘으로서 그리스도를 마음에 모시면 청결한 마음을 유지할 가능성은 매우 높아진다. 이것을 경험할 때, 우리는 이 땅 위에서 주님과 얼굴과 얼굴을 마주 대하는 그날을 기대할 수 있다.

> 청결은 생각, 마음, 동기, 행동, 모든 부분을 포괄한다.

화평케 하는 사역

"화평케 하는 자는 복이 있나니 저희가 하나님의 아들이라 일컬음을 받을 것임이요." 우리는 팔복 가운데 이 말씀을 피스 메이커 즉, 이미 존재하고 있는 평화를 유지하는 사람 또는 평화를 좋아하는 사람을 가리키는 것이라 해석할 때가 많다. 하지만 이 말씀은 오히려 평화가 깨져 있는 상황에서 **평화를 만들어 내는 사람**을 지칭한다. 이것은 하나의 미덕이 아니라 눈에 보이는 행동이다. 평화를 만드는 일은 평화를 유지하는 일보다 훨씬 많은 대가가 요구되는 사역이다. 주님께서는 "당신의 십자가의 피로 화평을 이루셨다." 우리 자신의 평화가 깨어질 것을 각오할 때, 우리는 비로소 평화를 만들어 낼 수 있다. 이 사역에는 항상 고난이 따른다. 이와 같은 사람 앞에서는 다툼이나 불화는 사라지게 된다. 저명한 영국의 정치가에 대해 이런 일화가 있다. 그가 의회에 들어오면, 신랄한 논쟁이나 토론이 벌어지다가도 그가 존재한다는 이유만으로 논쟁이 잠잠해졌다고 한다. 그 이유가 무엇이었을까? 그것은 바로 그가 하나님 앞에서 살았기 때문이었다. 의회가 아무리 늦게 끝나도 그는 항상 하루 일과를 시작하기 전에 2시간씩 기도와 묵상을 했다. 그는 하나님의 화평을 늘 지니고 있었으며, 어느 곳에 가던지 그는 그 화평을 발산하였다. 이것은 보기 드문 용기와 통찰력 그리고 기지(機智)가 요구되는 일이다. 하지만 사이가 멀어진 사람들을 화해시키는 일은 정말 근사한 사역이다. 바울은 그가 빌립보서 4장 2절에 기록한 대로, 유오디아와 순두게 사이의 불화를 치유하기 위해 그의 모든 기술과 기지를 동원하였다.

화평케 하는 자가 받을 상은 하나님의 자녀가 되는 것이 아니라 하나님의 자녀라 일컬음을 받는 것이다. 그는 이미 하나님의 자녀이다. 보이는 것은 혈통이 아니라 명성이다. 사람들은 그가 화평을 가져오기 위해 희생하는 것을 볼 때 그의 모습에서 주님의 형상을 발견하게 될 것이다.

용감한 충성

"의를 위하여 핍박을 받은 자는 복이 있나니 천국이 저희 것임이라. 나를 인하여 너희를 욕하고 핍박하고 거짓으로 거스려 모든 악한 말을 할 때에는 너희에게 복이 있나니 기뻐하고 즐거워하라. 하늘에서 너희의 상이 큼이라." 화평케 하는 자라 할지라도 그의 주변사람으로부터 받는 비난과 핍박을 피할 수는 없다. 죄가 없으셨던 그리스도 역시 핍박과 모욕에서 면제되지 않았다. 그러나 행복은 핍박이나 모욕을 당하는 것에 좌우되지 않는다는 사실에 주목하라. 핍박을 받아본 적(have been persecuted)이 있는 사람들이 가장 행복하다(are)(올바른 시제이다). 행복은 연단을 받은 "다음"에 오는 것이다. 이 축복은 고난의 때에 그리스도와 특별히 가까워지는 기쁨이다. 풀무불에 던져진 세 젊은이처럼 핍박의 맹렬한 불길 가운데서 하나님의 아들과 함께 걸으며 불꽃도 감히 자신들을 그을리지 못하는 경험을 하는 사람들이 가장 행복하다.

하지만 모든 핍박이 이러한 축복을 가져오는 것은 아니라는 것을 알아야 한다. 핍박 가운데 축복이 임하려면 세 가지 필요한 조건들이 있다. 그 조건들은 다음과 같다.

> 행복은 연단 뒤에 온다.

❖ 의를 위하여 받는 핍박이어야 한다(10절) _ 우리 자신의 모난 성격이나 혹은 지혜가 없음으로 인해 받는 핍박이 아니다. 많은 그리스도인들이 적극적이지만 분별이 없음으로 인해 비난을 받곤한다. 그

러나 본문에서 말하는 고난은, 우리가 어떤 대가를 치르더라도 심지어 사회에서 추방당하는 결과를 가져온다 할지라도 옳은 일을 하기 때문에 찾아 오는 그런 고난이다.

❖거짓으로 거스려 욕하는 것이다(11절) _ 거짓으로 거스려 욕하는 것이다(11절). 욕을 들을만해서 욕을 듣는 것이 아니다. 거짓으로 거스려 욕한다는 것은 우리의 말이나 행동을 정당하게 평가하지 않는 것이다. 이럴 때 축복이 온다.

❖주님을 인하여 받는 모욕과 핍박이다(11절) _ 그리스도와 그분의 의에 대한 충성으로 인하여 받은 부적절한 대우는 막대한 보상을 가져온다. 우리 주님께서는 당신의 고난을 나누는 것을 매우 고맙게 생각하신다. "기뻐하고 즐거워하라. 하늘에서 너희의 상이 큼이라." 고난과 핍박을 하나님으로부터 오는 저주라고 생각하고 있었던 유대인들에게 이것은 매우 생소한 개념이었음이 틀림없다.

여기까지가 이상적인 그리스도인의 성품에 대한 주님의 고결한 생각이다. 우리는 이런 성품을 갖고 있는가? 너무 높은 기준인가? 하나님께서는 당신 아들의 성품 외에는 다른 기준을 갖고 계시지 않다. 하나님께서는 우리 모두가 그 아들의 형상과 같은 모습이 되길 원하시며, 이 일을 행하시는 것은 성령님의 기쁨이다.

"무릇 내게 오는 자가 자기 부모와 처자와 형제와 자매와 및 자기 목숨까지 미워하지 아니하면 능히 나의 제자가 되지 못하고 누구든지 자기 십자가를 지고 나를 좇지 않는 자도 능히 나의 제자가 되지 못하리라" 누가복음 14장 26,27절

S p i r i t u a l   M a t u r i t y

Christ's Terms Of Discipleship

제자의 조건

[말씀 읽기: 누가복음 14:25-33]

신약성경은 예수 그리스도의 제자도와 제자가 되는 것의 의미를 보여주는 가르침들로 가득 차 있다. 제자도는 우리 주님의 가르침에서는 매우 중요하게 여겨졌으나, 교회의 가르침에 있어서는 무시되거나 축소되어져 왔다. 그 이유는 어렵지 않게 찾을 수 있다. 예수님 당대에도 이 가르침은 인기가 없고 환영 받지 못했다. 시간이 지난 후에도 여전히 사람들의 마음에는 거의 변화가 없어 보였다. 주님께서 완전한 제자가 되기 위한 조건으로 내세우신 것들은 너무나도 엄중했다. 그래서 자신들이 치뤄야 할 대가를 생각해 본 군중들은 모두 주님으로부터 떨어져 나갔다.

예수님께서는 몇 달간 얻은 엄청난 인기를 이용할 수 있는 절호의 기회가 있었다. "허다한 무리가 함께 갈쌔." 이들은 예수님의 말씀 힌 마디 한 마디를 귀남아 늘었다. 어떻게 해야 이 최상의 기회를 발전시킬 수 있었을까? 사람들의 궁금증을 더 끌어올리려고 놀라운 이적들을 행하셨을까? 사람들의 칭송을 받기 위해 그들을 치켜세워 주셨을까? 사람들에게 어떤 특별한 권유나 특혜를 주셔서 충성하도록 하셨을까? 아니다. 오히려 주님은 필요 이상으로 어려워 보이는 조건을 열거하셔서, 마치 의도적으로 그들의 마음을 다른 곳으로 돌리신 것처럼 보였다. 이상한 유형의 리더쉽이다. 주님께서도 분명히 사람들의 지지를 얻고 싶으셨을텐데 그것들을 일부러 단념시키시다니! 우리는 대중을 같은편으로 만들기 위해서 우리의 요구사항을 줄이는 경향이 있다. 예수님께서는 의도적으로 당신을 따르는 것을 몹시 어렵게 만드심으로써, 제자가 되고자 하는 사람들을 일부러 줄이셨다 (참조 눅 9:57-62).

주님은 너무나 분명하게 당신의 제자가 되는 것은 어떤 율법을 따르는 것 이상임을 말씀하셨다. 그것은 흥분되고 감격적인 것이라기보다는 희생적이고 어려운 것이었을지도 모른다. 제자가 되는 것을 쉽고 기쁜 일이라고 하시기는 커녕 어렵고 위험한 길임을 강조하셨다. 주님께서는 함께 즐길 친구들보다는 맞서야 하는 적이 더 많을 것임을 말씀하셨다. 그 길은 신발을 신고 꽃길을 가는 것이 아니라, 강철 신발을 신고 돌밭을 가는 것이다. 주님께서는 새로운 제자를 받아들이기 위해 미끼를 던지시지도 않았고, 또 제자도에 따르는 대가도 숨기지 않으셨다. 그런데 주님을 따르던 모든 사람들은 그것을 잘 알고도 그렇게 하려고 했다. 브라우닝(Browning)은 우리 주님의 가르침을 바르게 해석하였다.

> 당신과 내가 그리스도인이 된다는 것은 얼마나 어려운지요!
> 그것은 이상(理想)을 성취하려는 의무감으로 행하는
> 단순한 작업이 아닙니다.
> 그리스도인이 된다는 것은 흠없고 완전하게
> 인간 영혼의 목적을 완성하는 것이기에
> 언제나 행하기 어렵습니다.

역동적인 지도자들은 가장 어려운 도전이 주어졌을 때 가장 좋은 제자를 얻을 수 있다는 사실을 알고 있다. 가리발디(Garibaldi)가 빼앗긴 조국을 해방시키기 위해 출발했을 때, 그는 할 일이 없는 한 무리의 젊은이들을 만나 자신의 군대에 합류할 것을 권하였다. 그러자 그들은 "우리에게 무엇을 줄 건가요?"하고 물었다. "자네들에게 줄 것 말인가? 난 자네들에게 거처나 음식을 제공하지 않을 걸세. 대신 배고픔과 목마름, 힘든 행군, 전쟁, 죽음을 줄 것이네. 나라를 입술로만 사랑하는 것이 아니라 마음으로 사랑하는 자는 나를 따르라." 젊은이들은 그를 따랐다. 선교 사역은 불편과 궁핍, 고난과 위험이 항상 뒤

따라 왔다. 하지만 그 헌신의 소명은 언제나 젊은이들의 마음을 매료시켜 왔다.

"제자"라는 말은 "배우는 사람"이라는 뜻이다. 그렇지만 이 말은 배운 것을 행동에 옮기려는 목적을 가진 사람이라는 개념을 함축하고 있다. 그리스도의 제자는 그리스도의 학교에서 자발적으로 배우는 사람이다. 예수님께서는 먼저 초대하신다. "내게 오라" 그리고 나서 "나를 따르라"고 말씀하신다. 그러나 구원을 얻고자 주님께 나오는 모든 사람들이 다 기꺼이 주님을 따라 희생적인 봉사를 하는 것은 아니다. 당연히 그렇게 되어야 함에도 불구하고, "제자"와 "신자"는 실제적으로는 동의어가 아니다.

> 제자와 신자는 동의어가 아니다

대중적인 지지를 잃을 것이 분명한데도 왜 우리 주님께서는 제자가 되는 조건을 그토록 엄격하게 하셨을까? 그 이유는 양보다 질에 더 신경을 쓰셨기 때문이다. 주님께서는 위기의 때에 흔들리지 않는 헌신을 기대할 수 있는 선택된 사람들의 군대 즉, 기드온의 군대를 바라셨다. 주님께서는 당신의 교회를 세우거나 악의 세력과 싸울 때에 의지할 수 있는 믿을 만한 확실한 제자들을 원하셨다(눅 14:29,31). 일단 그 제자가 자신이 따르는 그리스도의 영광과 위엄을 확신하게 되면, 그는 자신이 소속된 주님의 목적을 위해 어떠한 희생도 기꺼이 치를 것이다.

올바르게 해석된 기독교는 한번도 인기 있었던 적이 없었다. 인기 있는 기독교는 우리 주님의 가르침에서 한참이나 떨어져 있다. 주님은 경고하셨다. "모든 사람이 너희를 칭찬하면 화가 있도다. 저희 조상들이 거짓 선지자들에게 이와 같이 하였느니라"(눅 6:26). 반면에 그리스도인은 다른 사람들이 주님을 인하여 그를 욕하고 핍박하고 거스려 모든 악한 말을 할 때 참으로 복을 받는다(마 5:11). 우리는 주님의 인기를 나누기 위해서가 아니라 인기 없음을 나누기 위해서 초대 받았다. 우리는 대중적인 인기를 즐길 것을 기대하는 것이 아니라 "경건하게 살고자 하는 자는 핍박을 받을 것"을 예상해야 한다. 우리는 "그 고난에 참예함"을 위하여 부름 받은 것이지 주님의 후광을 입기 위해서가 아니다. 만일 우리가 "십자가의 고난"을 거의 경험하지 못한다면 그것은 아마도 우리도 베드로처럼 주님으로부터 "멀찍감치 떨어져" 있기 때문일 것이다.

주님께서는 진실로 "생명으로 인도하는 문은 좁고 길이 협착하여 찾는 이가 적음이라"고 단언하셨기에, 완전한 제자가 되는 길이 그리 붐비지 않는다고 해도 별로 놀랄 필요는 없다. 이와 같은 가르침은 곧 주님을 따르는 군중의 수를 줄이며, 외식적인 것을 몰아낸다.

> 제자의 길은 십자가의 고난에 참예하는 길이다.

주님은 설교 중에 "비용을 계산"하는 것에 대해 말씀하셨다. 이 말씀은 두 가지로 이해될 수 있다. 하나는, 제자가 되고자 하는 사람들은 힘난한 제자의 길을 떠나기 전에 그 비용을 신중히 계산해 보아야 한다는 것이다. 이것은 물론 사실이며 본문에서 보여지는 주님의 세

가지 주장에서 강조되고 있다. 하지만 이 말씀을 논리적이고 조리 있게 읽기 위해서는 그리스도를 탑의 건축자로, 또 출정하는 왕으로서 봐야 한다고 강하게 수장하는 사람들도 있다. 비용을 계산하고 세는 분은 바로 주님이시다. 명목상으로만 주님께 헌신하고 실제로 희생하지 않는 사람들을 주님께서 당신의 건축자나 군인으로 사용하실 수 있을까? 이 맡겨진 임무는 중요한 것이어서, 내가 죽을 때까지 기꺼이 주님을 따를 때에만 주님께서는 나를 당신의 제자 중 하나로 간주하실 수 있다.

주님께서는 제자가 되는 데 있어서 절대적으로 필요한 세 가지 조건을 말씀하신다.

✜마음을 감동시키는 사랑을 가진 자 _ "무릇 내게 오는 자가 자기 부모와 처자와 형제와 자매와 및 자기 목숨까지 미워하지 아니하면 능히 나의 제자가 되지 못하고"(26절). 다른 어떤 사람보다 주님을 더 사랑할 때 우리는 주님의 제자가 될 수 있다. 주님을 따르는 것은 충성심의 충돌이 일어나는 것이다. 주님의 도래는 불화를 일으킨다. 혈육과 그리스도의 주장은 반드시 대립되게 되어있다. 진정한 사랑은 경쟁자를 참지 않는다.

본문에 사용된 "미워한다"는 말은 냉혹하고 독단적으로 들릴 수도 있다. 그러나 이 단어는 절대적 의미가 아니라 상대적 의미로 쓰인 것이다. 이것은 "덜 사랑한다"는 의미이다. 부모님을 공경하라는 명령과 본문의 요구는 서로 대립되는 것이 아니다. 주님께서 이 말씀을 하셨을 당시에 주님의 제자가 된다는 것은 가족과 멀어지고 사회에서 격리되는 것과 관련이 있었다. 서구 사회에서는 그리스도인이 된다고 해서 가족적으로나 사회적으로 큰 대가를 치룰 필요가 거의 없다. 그러나 선교지에서는 이야기가 다르다. 그리스도께 충성을 다할 것이라고 선언하는 것은 직장과 아내와 아이들 심지어 목숨 자체를 잃을 수도 있는 일이다. 그럼에도 불구하고 주님께서는 당신의 요구 수준을 낮추지 않으신다.

예수님께서는 무자비하게 전통을 타파하시려는 것이 아니었다. 주님께서는 자식으로서, 아버지로서, 어머니로서의 사랑을 명령하셨다. 그러나 주님께서는 종종 "원수가 자기 집안 식구"라는 사실을 알고 계셨다. 혈연적인 사랑이 주님에 대한 사랑보다 우세하냐 아니냐가 마지막 테스트이다. 만일 우리가 주님의 제자가 되려 한다면 모든 상황에서 주님을 향한 사랑이 이겨야만 한다. 분명한 사실은 우리 사랑의 영순위를 주님께 드릴 때 모든 인간 관계가 풍성해진다는 것이다. 우리가 주님을 더욱 사랑하기 때문에 혈육을 덜 사랑하는 일은 결코 일어나지 않을 것이다. 사실은 그 반대이다.

더 나아가 주님은 주님에 대한 사랑이 자기 자신을 사랑하는 본능적 사랑보다 더 커야 할 것을 요구하신다. "자기 목숨까지" 이 조건은 가족의 경계를 넘어 자기 자신의 목숨에 관한 최후의 거점까지 가게 된다. 그리스도께서는 깊숙이 자리잡고 있는 자기 중심적인 삶이 완전히 바뀌기를 원하셨다. 제자는 바울처럼 "나의 생명을 조금도 귀한 것으로 여기지 아니하노라"고 말할 수 있어야 한다.

만일 우리 마음에 그리스도를 향한 사랑과 필적할 만한 그런 사랑이 있다면 우리는 주님의 제자가 될 수 없다고 주님은 단언하신다.

❖끊임없이 십자가를 지는 삶을 사는 자 _ "누구든지 자기 십자가를 지고 나를 좇지 않는 자도 능히 나의 제자가 되지 못하리라"(27절).

최초로 이슬람 선교사로 파송되었던 레이먼 룰(Ramon Lull)은 자신이 어떻게 선교사가 되었는지를 이야기한다. 그는 호화롭고 쾌락적인 삶을 살고 있었다. 하루는 그가 홀로 있을 때 그리스도께서 주님의 십자가를 지고 그에게 오셔서 "나를 위해 이것을 지라"고 말씀하셨다. 그러나 그는 주님을 밀쳐 내고 거부하였다. 다시 한 번 그가 대성당의 정적 가운데 있을 때 그리스도가 찾아오셨다. 다시 주님께서는 그에게 당신의 십자가를 들라고 말씀하셨지만 그는 거부하였다. 그리스도께서 세 번째 그에게 찾아오셨을 때, 룰은 말했다. "주님께서는 당신의 십자가를 들고 오시더니 아무 말씀도 없이 내 손에 그것을 놓고 가셨습니다. 그것을 드는 것 이외에 내가 무엇을 할 수 있었겠습니까?" 결국 룰은 주님의 십자가를 지다 돌에 맞아 죽고 말았다.

그리스도께서 "자기 십자가"라고 하신 것은 무슨 의미일까? 이것은 육체적인 결점이나 일시적인 약함, 혹은 불운이나 문제, 또는 질병을 의미하는 것은 분명히 아니다. 이런 것들은 피할 수 없으며 기독교인이나 비기독교인이나 모든 인류에게 일어나는 운명이다. 우리 주님께서 당신의 말씀을 "만약[무릇]"이라는 가정법으로 시작하셨다는 사실은 자발적인 무언가가 연관되어 있음을 보여준다. 간단히 말하자면, 주님의 십자가는 수치와 고난과 죽음을 뜻한다. 그 십자가는 세상으로부터 거부당하는 것의 상징이다. 자기 십자가라는 것은 당신의 십자가에서 수치와 고난을 당하신 그리스도와 완전히 동일시하는 것을 암시한다. 우리 자신의 십자가를 짊어지는 것은 선택의 문제이다. 이것은 구레네 시몬에게 했던 것과 같이 예수님의 십자가처럼 억지로 지게 하는 것이 아니다. 이것은 주님을 위하여 경멸과 증오와 세상의 따돌림을 기꺼이 받고자 하는 것을 의미한다. 세속적인 제자는 이것과 정반대일 것이다. 바울은 십자가에 달리신 그리스도와 같이 된다는 것이 무엇과 연관되어 있는지를 알았다. "또 수고하여 친히 손으로 일을 하며 후욕을 당한즉 축복하고 핍박을 당한즉 참고 비방을 당한즉 권면하니 우리가 지금까지 세상의 더러운 것과 만물의 찌끼같이 되었도다"(고전 4:12,13).

우리가 이기적이고 자기 중심적인 생활을 마치는 방법으로 삶의 불리한 환경들을 자발적으로 받아들일 때, 우리는 우리 자신의 십자가를 지고 가는 것이다. 우리가 삶의 고난과 한계, 그리고 시련들을 제대로 받는다면 이로 인해 우리는 우리의 참된 자리, 곧 그리스도와 함께 십자가에 못박히는 자리로 나아갈 것이다.

만일 우리가 계속해서 십자가 지기를 싫어한다면, 우리는 주님의 제자가 될 수 없다.

❖소유를 무조건적으로 포기할 수 있는 자 _ "너희 중에 누구든지

자기의 모든 소유를 버리지 아니하면 능히 내 제자가 되지 못하리라"(33절). 제자가 되기 위한 우리 주님의 세 번째 요구사항은 모든 것(일부가 아닌 전체)을 완전히 포기하는 것이다. 주님께서는 "자기의 모든 소유"라고 말씀하셨다. 증보역 성경(Amplified New Testament)에서는 "버리다"는 말의 의미가 "관계를 끊다, 권리를 양도하다, 포기하다, 작별을 고하다"로 확장되어 있다. 우리 주님께서 요구하신 것은 정말 어마어마한 것이다. 어떤 예외도 용납되지 않는다. 주님께서는 당신의 제자가 소유한 모든 것을 처분할 권리를 요구하신다. 왜냐하면 주님께서는 당신의 지혜로운 사랑으로 최선을 아시기 때문이다.

대부분의 사람들은 아무렇지도 않게 재산, 소유물, 부(富)를 사랑과 헌신의 대상으로 삼는다. "물질"은 우리 위에 군림하는 끔찍한 독재자가 될 수 있다. 그러나 우리는 하나님과 부를 함께 섬길 수 없으며, 두 주인에게 충성할 수 없다. 마음이 두 곳으로 나뉘어져 있을 때 제자가 되는 것은 불가능하다. 주님께서 가르치시고자 하셨던 교훈은 우리는 우리 소유물의 주인이 아니라 청지기라는 사실이다.

제자가 된다는 것이 반드시 문자 그대로 우리의 모든 소유를 팔아서 그 수익을 바치는 것이라고 할 수는 없지만, 그런 가능성을 배제하고 있지 않다. 제자들은 "우리가 모든 것을 버리고 주를 좇았나이다"라고 하였으며 바울은 "모든 것을 해"로 여긴다고 말하였다. 초대교회에 있어서는 "믿는 무리가 한 마음과 한 뜻이 되어 모든 물건을 서로 통용하고 제 재물을 조금이라도 제 것이라 하는 이가 하나도 없더라"(행 4:32)고 말씀하신다. 권리를 실제적이고도 자발적으로 포기해야만 한다는 의미이다. 우리가 그렇게 할 때 탐욕과 이기심으로부터 영원히 자유하

> 주님을 가장 사랑하고 십자가를 지며, 주를 위해 소유를 포기할 수 있을 때 우리는 주님의 제자가 된다.

게 될 것이다. 우리 주님께서는 꽉 쥔 주먹이 아닌, 편하게 벌린 손으로 우리의 소유를 갖기를 원하신다. 아마도 이런 태도일 것이다. "주님, 당신께서 원하시는 모든 것을 마음대로 취하시옵소서."

다른 방법으로는 주님의 제자가 될 수 없다.

이 세 가지 필수 요구사항들에 순종하려면 뭔가 강력한 동기가 필요하다. 우리는 그것을 그리스도에게서 직접 찾을 수 있다. 주님께서는 스스로 하기 싫은 일을 우리에게 요구하지 않으신다. 우리를 향한 사랑 때문에 하늘에 있는 당신의 처소를 "떠나", 죄가 없으신 하나님이자 인간의 모습으로 오셔서 종종 머리 둘 곳조차 없으셨던 죄악된 세상에서 사셨다. 우리를 위하여 "예수께서 자기의 십자가를 지시고 해골(히브리말로 골고다)이라 하는 곳에 나오셔서" 십자가에 못 박히셨다(요 19:17,18). 우리의 영원한 부요함이 되시기 위해 주님은 주님이 가진 모든 것을 포기하셨다. "부요하신 자로서 너희를 위하여 가난하게 되심은 그의 가난함을 인하여 너희로 부요케 하려 하심이니라"(고후 8:9). 주님이 우리를 위하여 그토록 기꺼이 하신 일을 우리가 주님을 위하여 하는데 마지 못해 억지로 하겠는가? 우리는 이 세 조건을 충족시킨 후에라야 참된 주님의 제자가 된다.

"에베소 교회의 사자에게 편지하기를…" _ 요한계시록 2장 1절

A Personal Letter From Christ

그리스도의 편지

[말씀 읽기: 요한계시록 2장 1-7절]

고귀하신 그리스도께서 살아있는 교회에 직접 보낸 편지는 실로 중요한 문서이고, 또 그 메시지를 함께 나눌 수 있는 것은 큰 특권이다. 비록 일차적으로는 에베소 교회에게 쓰신 편지이지만 이 메시지는 오늘날의 개개인들에게 하시는 말씀으로 결론을 맺고 있다. "귀 있는 자는… 들을찌어다." 이 편지에는 슬픔이 담긴 이해와 책망이 섞인 칭찬이 나타난다. 예수님께서는 당신 자신을 일곱 금 촛대 사이를 거니시는 분으로 소개하신다. 그 금 촛대는 계시록 1장 20절에서 일곱 교회로 간주된다. 주님께서는 그 증거의 불빛들을 유심히 살피시며 철저히 조사하신다. 그리고 충만하고 정확한 판단력으로 교회들에게 도덕적 판단을 내리신다. "내가 네 행위를 아노니."

　에베소는 고대에 유명한 도시 중의 하나였다. 그곳의 시민들은 에베소를 아시아의 중심지라고 불렀다. 그곳은 부유하고 문화가 발달했지만 극도로 타락하였다. 그곳은 상업의 중심지였을 뿐 아니라 이교도 의식의 중심지였다. 그곳은 세계의 7대 불가사의 중 하나인 다이아나 여신의 장대한 사원을 자랑하였으며 이 사원으로 인해 부와 악명을 동시에 가지게 되었다. 에베소 교회는 그 설립자와 뒤이은 사역자들의 풍부한 영적 은사들을 그들만의 특권으로 누렸다. 바울, 아볼로, 브리스길라와 아굴라, 디모데와 요한은 각각 에베소 교회의 영적인 삶에 공헌하였다. 바울이 에베소 교인들에게 보낸 편지에서 그들의 영적인 상태를 극찬하고 있는 것으로 볼 때 그들이 이 지도자들의 영적 가르침을 붙들었다는 것은 분명 사실인 것 같다. 그들이 수용할 수 있는 영적 가르침의 척도만큼 교회의 중추적인 역할을 할 수 있는 법이다.

　편지가 쓰여졌을 당시 에베소 교회는 설립된 지 40년이 되었으며 그 구성원은 2,3세대 그리스도인이었다. 그들의 선조들을 매료시켰던 탁월한 진리들은 이제 진부한 것이 되어버렸다. 그러나 그럼에도 불구하고 이전 세대의 견실함과 힘이 분명 존재하고 있었고, 주님께서는 이것에 대해 칭찬하고 계시다.

> 주님은 충만하고 정확한 판단력으로 교회들을 판단하신다.

칭찬

주님의 지혜와 분별력은 편지 첫 문장에 분명하게 드러나 있다. 주님께서는 칭찬하실 일이 있을 때 그것을 가장 먼저 언급하신다. 인간관계에 있어서 가장 바람직한 절차가 아닐까! 주님께서는 아무 조건 없이 그들 가운데 드러난 네 가지 선행을 칭찬하신다.

그들은 충성된 수고를 하였다 "내가 네 행위와 수고와 네 인내를 알고"(2절). 헌신적인 수고와 지친 가운데서도 흔들림 없는 인내로 교회를 섬기는 모습이 여기에 잘 나타나 있다. 교회는 좋은 일꾼들로 붐볐다. 그들의 인내는 그저 수동적인 인내가 아니라 기진맥진 할 때까지 계속해서 수고하는 것이었으며 이에 대해 주님께서 그들을 따뜻하게 칭찬하셨다. 여기서 사용된 '충성된 헌신'이라는 단어는 바울이 데살로니가 교인들에게 보낸 편지에서도 나타나 있다는 점에 주목할 필요가 있다. 바울은 그들의 "믿음의 역사와 사랑의 수고와 우리 주 예수 그리스도에 대한 소망의 인내"를 언급하고 있다(살전 1:3).

그들은 악한 자들을 용납지 아니하였다 "악한 자들을 용납지 아니한 것과"(2절). 에베소 교회는 어떠한 종류의 죄악도 용납하지 않는 교회였다. 건강한 훈육을 할 수 있을 만큼 영적인 생명력이 충분했기에 그들은 주님의 칭찬을 받았다. 에베소 교회는 악한 자들 이외에는 어떤 것도 참아낼 수 있었다.

그들은 바른 교리를 분별할 줄 알았다 "자칭 사도라 하되 아닌 자들을 시험하여 그 거짓된 것을 네가 드러낸 것과"(2절). 동사의 시제를 볼 때(has tried, say, are, has found), 최근의 위기를 말씀하신 것을 알 수 있다. 그들은 니골라당의 교리를 시험하여 그들을 배격하였다. 그들은 바울의 경고에 주의하여 그가 "흉악한 이리"라고 표현한 자들을 주시하고 있었다(행 20:29). 이처럼 성도들은 자신들이 듣는 것에 주의하였으며 속임수에 넘어가지 않았다. 그들은 그들이 하는 말뿐만 아니라, 그들의 행위도 판단하여 그들을 거부하였다. 이것에 대하여 진리이신 그리스도께서는 그들을 칭찬하셨다. "네가 니골라당의 행위를 미워하는도다. 나도 이것을 미워하노라"(6절). 이그나티우스(Ignatius)는 에베소 교회에 대하여 이렇게 증언하였다. "그대들은 진리에 따라 살았고, 어떠한 이단도 그대들 가운데 자리를 잡지 못하였습니다. 뿐만 아니라 그대들은 예수 그리스도 이외에 다른 구원을 말하는 사람의 말은 듣지도 않았습니다."

그들은 박해를 견뎌내었다 "네가 참고 내 이름을 위하여 견디고 게으르지 아니한 것을 아노라"(3절). 격렬한 박해의 불길 속에서 그들은 놀랄 만한 인내력을 보여주었다.

"눈이 불꽃 같으신" 그리스도로부터 이토록 놀랍고 당당한 칭찬을 받았기에 에베소 교회는 마땅히 자축할 근거들을 갖고 있었다. 그 이상 무엇을 기대하겠는가? 만일 우리 교회가 이러한 칭찬을 받는다면 얼마나 기쁘겠는가? 하지만

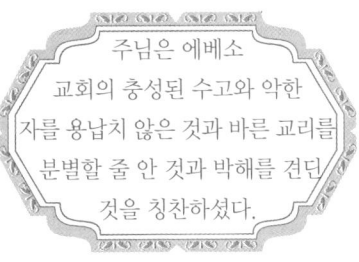
주님은 에베소 교회의 충성된 수고와 악한 자를 용납치 않은 것과 바른 교리를 분별할 줄 안 것과 박해를 견딘 것을 칭찬하셨다.

그리스도의 감찰하시는 눈은 깨끗한 외형 속에 감추어진 치명적인 결점을 보았다. 경청하시는 주님의 귀는 예배의 하모니 속에서 빠진 음을 간파하셨다.

책망

"그러나 너를 책망할 것이 있나니 너의 처음 사랑을 버렸느니라." 처음 사랑을 버렸느니라! 주님의 예언의 말씀은 이미 실현되었다(마 24:12). 언뜻 보면 다른 많은 훌륭한 점들에 비해 이 부분은 별로 중요하지 않은 듯 보일 수 있다. 그러나 이런 시각은 대단히 피상적이다. 만약 남편이 아내에 대한 처음 사랑을 버린다면 그 아내에게 있어 이것이 작은 일일까? 만일 남편이 그의 사랑을 거둔다면 아름다운 집과 많은 은행 잔고, 좋은 사회적 지위는 그녀에게 마치 재와 같은 것에 불과하다. 어떤 괴로움도 짝사랑의 고통처럼 아프진 않을 것이다.

이 충성되고 적극적이며 바른 교리를 지킨 교회의 역사 속에 그리스도에 대한 첫사랑이 식도록 만드는 어떤 위기가 찾아왔던 것처럼 보인다. 너무 선한 일에 열중한 나머지 그리스도에 대한 사랑이 식었던 것일까? 니골라당의 행위를 미워하느라 너무 바빠서 그리스도를 사랑하는 일을 멈췄던 것일까? 그리스도에 대한 사랑을 잃는 것은 결코 가벼운 일이 아니다. 새롭게 세워진 데살로니가 교회의 역사와 수고와 인내에는 그것을 가능케 한 믿음, 사랑, 소망이 있었다. 그러나 2세대로 넘어온 에베소 교인들에게는 믿음과 사랑과 소망은 도중에 사라져 버렸고 남은 것은 역사와 수고와 인내뿐이었다. 동기가 없는 그들의 사역은 짐이 되었고 전통에 따른 관행은 생명력을 잃었다. 이러한 행동들이 영원한 영적 가치를 갖기 위해서는 그리스도에 대한 열렬한 사랑이 필요하다. 수고와 열심, 자기 희생 조차도 사랑을 대신할 수는 없다.

사람들은 그리스도에 대한 사랑을 잃은 것을 그리 심각하게 생각하지 않는다. 그러나 주님께서는 이것을 매우 중요하게 여기신다. 만약 그것을 회개하지 않으면 교회는 증인으로서의 사명을 감당하지 못할 것이다. 그리스도에 대한 사랑을 잃어버린 것은 다름 아닌 교회의 존재 목적에서 실패한 것이다.

> 그리스도에 대한 사랑을 잃어버린 것은 모든 것을 잃은 것과 같다.

충고

제일 먼저 주님께서는 교회들에게 이것을 기억하라고 요청하신다. "그러므로 어디서 떨어진 것을 생각하고"(5절). 뒤를 돌아 보는 시간이 있은 후에 앞을 보는 시간이 있다. 기억은 사용될 때 유익한 역할을 한다. 우리는 언짢거나 달갑지 않은 사실이나 진실을 잊어버리는 엄청난 재주가 있다. 만일 우리가 처음 구원받았을 때보다 지금 그리스도를 덜 사랑한다면, 주님께서는 우리에게 떨어졌다고 말씀하실 것이다. 우리가 큰 죄악으로 떨어지지는 않았다 할지라도 그리스도의 사랑으로부터 떨어진 것이다. 그리스도를 향한 우리의 사랑이 현재보다 더 열정적이고 희생적인 때가 있었는지 한 번 뒤돌아 보라. 명령법인 "기억하라"는 말씀에서 보는 바와 같이 주님께서는 우리에게 기억을 하라고 명령하고 계시다. 사랑은 나중보다는 처음에 더 잘 드러나는 것이 사실이지만, 사랑은 성숙해가면서 더 깊고 더 강하게 된다. 이런 경험을 한 적이 있는가?

예레미아의 예언은 신랄한 내용을 담고 있다. "여호와의 말씀이 내게 임하니라. 이르시되 가서 예루살렘 거민의 귀에 외쳐 말할지니라. 여호와께서 이같이 말씀하시기를 네 소년 때의 우의와 네 결혼 때의 사랑 곧 씨 뿌리지 못하는 땅, 광야에서 어떻게 나를 좇았음을 내가 너를 위하여 기억하노라"(렘 2:1-2). 하나님께서는 당신을 향한 열정적이고도 따뜻했던 자기 백성들의 처음 사랑 즉, 자기 자신을 버린 희생적이었던 사랑을 슬픈 즐거움으로 기억하셨다. 그러나 이제 그 빛은 희미해졌다. 주님께서는 그리워하는 슬픔을 띠고 그 사랑의 네 가지 아름다운 특징을 회상하셨다.

주님께서는 그들이 보여준 '사랑의 우의'를 기억하셨다. "네 소년의 때의 우의… 를 기억하노라." 그들에게는 다른 어떤 사람이나 다른 어떤 것보다도 주님을 더 사랑했던 어린 시절이 있었다. 주님의 감정에 대하여 민감하고 걱정하던 때가 있었다. 그들이 크고 작은 모든 일에 있어서 주님을 생각하고 주님의 의견을 묻던 때가 있었다. 모든 행동의 시금석은 "이것이 하나님을 기쁘게 할 것인가?"이었다. 그러나 삶의 중심이 변하면서 그 질문은 "이것이 나를 기쁘게 할 것인가?"로 바뀌지 않았는가? 관계를 바르게 하는 것만으로는 사랑의 우의를 대신하지 못한다.

처음 구애를 할 때 그들이 보여준 '헌신적인 사랑'이 하나님의 기억 속에는 생생했다. "네 결혼 때의 사랑… 을 기억하노라." 새로 눈 뜬 사랑은 매우 아름다운 것이다. 허드슨 테일러(Hudson Taylor)가 기차로 프랑스를 여행하고 있었을 때, 한눈에 보기에도 신혼부부인 한 젊은 커플이 객실로 들어왔다. 그들은 다른 승객들을 전혀 염두에 두지 않았다. 신부는 사랑하는 사람의 얼굴에서 거의 눈을 떼지 못했다. 그녀는 모든 행복을 기대하고 있었다. 그들은 서로에게 완전히 푹 빠져 있었다. 테일러는 이렇게 말하였다. "내 심장이 크게 울부짖는구나. 오! 내가 내 주님을 저렇게 사랑했었는데!"

하나님께서는 그들의 사랑이 '주님만을 향했던 것'을 고마워하며 회상하셨다. "나를 좇았음을." 하나님께서 그들의 삶의 중심이셨고 모든 일은 하나님을 중심으로 돌아갔다. 하나님을 향한 헌신이 삶의 원동력이었다. 그러나 이제는 "주님"이 "그것"으로 대체되었다. 주님께 대한 헌신이 주님의 일에 대한 헌신으로 타락되기는 너무나도 쉬웠다.

네덜란드에서 박해가 맹렬할 때, 젤린 디 뮬러(Geleyn de Muler)는 신앙을 버리고 성경 읽는 것을 그만 둘 것을 명령 받았다. 그렇지 않으면 화형을 당하게 될 것이라고 했다. 그는 아내와 네 명의 자녀들이 있었다. "자네는 아내와 아이들을 사랑하는가?" 티텔만(Titelman)

이 물었다. "만약 하늘이 진주이고 이 땅이 순금으로 만든 공이며, 내가 이 모든 것의 주인이라 할지라도 내가 나의 가족을 위해 이 모든 것을 기쁨으로 포기할 것임을 하나님께서는 아십니다. 비록 우리의 식탁에 빵과 물 뿐이라 해도, 내가 나의 가족을 위해 이 모든 것을 기꺼이 포기할 것임을 하나님께서는 아십니다. 하지만 그리스도만은 포기할 수 없습니다." 그는 결국 화형을 당해 순교하였다.

하나님께서는 그들의 '사랑의 희생'을 잊지 않으셨다. "씨 뿌리지 못하는 땅, 광야에서 어떻게 나를 좇았음을… 기억하노라." 그들의 사랑은 계산적이지 않은 사랑, 즉 희생을 감수할 준비가 되어 있는 사랑이었다. 그들이 처음 헌신을 다짐하였을 때, 그들은 주님과 함께 할 수만 있다면 모든 것을 기꺼이 희생하려 하였다. 왜냐하면 사랑한다면 가장 견디기 힘든 것이 바로 멀리 떨어져 있는 것이기 때문이다. 주님과 함께 할 수 있다는 것만 보장된다면, 그들에게 외로움, 박탈, 굶주림, 가난은 전혀 두려움의 대상이 되지 않았다. 광야 즉, 유혹과 시험의 장소는 그다지 매력적인 곳이 아니다. 그곳은 "씨 뿌리지 못하는 땅"이었으며, 안전이나 미래가 보장되지도 않은 곳이었다. 하지만 이것도 그들의 사랑의 열정을 사라지게 할 수는 없었다. 추수하리라는 확신도 없고 미래에 대한 보장도 없었지만, 이 모든 것에도 불구하고 그들은 그곳에서 주님을 좇았다. 하나님께서는 오

> 주님께서는 우리의 우의와 헌신적인 사랑과 희생과 주님만 바라보았던 그 순간을 슬프게 기억하신다.

직 당신과 함께 하기 위해 다른 모든 사랑과 미래를 포기했던 그들의 사랑의 우의를 깊은 기쁨으로 기억하셨다.

다음으로 그리스도께서는 에베소 교회에게 '회개'하라고 요구하셨다(5절). 주님께서는 너무 늦기 전에 즉시 마음과 태도와 행동을 바꾸라고 명령하셨다. 이것은 지성과 의지가 결합된 말이다. 에베소 교인들이 그리스도에 대한 사랑으로부터 떨어져 나온 죄를 인정하고 미안하게 생각하는 것만으로는 충분하지 않았다. 그들은 다시 주님과 새롭게 사랑에 빠져야 했다. 그리고 이렇게 할 수 있는 능력을 그들은 가지고 있었다. "너의 처음 사랑을 버렸느니라"는 표현은 사랑을 잃은 어느 결정적인 시점을 나타내고 있다. 순례자는 자신이 잃어버렸던 성경을 그가 놓아두었던 바로 그곳에서 발견했다. 어쩌면 우리도 첫 사랑을 잃은 바로 그곳으로 되돌아 가보아야 할 것이다.

마지막으로 주님께서는 그들에게 '개혁'을 명하신다. "처음 행위를 가지라." 이것도 명령법이다. 그들은 예전에 했던 일들을 다시 시작해야 한다. 즉 그리스도를 사랑하는 마음을 새롭게 덧입어야 한다. 사랑은 감정의 문제인 동시에 의지의 문제이다. 바르게 조정되고 나면 사랑은 다시 돌아올 것이다.

그리스도께서는 당신의 명령을 엄중한 경고로 강조하셨다. "회개하여 처음 행위를 가지라 만일 그리하지 아니하고 회개치 아니하면 내가 네게 임하여 네 촛대를 그 자리에서 옮기리라"(5절). 확실히 이 명령은 얼마간 효과가 있었으며 그리스도에 대한 사랑은 에베소 교회에 다시 나타났다. 하지만 그것은 그리 오래 가지는 못했다. 증거의 촛대는 꺼졌으며 역사는 그 결말을 말해 준다. 지금의 에베소는 이전의 영광의 폐허 위에 남겨진 누추한 마을일 뿐이며, 기독교적인 증거는 남아있지 않다. 트렌치(Trench)는 그 마을에서 단 세 명의 그리스도인을 찾았는데, 이들도 너무 무지하여 바울이나 요한의 이름을 들어본 적도 거의 없더라고 기록하고 있다.

이 편지는 우리 시대의 교회들에게 주는 현재적인 메시지와 경고를 담고 있다. 교회에서 그리스도에 대한 사랑의 열정 대신 그 자리에 다른 것들이 자리하고 있다면 신도들은 그대로 남아있을지 몰라도 실제로 그 촛대는 이미 옮겨진 것이다. 그 교회는 살았다 하는 이름은 가졌으나 죽은 것이다.

보상

이 편지는 부정적인 말씀으로 맺지 않고 보상의 약속으로 끝나고 있다. 칭찬으로 시작하여 보상으로 마친다. "이기는 그에게는 내가 하나님의 낙원에 있는 생명나무의 과실을 주어 먹게 하리라"(7절). 여기에 주님의 훈계와 경고에 순종하는 자에게 주는 영광스런 약속이 있다. 이기는 자는 에베소 교인들이 유혹에 넘어갔던 우상에게 바쳐진 음식보다 더 좋은 것을 받게 된다. 그는 에덴 동산에서 아담에게 금지되었던 생명나무에 자유로이 다가갈 수 있게 될 것이다. 그는 생명나무의 과실 즉, 그리스도로 인하여 살아가게 될 것이다.

"한 사람의 범죄를 인하여 사망이 그 한 사람으로 말미암아 왕노릇 하였은즉
더욱 은혜와 의의 선물을 넘치게 받는 자들이 한 분 예수 그리스도로 말미암아
생명 안에서 왕노릇 하리로다" _ 로마서 5장 17절

Spiritual_Maturity

A Reigning Life Through Christ

그리스도의 통치

[말씀 읽기: 로마서 5장 12-21절]

"생명 안에서 왕노릇 하리로다." 바울이 이 짧은 말로 표현한 그리스도인의 삶은 얼마나 매력적인가! 바울이 여기서 말한 왕은 오늘날 우리가 알고 있는 입헌 군주제적 의미가 아니다. 오늘날에는 실질적인 권력은 의회나 수상이 가지고 있고 왕이나 여왕은 주로 상징일 뿐이다. 그러나 과거에는 왕이 절대적이며 독재적인 권력을 가지고 있어서 만일 왕이 선하면 선정을, 악하면 폭정을 행하였다. 이런 왕권에 대한 이해로 보아야 바울이 말한 의미가 분명해진다. 그러나 우리는 바울이 말한 이러한 매력적인 그리스도의 삶을 실제적으로는 거의 살지 못하고 있다.

대립하고 있는 통치권

로마서 5장에는 네 영역이 언급되어 나타난다.

"아담으로부터 모세까지… 사망이 왕노릇 하였나니"(14절).

"죄가 사망 안에서 왕노릇 한 것 같이"(21절).

"은혜도 또한 의로 말미암아 왕노릇 하여"(21절).

"은혜와 의의 선물을 넘치게 받는 자들이… 생명 안에서 왕노릇 하리로다"(17절).

바울은 인간의 영혼을 빼앗기 위해 끊임없이 대립하는 두 왕조가 있다고 말한다. 하나는 죄와 죽음의 왕조이며 다른 하나는 은혜와 의의 왕조이다. 그리스도인은 이 두 왕조 사이에 서 있고, 그의 결정에 따라 어느 왕조가 주도권을 잡게 될 지가 결정된다.

우리는 의심할 여지 없이 하나님의 목적과 섭리에 맡겨져 있다. "[그들이]… 생명 안에서 왕노릇 하리로다." "은혜도 또한… 왕노릇 하여." 하나님께서는 당신의 자녀들이 패배자의 삶이 아닌 승리자의 삶을 살도록 계획하신다. "우리 주 예수 그리스도로 말미암아 우리에게 이김을 주시는 하나님께 감사하노니"(고전 15:57). 그 모습은 출정하여 승리하고 돌아와 그 황제와 온 나라로부터 높임을 받는 한 왕의 모습이다.

성경에서 이상적으로 묘사된 삶과 대부분의 그리스도인들이 살아가는 삶 사이에는 엄청난 모순이 있다. 어떤 이들은 영적으로 풍족한 삶을 누리지만 어떤 이들은 항상 최저 생활 수준으로 지내며 영적인 빈곤 상태에서 살아간다. 어떤 신자들은 존재하고, 어떤 신자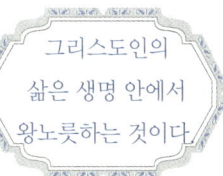
들은 살아가며, 몇몇 신자들은 다스린다. 우리 삶의 수준을 결정짓는 것은 바로 우리 자신이다. 죄의 노예로 살아갈 지, 아니면 의로움의 왕노릇 할 지를 결정하는 것이다.

왕의 특권

왕이라는 개념은 보통 바람직한 성품과 연관되어 있다. 영국 여왕을 보면, 비록 그녀가 바울 시대의 절대적인 권력을 행사하지는 않을지라도 우리는 그녀의 통치로부터 고귀한 성품을 기대하며 또 발견하게 된다. 왕족 혈통에 대한 자각과 엄격한 자기 수양을 통해 그녀는 자신의 고귀한 위치에 어울리는 기품과 태도를 만들어 냈다. 우리는 그녀에게서 매력적인 인격을 기대하는데, 이것 역시 우리를 실망시키지 않는다. 그녀는 부자나 가난한 자 모두에게 똑같이 자비로운 관심을 보인다. 순회 시찰을 할때, 아무리 힘들고 피곤해도 그녀는 자신의 매력과 쾌활함을 잃지 않는다. 또한 그녀는 왕으로서의 권위를 사용함으로써 그 권위를 인식하고 있다. 그녀를 만나는 사람들은 누구나 그녀의 권위를 의식하고 무례한 행동을 하지 않는다. 그녀는 소유의 제한도 없다. 바라는 것은 무엇이든 소유할 수 있다. 옷이나 보석을 사는 데 아무리 돈을 써도, 아직도 무제한적인 자원이 있다.

적어도 이론적으로는 구속받지 않는 자유를 누린다. 모든 땅이 그녀의 것이며, 다른 사람들은 그녀의 허락이 있을 때에만 그것을 사용할 수 있다. 그녀는 가고 싶은 곳 어디나 갈 수 있으며, 그녀의 영토 어디에서든 그녀가 하고 싶은 것을 다 할 수 있다.

이러한 생생한 묘사들은 매력적인 그리스도인의 삶을 보여주지 않는가? 고결함, 매력, 권위, 부, 자유! 만왕의 왕이신 우리 하나님께서는 당신의 모든 자녀들이 이러한 영적인 신분과 특권을 누릴 수 있으며 또 누려야 한다고 말씀하신다. 만일 우리가 이런 영적인 신분과 특권을 누리고 있지 못하다면, 그것은 이런 것들이 우리의 손이 닿지 않는 곳에 있기 때문이 아니라 단지 우리가 우리의 특권에 미치지 못하는 삶을 살아가고 있기 때문이다. 하나님께서는 당신의 선물을 언제나 아낌없이 주신다. 만약 그것이 하나님께서 주시는 사랑이라면, 그것은 "지식에 뛰어난 사랑"이다. 혹 그것이 기쁨이라면, 그것은 "말할 수 없는 영광스러운 즐거움"이다. 혹 평화를 주신다면, 그것은 "모든 지각에 뛰어난… 평강"이다. 우리 하나님께서는 최상의 하나님이시다.

> 하나님이 주시는 선물은 언제나 최고의 것이다.

그러나 우리는 어떠한 수준으로 살고 있는가? 우리는 항상 "넉넉히 이기지는" 못한다. 우리는 우리 자신과 우리의 환경과 우리의 죄악을 다스리는 대신 이런 것들의 지배를 받을 때가 많이 있다. 왕족의 의상을 입는 대신 우리는 우리의 낡은 신문지를 입고 있다. 클로우(W.M. Clow)박사는 이렇게 기록했다. "이것은 모든 사람이 공감할 수 있는 경험은 아니라는 것을 나는 아주 잘 알고 있습니다. 어떤 사람은 감히 꿈도 꾸지 못하는, 어떤 이들은 얻으려고 바라지도 않는 그런 행복의 범주일 것입니다. 우리 모두는 필요 이상으로 낮은 수준의 삶을 살고 있습니다."

왕권의 주체

다스린다는 것은 주체가 있음을 의미한다. 다스리는 주체가 누구인가? 죄와 죽음은 인격을 누르는 힘의 통치이다. 은혜와 의는 힘을 누르는 인격의 통치이다. "[그들이] 왕노릇 하리로다." 모든 힘을 다스릴 수 있는 왕권이 이미 우리에게 주어졌다.

✤ 죄 _ "죄가 너희를 주관치 못하리니." 만일 우리가 아직도 죄의 지배 아래 살고 있다면, 그것은 우리가 벗어나는 방법을 모르거나 혹은 내면 깊은 곳에서 벗어나기를 원치 않기 때문이다. 이것은 그리스도의 죽으심과 부활하심, 그리고 성령님의 내주하심이 우리를 온전히 해방시킬 수 없기 때문이 아니다. 바울은 "사망이 다시 그를 주장하지 못할 것"이기 때문에 "죄가 너희를 주관치 못할 것"이라고 말했다(롬 6:9,14). 죄가 우리를 움켜쥐고 영적인 삶을 질식시킨다. 하지만 우리는 모든 형태의 죄악들을 다스릴 수 있다. 더 이상 우리의 특별

한 약점 때문에 우리의 영적 경험을 망칠 필요가 없다.

❖환경 _ 우리는 환경을 지배하거나 혹은 환경의 지배를 받는다. 그 중간은 없다. 우리가 환경의 놀이감이 되거나, 아니면 환경이 우리의 지배대상이 된다. 로마서 8장 끝부분에서 바울은 신자들이 처할 수 있는 최악의 환경을 나열하고 있다. 환난이나 곤고나 핍박이나 기근이나 적신이나 위협이나 칼이 바로 그것들이다. 그리고 이어 "그러나 이 모든 일에 우리를 사랑하시는 이로 말미암아 우리가 넉넉히 이기느니라"고 덧붙이고 있다(롬 8:35,37). 그리스도의 승리가 우리의 승리가 될 때 더 이상 육체의 약함을 용인할 필요가 없다.

❖좌절 _ 오늘날 이 단어는 심리학 용어에서 매우 널리 쓰인다. 왜냐하면 이 말은 그리스도의 주권을 받아들이지 않은 채, 삶은 무의미하며 헛되다는 것을 발견한 많은 사람들의 특징으로 나타나기 때문이다. 하나님의 뜻을 받아들인 사람은 좌절할 필요가 없다. 그것은 예수님의 탄생 이전에 예언되었고 주님의 삶을 통해 충분히 증명되었다. "나의 하나님이여, 내가 주의 뜻 행하기를 즐기오니"(시 40:8). 이것은 좌절처럼 들리지 않는다. 삶의 가장 중요한 목적을 하나님의 뜻을 행하는 것에 둘 때 삶은 끝없는 기쁨과 즐거움의 근원이 될 것이다.

❖불완전함 _ 우리가 영적 궁핍의 이유로 내세우는 것들이 사실은 큰 축복일 수 있다. "심령이 가난한 자-즉, 불완전한 자-는 복이 있나니." 주님께서 말씀하신다. 그러나 불완전함은 우리가 스스로 불완

전함을 알고 그로 인해 그리스도의 무제한적인 자원을 의존할 때에만 축복이 된다. 모세가 배웠던 것처럼 우리의 부족함을 변명삼는 것은 하나님을 기쁘시게 하지 못한다. 하나님께서 어떤 임무를 맡기실 때에는 그 일을 이루는데 필요한 모든 것들도 함께 주신다. 바울은 이렇게 증언했다. "내게 능력 주시는 자 안에서 내가 모든 것을 할 수 있느니라."

❖감정 상태 _ 우리의 감정은 어떤 독재자보다도 더 포학할 수 있고, 내 주위에 있는 사람들은 세상에서 가장 지독한 가정들일 수도 있다. 많은 가정들이 폭력과 불화에 시달리고 있다. 이것은 가족 중 누군가가 자신의 감정을 통제하는 법을 모르기 때문이다. 그들은 가는 곳마다 이런 "분위기"를 퍼뜨린다. 다른 가족들은 그들의 기분을 살피느라 늘 조바심을 낸다. 그러나 우리는 **감정**이란 **책임**을 져야 하는 것임을 기억해야 한다. 감정은 우리의 내면 상태를 반영한다. 만일 우리 자신이 미숙하다면 우리의 감정도 역시 미숙할 것이다. 만일 우리의 중심이 주님과의 관계에 있어서 올바르다면 다른 사람과의 관계도 올바를 것이다. 우리는 감정의 영역이 아닌 의지의 영역에 살아야 한다. 통치는 감정적 상태가 아니다. 통치는 특권을 목적을 가지고 행사하는 것이다. 하나님께서는 우리가 보좌에 올라 우리의 감정을 다스려야 한다고 말씀하신다.

❖두려움 _ 두려움은 종종 현실에 근거를 두긴 하지만 주로 이름도 없고 형체도 없는 그 무엇일 때가 더 많다. 어떤 이들은 모든 것을 두

려워한다. 그들은 사람을 두려워하며, 과거와 미래를 두려워한다. 그들은 알지 못하는 모든 것을 두려워한다. 그들은 책임이 따르는 것이나 결정을 하는 것을 두려워한다. 그렇지만 "두려움에는 형벌"이 있다(요일 4:18). 하지만 영광스럽게도 우리에게는 이 모든 두려움을 극복할 가능성이 있다. 왜냐하면 "그가 친히 말씀하시기를 내가 과연 너희를 버리지 아니하고 과연 너희를 떠나지 아니하리라 하셨느니라. 그러므로 우리가 담대히 가로되 주는 나를 돕는 자시니 내가 무서워 아니하겠노라"고 기록되어 있기 때문이다. 두려움을 극복하는 두 가지 근거를 말하고 있다. 바로 하나님께서 함께하심을 확신하는 것과 주님께서 우리를 도우신다는 확신이다. 연약한 사람의 의지 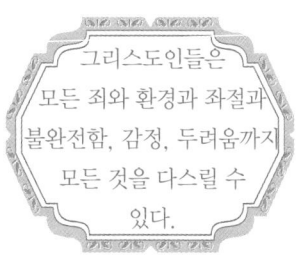 를 강하게 해 주시기 위해 하나님께서는 영원부터 영원까지 계신다.

왕의 자원

"족하도록 부어주시는 은혜." "값없이 주시는 의의 선물." 하나님의 은혜가 우리의 필요보다 더 풍족하다는 사실에 대해 우리는 지적으로는 동의할 수 있을지 모른다. 그러나 경험상으로는 완벽하게 거짓일 수 있다. 자원들은 사용이 가능하지만, 아직까지 사용되어지지 않았을 수도 있다.

"왕처럼 사는 것", "생명 안에서 왕노릇 하는 것"은 절대 그리스도와 분리될 수 없다는 사실에 주의해야 한다. 바울은 이것을 아주 명료하게 기술하고 있다. "한 분 예수 그리스도로 말미암아 생명 안에서 왕노릇 하리로다." 우리가 생명 안에서 왕노릇 하는 것은 주님이 우리 안에서 통치하시는 직접적인 결과이다. 만일 주님께서 우리 안에서 왕노릇 하시면, 우리는 생명 안에서 왕노릇 하게 된다. 주님께서는 우리가 당신의 전리품들을 사용할 수 있도록 이미 허락하셨다. 유일한 차이는 그것을 받아들이냐 그렇지 않느냐이다.

우리는 이렇게 질문을 할지도 모른다. 이 자원이 모든 그리스도인에게 허락된 것이라면 왜 많은 그리스도인들의 삶 속에 그 증거가 나타나지 않을까? 머리는 풍부한데, 몸은 가난할 수 있을까? 그럴 수 있다. 혈액이 제대로 흐르지 못할 때 그렇게 된다. 믿음은 영적인 삶의 혈액이며 믿음이 제대로 작용하지 못할 때에 영적인 빈곤이 피할 수 없는 결과로 나타나게 된다.

왕권의 비밀

"… 받는 자들이 … 생명 안에서 왕노릇 하리로다." 바울은 단언한다. 받는 것과 왕노릇 하는 것은 샴 쌍둥이와 같다. 둘이 떨어져서는 어느 쪽도 살아갈 수 없다. 하나님께서 짝지어 주신 것을 사람이 가르지 못한다. 어떤 이는 영적 유아로 남아 있는 동안 어떤 이는 영적인 거인으로 성장했다면, 그는 다른 사람들이 하나님의 족한 은혜를 자신의 것으로 사용하지 않은 채 놓아 둘 동안 자신은 그것을 잘 받았기 때문이다.

자신의 것으로 소유한다는 것은, 하나님께서 행하신 일들을 받아들이고 그것을 자신의 실제 경험으로 바꾸는 것이다. 이것은 "약속하신 그것을 또한 능히 이루실 줄을 확신"하며 하나님의 약속들을 요구하는 것이다. 그것은 "믿음이 없어 하나님의 약속을 의심치" 않는 것이다. 우리 각 사람은 과거에 살았던 위대한 성인들과 동일한 영적 자원을 가지고 있다. 우리가 "왕들처럼 사는 것"과 "생명 안에서 왕노릇"하는 정도는 우리가 그 자원들을 끌어와서 우리의 현재 경험으로 얼마만큼 바꾸느냐 하는 정도에 달려 있다. 탕자 비유에서 우리 주님께서는 훌륭한 아버지가 "그 살림을 [그들에게] 각각 나누어" 준 것 즉, 큰아들과 작은 아들에게 똑같이 재산을 나누어 준 것을 분명히 말씀하셨다. 하지만 큰아들은 불평하였다. "내게는 염소 새끼라도 주어 나와 내 벗으로 즐기게 하신 일이 없더니." 그 차이는 상속을 받는 것에 있었던 것이 아니라 자신의 것으로 만드는 것에 있었다. 적어도 탕자는 아버지께서 자신에게 주셨던 것을 받음으로써 그 아버지에게 경의를 나타냈다.

우리가 영적인 축복들을 누리는 것은 우리가 받은 축복을 우리의 것으로 만들 때에 가능하다. 우리가 바라고 소망하고 혹은 부탁한 것을 누리는 것이 아니다. 오직 받은 것을 즐기며

> 축복은 이미 주어졌지만, 그것을 받아들일때만 누릴 수 있다.

누릴 뿐이다. 우리는 삶의 모든 영역에서 왕노릇하기를 열망할 수 있다. 그러나 이것은 우리가 "받는 자는… 왕노릇 하리라"는 주님의 분명한 약속을 받아들일 때에만 우리 것이 될 수 있다.

필라델피아 시청 꼭대기에는 펜실베니아 주의 설립자인 퀘이커교의 창립자 윌리엄 펜(William Penn)의 동상이 세워져 있다. 그는 인디언들과 매우 잘 지냈는데, 하루는 인디언들이 그의 친절함에 대한 답례로 그가 하루 동안 걸을 수 있는 땅을 모두 그에게 주겠다고 약속했다. 그는 그들의 말을 그대로 받아들였다. 다음날 그는 새벽부터 일어나 하루 종일 걸었다. 밤 늦게 그가 돌아왔을 때 인디언들은 웃으며 말했다. "백인 양반께서 오늘 아주 오래 걸은 모양이구려." 하지만 그들은 자신들의 약속을 지켰고 펜(Penn)은 지금의 필라델피아 시가 되는 모든 땅을 받았다. 하나님께서 이들보다 자신의 약속에 덜 신실하실까?

위에서 예로 든 '돈'이나 '땅'은 실체가 있지만 영적인 축복은 실체가 없기에 그것들을 자신의 것으로 만드는 것은 더 어렵다고 반박할지도 모른다. 그렇다고 계속해서 눈에 보이지 않는 것들을 붙잡지 않을 것인가? 사랑을 아낌없이 받아도 그것을 믿고 받아들이기 전까지는 누릴 수 없다. 아무 대가 없이 용서를 받을 수 있을지는 모르지만, 그것을 믿고 받아들이기 전까지는 어떤 해방감도 누리지 못한다. 우리 주님께서는 "너희 믿음대로 되라"고 말씀하심으로써 영적인 삶에 있어서 불변의 법칙을 선언하셨다. 당신은 당신이 받아들이는 것만 얻게 될 것이다.

고(故) F.B. 메이어(F.B. Meyer) 박사는 많은 아이들 앞에서 연설을 하고 있었다. 아이들은 우왕좌왕하고 있었고 그의 인내심은 급속도로 한계점을 향해 치닫고 있었다. 그는 자신의 실패가 부끄러웠지만 아무것도 할 수가 없었다. 최후의 순간에 그는 마음속으로 절규했다. "주여, 당신의 인내심을!" 그 순간 마음을 진정시키는 그리스도의 인내가 무더기로 그의 마음속으로 쏟아지는 것을 느꼈다. 모든 분노와 불쾌감이 씻은 듯이 사라졌고 그는 그 모임을 은혜롭게 잘 마칠 수 있었다.

이 경험은 너무 강렬했고 분명했다. 그리고 그 해방감이 너무 완벽해서 그는 값진 비밀을 발견했다는 것을 알게 되었다. 그 후로도 그는 같은 방법을 사용했다고 증언하였다. 그는 계속하여 "주여, 당신의…!"라는 말을 써서 그 빈칸에 자신이 필요한 어떤 것이든 삽입하였다. 외로울 때면, "주여, 당신의 함께하심을!" 두려움이 엄습할 때면, "주여, 당신의 평안을!" 불순한 생각이 유혹할 때면, "주여, 당신의 순결함을!" 다른 사람을 비판하고 싶은 생각이 들 때는, "주여, 당신의 사랑을!" 하나님께서는 그에게 "생명과 경건에 속한 모든 것"을 주셨고 그는 필요할 때마다 그것을 자신의 것으로 사용하였다. 그는 그리스도께서 자신의 모든 필요를 채워주시는 것을 발견하였다. 우리도 그렇게 증명하겠지만, 그는 얻기를 간구하는 믿음과 자신의 것으로 붙드는 믿음 사이에는 막대한 차이가 있다는 것을 보여주었다. 받아들이는 자만이 생명 가운데서 왕노릇 할 것이다.

The Spirit—The Breath of God

III

"홀연히 하늘로부터 급하고 강한 바람(breath) 같은
소리가 있어…"_ 사도행전 2장 2절

Spiritual_Maturity

The Spirit - The Breath Of God

성령: 하나님의 호흡

[말씀 읽기: 요한복음 20장 19-23절, 사도행전 2장 1-4절]

'많은 그리스도인들이 부활절과 오순절 사이에 끼어있다.' 이러한 영적 진단은 나 자신에게도 주의 깊게 적용해 볼 가치가 있다. 오순절 사건은 그리스도께서 약속하신 능력을 받은 사건이다. 이 경험까지 나아가지 않더라도 그리스도인이라면 그리스도가 부활하셨다는 그 사실로 인해 기뻐할 수 있다. 그러나 왜 초대 교회가 행했던 영적 능력과 오늘날 교회에서 행하여지는 영적 능력 사이에는 엄청난 모순이 있는 것일까? 간단히 설명하자면, 뿌리 없이 열매를 얻을 수 없다는 것이다. 초대 교회의 업적은 초대 교회 성령 임재의 결과였다. 성경은 오늘날 기독교인들도 오순절 성령강림의 기쁨을 누릴 수 있

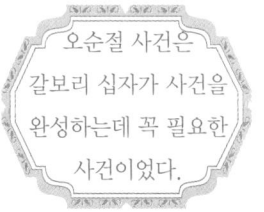
오순절 사건은 갈보리 십자가 사건을 완성하는데 꼭 필요한 사건이었다.

다고 분명히 보여주고 있다.

오순절 사건은 갈보리 십자가 사건을 완성하는 데 꼭 필요한 사건이었다. 신앙과 경험은 두 개의 초점이 되어 타원을 형성하며 돌아간다. 오순절 사건이 없었다면 갈보리 십자가 사건은 그 목적을 달성하지 못했을 것이며, 잃어버린 세상을 구원하는 데 전혀 효력을 발휘하지 못했을 것이다. 그것은 마치 값비싼 기계를 완성시키고 동력을 공급하지 않는 것과 같다. 우리 주님의 동정녀 탄생, 이 땅에서의 고결한 삶, 대속의 죽음, 승리의 부활 사건과 같은 구속의 기초가 되는 위대한 사실들은 40일 이상 걸려 완성되었다. 하지만 오순절까지 아무 일도 일어나지 않았다. 오직 오순절에 이르러서야 구속이라는 기계는 작동하기 시작했다.

오순절 사건은 하나님의 주권적인 목적과 그 목적 성취를 위해 하나님께서 택하신 자들의 영적 준비가 연합되는 것을 보여준다. 성령강림의 정확한 시기는 이미 수십 세기 전에 예언되어 있었다. 오순절(칠칠절) 절기는 유월절 절기 이후 50일 째 되는 날로 지켜져 왔다(레 23장). 따라서 오순절 사건은 "유월절 양인 예수 그리스도"가 우리를 위해 희생되신 후 50일 째 되는 날이어야 했다. 그리고 정말 그렇게 되었고, 그 일로 인해 수많은 축복들이 함께 성취되었다.

조나단 에드워즈(Jonathan Edwards)와 찰스 피니(Charles G. Finney),

이 두 사람은 지난 세기 가장 위대한 부흥사들이었다. 에드워즈는 부흥을 하나님의 주권적인 행동으로 보았다. 사람의 준비나 열정이 영향을 미칠 수 있는 영역이 아니라고 보았다. 이와 반대로 피니는 하나님께서는 언제나 부흥을 부어 주실 준비가 되어 있으며, 사람이 전심으로 준비하여 부흥을 누릴 준비가 되면 받을 수 있는 것이라고 말하였다. 오순절 사건은 이 두 주장이 한편으로는 옳고, 한편으로는 잘못된 것임을 보여준다. 성령께서는 오직 "오순절이 이미 이르매(행 2:1)"강림하셨다. 제자들 편에서 자신을 비우고 마음을 준비했다고 하더라도 성령 강림을 다른 날 일어나게 할 수는 없었을 것이다. 그러나 **하나님의 이 주권적인 행동은, 제자들이 철저하게 낮아지고 겸손해졌을 때 동시에 일어났다.** 마음이 준비되어 있지 않던 사람들에게는 성령이 임하지 않으셨다. 열흘간의 기다림과 기도는 "아버지가 약속하신 것(눅 24:49)"을 간절히 열망하게 했다. 하나님의 주권적인 목적과 사람의 필수적인 준비가 오순절에 이르러 무르익었고, 즉시 하나님의 개입이 뒤따랐다. "홀연히 하늘로부터" 세가지 초자연적인 현상이 나타났다.

"홀연히 하늘로부터 급하고 강한 바람 같은 소리가 있어 저희 앉은 온 집에 가득하며"(행 2:2). 이것은 공동체적인 경험으로서, 교회의 영적 정결과 신비로운 회복을 의미한다.

"불의 혀같이 갈라지는 것이 저희에게 보여 각 사람 위에 임하여 있더니"(행 2:3). 이것은 개인적인 경험으로서, 마음에 감동을 주고 힘을 주며 정결케 하시는 성령님의 사역을 상징한다.

"저희가 다 성령의 충만함을 받고 성령이 말하게 하심을 따라 다른 방언으로 말하기를 시작하니라… 이 소리가 나매 큰 무리가 모여 각각 자기 방언으로 제자들의 말하는 것을 듣고 소동하여"(행 2:4, 6). 이것은 그들이 성령 부음을 받았다는 증거였다. 바벨탑 사건과는 반대이다. 예전에 그들은 하나의 언어가 많은 언어로 바뀌는 것으로 인해 당황했었다. 이제 그들은 많은 언어가 하나가 되는 것으로 인해 혼란스러워한다.

예루살렘에 모인 무리들은 뭔가 불가사의한 일이 제자들에게 일어났음을 알았다. 이 놀랄만한 변화를 설명하려는 움직임 속에서, 어떤 조롱하는 자들은 "저희가 새 술이 취하였다"고 말하였다. 어렴풋이 진리에 가깝긴 했지만, 분명 그들의 말은 진리를 벗어나 있었다. 마치 이미 대답을 준비해 놓았던 것처럼 베드로는 한마디로 말했다. "맞습니다. 그들은 모두 취해 있습니다. 하지만, 그것은 세속적인 것 때문이 아닙니다. 그들이 취한 것은 다른 영 때문입니다"(행 2:14-18). 그들은 취했다. 하지만 그것은 악령의 술(Devil's Stimulant)이 아니라 신령한 격려(Divine Stimulus) 때문이었다. 사람들은 삶의 위기의 순간에 자신들이 너무 무능력하고 부족하다는 것을 알기 때문에, 대부분 술에 의지한다. 그들은 뭔가 외부로부터 오는 자극을 찾아야만 한다.

그러나 인간의 불완전함을 너무나도 잘 아시는 하나님께서는 이 세상의 필요를 위해서 충분히 대비해 놓으셨다. 사도 바울은 이것을 대조적으로 훈계하고 있다. "술 취하지 말라. 이는 방탕한 것이니 오직 성령의 충만을 받으라"(엡 5:18). 성령님이 우리의 신령한 격려가 되신다.

기다리던 제자들에게 성령강림이 가져온 변화의 정도는 어마어마 했다. 부활하신 그리스도는 그들에게 살아있는 실재가 되셨다. 그들은 마치 그리스도가 바로 그들 곁에 계신 것처럼 설교하였다. 그들은 익히 알고 있던 구약 성경의 의미에 대해 완전히 새로운 통찰력을 받았다. 그들의 설교는 권위가 있었고 예리했으며, 성령이 내려주신 그들의 말씀은 깊은 뉘우침을 불러일으켰다(행 2:37). 그들의 말씀을 들은 사람들에게 구원받고자 하는 마음을 주었으며, 아주 담대하게 말씀을 전하는 증인들이 되었다(행 4:31).

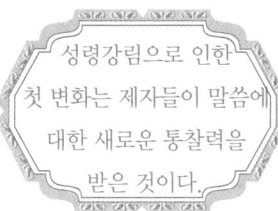

성령강림으로 인한 첫 변화는 제자들이 말씀에 대한 새로운 통찰력을 받은 것이다.

그들의 태도에 있어서 중요한 변화 가운데 하나는 바로 그들이 복음의 진보를 위해 기꺼이 낮아지려 했다는 것이다. 지금까지는 그들 사이에 서로 높은 자리를 얻기 위한 끊임없는 다툼이 있었다. 하지만 이제 그들은 예수 그리스도를 설교하는 한 가지 목적을 가진 헌신적인 팀이 되었다.

성령이 오심으로 인해 이와 같은 변화들이 초대 교회의 교인들 안에서도 일어났다. 어떻게 하면 우리의 삶 속에서 성령의 변화시키는 능력을 이처럼 체험할 수 있을까? 부활하신 주님께서 제자들에게 주신 첫 번째 말씀은 바로 이 질문에 답을 주고 있다.

"이날 곧 안식 후 첫날 저녁 때에 제자들이 유대인들을 두려워하여 모인 곳에 문들을 닫았더니 예수께서 오사 가운데 서서 가라사대… 이 말씀을 하시고 저희를 향하사 숨을 내쉬며 가라사대 성령을 받으라"(요 20:19-22).

제자들을 향해, 좀더 정확하게 말하면 제자들 안으로 숨을 내뿜으신 우리 주님의 상징적인 행동의 의미를 이해하기 위해서, 우리는 "성령"이라는 단어가 라틴어 스피리투스(spiritus: 숨, 호흡)로부터 유래되었다는 것을 알아야 한다. 우리는 숨을 들이킬 때 "inspire", 숨을 내쉴 때 "expire"라고 한다. "성령"으로 번역된 헬라어 프뉴마(pneuma) 역시 바람이나 호흡을 의미한다. "성령"을 지칭하는 히브리어 루아흐(ruach) 역시 동일한 의미를 갖고 있다. 욥은 동일 개념을 두 번 반복하는 히브리 시적 표현기법을 사용하여 이렇게 말했다. "하나님의 신이 나를 지으셨고 전능자의 기운이 나를 살리시느니라"(욥 33:4). 따라서 "전능자의 기운"과 "하나님의 신"을 동일한 것으로 보았다. 여기서 욥은 성경 전체에 걸쳐 시종일관 성령을 나타내는 비유적 표현을 사용했다.

> 성령께서는 하나님의 직접적인 감화력이며 하나님의 현존하시는 현현이다.

성령께서는 하나님의 직접적인 감화력이며 하나님의 현존하시는 현현이기 때문에 그렇게 불려진다.

태초의 무질서로부터 질서를 만든 것도 하나님의 호흡이었다(창 1:2). 사람은 하나님께서 그의 코에 생기(호흡)를 불어넣었을 때 생령이 되었다(창 2:7). 에스겔은 그가 하나님의 명령에 순종하여 "생기야, 사방에서부터 와서 이 사망을 당한 자에게 불어서 살게 하라"고 기도하였을 때, 생명이 없는 시체들이 살아 있는 군대가 되었음을 증언하였다(겔 37:9).

이런 일들을 염두에 두고, 이제 그리스도께서 하셨던 상징적인 행동을 생각해 보자. 예수님께서는 제자들에게 그들 능력의 근원을 생생하게 보여주셨다. 먼저 주님께서는 두 번 반복해서 평강을 나눠 주셨다(요 20:19,21). 그 다음에 위대한 임무를 위임하셨다. "아버지께서 나를 보내신 것 같이 나도 너희를 보내노라"(요 20:21). 뒤이어 성령을 주셨다. "저희를 향하사 [안으로] 숨을 내쉬며 가라사대 성령을 받으라"(요 20:22). 성령의 도움이 없이는 제자들은 주님께서 주신 임무를 수행할 수 없었을 것이다. 이것은 거대한 오순절 성령강림 사건의 축소판이었으며, 또한 우리에게 귀중한 것을 가르쳐준다. 이것은 마치 주님께서 말씀하는 것 같았다. "너희들이 할 일은 내가 너희에게 내쉬는 숨을 들이키는 것, 즉 내가 지금 보내는 성령을 받는 것이다. 성령님은 너희로 하여금 내가 부여한 임무를 완수케 할 능력이시다."

> 성령을 받는 것은 우리가 숨을 들이켜 공기를 빨아늘이는 것과 같다.

이 생생한 날숨과 들숨의 묘사는 성령을 받는 방법을 잘 설명해 준다. 제자들은 그리스도가 숨을 내쉬었을 때 숨을 들이켰다. 이것보다 더 단순한 설명이 있을 수 있을까? 오순절에 하나님께서는 숨을 내 쉬셨다. "하늘로부터 급하고 강한 바람[숨결] 같은 소리가 있어." 그들은 숨을 들이켰다. 그리고 그들은 "다 성령의 충만함"을 받았다. 숨을 들이키는 것은 단순하게 받아들이는 것과 같다. 우리가 숨을 들이켜야 생명을 공급하는 공기가 우리 안에 있게 된다. 마치 우리가 철을 불 속에 넣을 때, 그 화력은 철 안으로 들어오게 되고 그 철은 불의 독특한 특성을 갖게 되는 것처럼, 우리가 숨을 들이킬 때, 즉 성령을 받을 때 하나님의 고유한 성품들은 우리의 독특한 성품이 된다.

찰스 알렉산더(Charles Alexander)와 함께 전 세계에 강력한 전도 사역을 했던 유명한 미국의 복음전도자 윌버 체프만 박사(Dr. J. Wilbur Chapman)는 한때 자신의 사역에 열매가 없음을 인해 깊은 고민에 빠진 적이 있었다. "도대체 나에게 무슨 문제가 있는 건가?" 그는 메이어 박사(Dr. F. B. Meyer)에게 물었다. "수없이 나는 실패하고, 수없이 나는 무능함을 느낀다네. 도대체 그 이유가 뭐라고 생각하는가?" 메이어 박사는 조용히 대답했다. "혹시 자네 숨을 한 번도 들이키지 않고 세 번 연속 내뱉은 적이 있는가?" 체프만 박사는 더 이상의 설명을 들을 필요가 없었다.

  그러나 이미 성령이 다스리고 있는 이 시대에 또다시 성령을 받아야 할 필요는 없다고 주장할지도 모르겠다. 바울이 "누구든지 그리스도의 영이 없으면 그리스도의 사람이 아니라"(롬 8:9)고 한 것처럼 말이다. 물론 사실이다. 그러나 모든 신자들이 자신이 성령을 가졌다는 사실을 알고 있는 것은 아니다(요 14:17). 에베소에서 바울이 열두 명의 제자들을 만났을 때 물었다. "너희가 믿을 때에 성령을 받았느냐?" 그들은 바울에게 "아니라. 우리는 성령이 있음도 듣지 못하였노라"라고 대답했다(행 19:2). 만약 그들이 진정한 신자였다면 성령은 그들 안에 내재해 있었을 것이다. 하지만 그들은 그 사실을 몰랐기에 자신들 삶 속에서 성령의 사역이 주는 유익의 많은 부분을 누리지 못했다. 그들이 성령의 능력을 조금이나마 알게 된 것은 사도 바울이 등장했을 때였다. 바울이 고린도 교인들에게 "너희는 하나님의 성전인 것과 하나님의 성령이 너희 안에 거하시는 것을 알지 못하느뇨?"라고 물어야만 했던 것은 바로 이 무지 때문이 아니었을까? 모든 면에서 "성령을 받는 것"은 의식적인 결단과 관련되어 있다. 소유하는 것과 그 소유를 의식하는 것이 항상 같이 일어나는 것은 아니다.

  이것이 사실일진대, 우리의 삶 속에 있는 모든 불결한 것과 무가치한 것들을 내뱉는 것, 즉 숨을 내쉬는 것과 그 후에 성령의 절대적인 능력 안에서 스스로 성령님을 의식적으로 소유하는 것, 즉 숨을 들이키는 것은 우리가 해야 할 일이다. 성령님은 우리를 인도하시고, 통제하시고 능력을 주시는 구세주의 대표자로서 우리에게 오셨다. 우리가 숨을 뱉어낸 빈 공간으로 성령님을 받아들일 바로 그 때, 우리도 모르게 우리 안에 거하셨던 성령께서 비로소 그분의 은혜로운 사역을 행하실 수 있다.

> 불결한 것들은 내뿜고, 성령님을 의식적으로 소유하는 것, 그것은 우리의 역할이다.

나에게 입김을 내뿜으소서.
하나님의 호흡을 새롭게 내 삶에 채워주소서.
당신께서 진실로 사랑하는 것을 나도 사랑하게 하소서.
그리고 당신이 하시고자 하는 일을 하게 하소서.

15. 성령 : 하나님의 호흡

"우리가 다 수건을 벗은 얼굴로 거울을 보는 것같이 주의 영광을 보매
저와 같은 형상으로 화하여 영광으로 영광에 이르니
곧 주의 영으로 말미암음이니라"_ 고린도후서 3장 18절

Spiritual Maturity

The Transforming Power Of The Spirit

성령의 변화시키시는 능력

[고린도후서 3장 1-18절]

"어떻게 하면 그리스도의 형상을 덧입을 수 있을까?" 본문 말씀은 많은 사람들이 간절히 알기를 원하는 이 질문에 만족스러운 해답을 보여준다. 물론 이 질문에 오직 한 가지 대답만 있는 것은 아니다. 신앙 체험도 다양하고 축복을 받는 경험도 늘 같은 방식으로 이루어지는 것은 아니기 때문이다. 하지만 이 성경 말씀은 분명 그리스도의 형상을 닮을 수 있는 위대한 비밀 가운데 하나를 밝혀준다.

이 매력적인 말씀은 율법의 옛 언약과 은혜의 새 언약 사이에 극명한 대조를 그려낸다. 바로, 얼굴을 덮개로 가렸던 모세와 덮개가 치워진 성도의 차이이다. 전자가 없어질 영광이라면 후자는 탁월한 광채이다. 옛 언약은 자신의 힘으로 십계명에 명시된 하나님의 거룩함을 좇아 살라고 명했다. 물론 그 결과는 사람들에게 깊은 절망만을 안겨 주었다. 그러나 새 언약은 우리 인격의 변화는 나의 노력에 의해서가 아니라 믿음에 의해 또한 성도의 마음속에서 일어나는 성령의 역사에 의해 이루어진다고 말한다. 모세가 받았던 옛 언약은 죽음과 정죄의 수단이 되었으나 그리스도의 죽음으로 인해 알게 된 새 언약은 생명과 의의 수단이 되었다(7-8절). 옛 언약 아래 있던 모세는 자신의 열망을 이렇게 나타내었다. "원컨대 주의 영광을 내게 보이소서." 새 언약에서 이 열망의 실현이 드러난다. "우리가 다 수건을 벗은 얼굴로… 주의 영광을 보매 저와 같은 형상으로 화하여…."

객관적인 비전

"우리가 다 수건을 벗은 얼굴로 거울을 보는 것같이 주의 영광을 보매." 인격의 변화는 주관적인 자아 성찰에서부터 시작되는 것이 아니라, 영광의 주님과 주님의 영광을 객관적으로 보는 것으로부터 시작된다. "하나님께로서 나와서 우리에게 거룩함이 되신 예수 그리스도"(고전 1:30). 이 매혹적인 비전을 어디에서 볼 수 있을까? 밝게 빛나는 하늘에서가 아니라 말씀 안에서 볼 수 있다. 하나님의 말씀은 주님의 완벽한 인성과 흠 없는 성품, 주님의 독특한 인격과 중재 사역들을 드러낸다. "너희가… 성경을 상고하거니와 이 성경이 곧 내게 대하여 증거하는 것이로다"(요 5:39). 바울도 "하나님의 영광을 아는 빛"이 "예수 그리스도의 얼굴" 안에서 보여진다고 단언한다(고후 4:6). 하지만 어디서 그 얼굴을 확실하게 볼 수 있을까? 화가의 캔버스 위에서가 아니다. 왜냐하면 최고로 아름다운 그림도 단지 그리스도에 대한 화가의 생각을 투사한 것에 불과하기 때문이다. 그 얼굴은 성령님의 인도하심에 따라 예수 그리스도의 세세한 모습을 그대로 우리에게 전해 준, 하나님의 영감을 받은 저자들의 기록에서만 볼 수 있다.

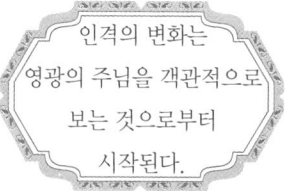
인격의 변화는 영광의 주님을 객관적으로 보는 것으로부터 시작된다.

유대인들은 예수님의 얼굴을 직접 보았지만, 그들의 마음에 모세의 얼굴을 덮었던 수건보다 훨씬 더 완고한 편견과 증오와 불신앙의 수건이 덮여 있었기에 그 영광을 놓치고 말았다(7절). 하지만 바울은 그리스도를 통해 이 수건은 없어질 것이라고 말한다(14절). 그리고 이제는 특별히 선택된 거룩한 백성들만이 아닌 "우리가 다 수건을 벗은 얼굴로" 주의 영광을 볼 것이다. 물론 여기에서 말하는 영광은 그리스도의 실질적인 영광 즉, 성경의 모든 곳에서 빛을 내고 있는 주님의 품행과 인격의 탁월함에서 오는 영광을 말한다.

주관적인 변화

"저와 같은 형상으로 화하여." 객관적인 비전은 주님의 형상으로 변화되길 원하는 주관적인 목적을 갖게 한다. 하나님께서는 현재 모습 그대로의 우리로 만족하지 않으신다. 우리도 우리 자신을 정말로 안다면 결코 현재 모습에 만족하지 않을 것이다. 인자는 아버지께 있어 그런 기쁨의 대상이었다. 주님께서 아버지의 모든 목적을 완벽하게 성취했으며, 그 기준에 합하였기에 하나님은 그의 모든 자녀들이 주님의 형상으로 "변화"되거나, 아니면 말 그대로 "변형"되는 것을 계획하셨다. 우리 주님께서 제자들 앞에서 변형되셨을 때, 주님은 자신의 본질적이고도 선천적인 영광을 덮고 있던 육체의 장막을 잠깐 동안 벗으셨고, 그때 산 위에 있던 세 명의 제자들은 그것을 살짝 볼 수 있었다. 우리에게는 이와 같은 본질적이고도 타고난 영광이 없다. 우리를 향하신 하나님의 목적은 단순한 외적인 모방이 아니라 내적인 변화이다. 그리고 그 변화는 일시적이거나 사라지는 것이 아니다. 우리의 영광은 없어질 모세의 영광과 같지 않다. "이스라엘 자손들이 모세의 얼굴의 없어질 영광을 인하여 그 얼굴을 주목하지 못하였거늘"(고후 3:7). 우리의 것은 지속되고 전파되는 영광이어야 한다. "없어질 것도 영광으로 말미암았은즉 길이 있을 것은 더욱 영광 가운데 있느니라"(11절).

> 주님을 볼 때 우리도 그 모습으로 변화되고자 하는 목적을 갖게 된다.

그렇다면 변화의 방법은 무엇일까? 바로 "보는 것"이다. 현혹시키는 것에 대항하여 절망적으로 싸우는 것이 아니라, 지속적으로 집중하여 그리스도를 바라보는 것, 그리고 성령님께서 변화시켜 주실 것을 확신하며 의지하는 것이다.

여기에 사용된 "보는 것"이라는 용어는 "보는 것" 혹은 "비추는 것" 중 하나로 표현되어도 무방할 것이다. 주님의 영광을 볼 때 우리는 주님의 형상으로 변화된다. 우리가 변화될 때, 마치 거울을 보는 것같이 주님의 형상을 비추게 될 것이다. 비추는 것은 보는 것의 필연적인 결과이다.

지속적으로 보는 그 모습을 닮아가는 것이 바로 삶의 법칙이다. 보는 것은 삶과 인격에 큰 영향을 미친다. 자녀를 교육하는 일도 대부분 보는 것을 통해 이루어진다. 자신이 지속적으로 보는 사람들의 습관과 태도가 결국 그 사람의 인격을 형성한다. 영화가 젊은 사람들에게 엄청난 영향을 끼치는 것도 이 때문이다. 그들은 점점 그들이 보는 것을 닮아간다. 큰 도시의 거리를 보라. 유명한 영화배우들과 닮은 사람들을 볼 수 있을 것이다. 사람들은 유명인들의 옷 입는 것, 말하는 것, 행동하는 것까지 따라한다. 알렉산더 대왕은 호머의 일리아드를 연구하고 세계를 정복하게 되었다. 유명한 시인인 윌리암 코퍼 (William Cowper)는 어리고 민감한 시기에 자살을 극찬하는 논문을 읽었다. 그리고 오랜 시간 후 그는 스스로 자신의 삶을 파괴하려고 했다. 그것이 그가 어린 시절 읽었던 책 때문이었다는 것을 의심할 사람은 아무도 없을 것이다. 영적인 영역에 있어서도, 많은 유명한 설교자들은 그들을 닮은 수많은 추종자들을 갖고 있다.

> 그리스도를 닮기 위해서는 그분을 지속적으로 "보는 것"이 필요하다.

한 번은 필자가 외딴 곳에서 휴가를 보내고 있었다. 때마침 주일이 되었는데, 예배라고는 무식한 농부인 한 구세군 병사가 이끄는 예배 밖에 없었다. 설교 본문은 바로 이 장의 서두에 나온 본문이었다. 그는 유창하게 설교하지 않았다. 그는 많이 배운 사람이 아니었다. 그의 본문 해석 중 어떤 것은 의심스러웠다. 하지만 그가 본문에서 반복해서 말한 이 말은 영원히 내 마음에 각인되었다. "… 보매 저와 같은 형상으로 화하여." 그의 빛나는 얼굴과 감출 수 없는 주님 안의 기쁨은 그가 선포한 진리의 예증이었다. 로버트 머레이 맥체인(Robert Murray McCheyne)은 흘끗 보는 믿음이 구원에 이르게 할 수도 있지만, 성결케 하는 것은 믿음으로 주목하여 응시하는 것이라고 말했다. 너무 바빠서 급하게 그리스도를 흘끗 보는 것만으로는 결코 인격의 근본적인 변화를 가져오지 못할 것이다.

하지만 모세가 산에서 하나님의 영광의 임재를 40일간 경험한 후에 그랬던 것처럼 우리도 역시 주님의 영광을 반사해야 한다. 우리가 성경의 거울을 통해 그리스도의 영광을 볼 때, 그의 영광은 우리 위에 그리고 우리 안에 비친 후 우리에 의해서 다시 비쳐지게 된다. 모세에게 그것은 일시적이고 쇠퇴하는 영광의 반영이었지만, 우리에게도 그럴 필요는 없다. 주변 사람들에게 그리스도를 정확하게 비추는 것이 우리의 변함없는 목적이어야 한다. 우리의 모습이 fun-fair mirror(역자 주: 놀이 공원에 가면 거울 형태에 따라 뚱뚱하게도 보이고, 키가 크게도 보이게 하는 다양한 형태로 만들어진 거울) 안에 비춰지는 것과 같이, 우리 안에 있는 주님의 형상이 전달되는 과정에서 왜곡되거나 희미해질 가능성이 충분히 있다. 불신자들은 우리 안에 있는 주님의 모습을 통해서만 그리스도를 알 수 있기 때문에 우리가 주님을 잘못 전하지 않고, 주님의 영적인 아름다움과 영광 대신에 우리의 세속적인 태도들을 보여주지 않는 것은 너무나 중요하다. 우리 안에 비춰진 그리스도의 모습을 통해 그들이 가진 적대감과 무관심이 주님을 향한 동경과 믿음으로 바뀌어야 한다.

> 우리는 다시 주님의 영광을 반사해야 한다.

점진적인 경험

"우리가… 저와 같은 형상으로 화하여 영광으로 영광에 이르니." 번역가들마다 이 문장을 다르게 표현하지만, 공통적으로 점차적인 진보라는 개념이 들어 있다. "연속적인 영광의 단계들을 통하여," "점점 증가하는 영광으로," "단순한 반사로부터 본래의 영광으로," "어떤 단계의 빛나는 거룩함에서 다음 단계로." 한 가지는 분명하다. 기독교인들의 경험이 고정적이어야 한다는 것은 결코 하나님의 의도가 아니라는 것이다. 우리 앞에는 그리스도의 형상으로 성장할 수 있는 무한한 가능성이 있다. 앞의 구절들은 모두, 어느 한 순간 그리스도와 같이 온전히 거룩해지는 것이 아니라 점진적인 경험을 통해 완성되는 것이라는 사실을 명확하게 보여준다. 성령께서 날마다 우리 안에서 변화를 일으키사 우리는 좀더 그리스도에게로 가까이 변화되어 간다. 우리는 우리 마음을 새롭게 함으로 성화되어 간다.

변화시키는 동인

"곧 주의 영으로 말미암음이니라." 원문으로 "주의 영"은 생소한 표현이며 신학적인 문제에 빠지게 한다. 윌리암 바클레이(William Barclay)는 이렇게 주석했다. "바울은 성령과 부활하신 주님을 동일시한 것으로 보인다. 우리는 사도 바울이 신학을 기록하고 있는 것이 아님을 기억해야 한다. 그는 경험을 적고 있는 것이다. 그리고 성령의 사역과 부활하신 주님의 사역이 하나이며 동일하다는 것은 기독교인이 날마다 삶 속에서 체험하는 사실이다. 우리가 받는 능력과 생각과 인도하심은 성령으로부터 오든지 부활하신 주님으로부터 오든지 똑같다. 우리가 그것을 경험하는 한 그것을 어떻게 표현하는가는 그다지 중요한 문제가 아니다."

> 우리의 성화는 점진적이다.

그러나 이런 변화 속에는 우리의 책임과 성령님의 사역이 있다는 것을 알아야 한다. 그리스도의 형상으로 변화하는 것은 자동으로 되는 것이 아니다. 그것은 영적인 노력과 행동을 필요로 한다. 우리는 "하나님이 하시도록 내버려 두는 것" 뿐만 아니라, 어떤 것들은 "벗어 버리고" 어떤 것들은 "덧입어야" 한다. 이것은 새로워진 의지의 뚜렷한 행동을 필요로 한다. 이것은 그저 가만히 앉아서 그리스도에 대해 공상하다가 얻을 수 있는 당연한 결과가 아니다. 우리가 해야 할 일은, 적극적이고 기대하는 믿음으로 "주님의 영광을 보는 것"이다. 그러면 성령께서는 그리스도의 영광을 보이시고 또 더 빛난 광채로 그 형상을 재연하는 당신의 특권을 행사하실 것이다. 우리는 주님을 바라보지만 또한 성령께서 우리를 그리스도의 형상으로 변화시켜 주실 것을 믿고 기대한다. 그리스도의 사역과 인격의 모든 가치와 장점을 우리에게 나누어 주시고 도우시는 분이 성령님이기 때문에, 변화는 전적으로 성령님께 달려 있다. 우리는 잠잠히 경외하는 묵상 가운데 주님을 바라본다. 성령께서는 우리가 예수님 안에서 본 것들을 우리의 삶 속에 짜 넣으실 것이다.

이것을 이루기 위해 성령님은 부정적인 사역과 긍정적인 사역을 함께하신다. 첫째로, 그분은 우리의 삶과 인격 가운데 그리스도를 닮지 않아 사라져야 하는 부분들을 드러내신다. 그리스도의 온전함과 맞지 않는 모든 것들은 "벗어 버려져야" 한다. 드러내시는 이 사역은 그다지 유쾌한 일이 아니다. 아니, 사실 그것은 굴욕적인 것일 수 있다. 왜냐하면 우리는 자신이 무가치하다고 고백하면서도, 자신에게 유리한 쪽으로 생각하려는 엄청난 편견을 갖고 있기 때문이다. 우리는 자신을 올바로 평가한다고 하면서도 다른 사람이 우리를 평가하는 것을 좋아하

> 성령님께서는 그리스도의 사역과 그분의 인격을 우리에게 나누어 주신다.

지 않는다. 하지만 우리가 진심으로 변화되기를 원한다면, 우리 안에 있는 그리스도의 형상을 훼손하는 모든 것들과 기꺼이 결별해야 한다. 하나님께서는 그리스도의 형상을 닮지 않은 이런 모습들을 "벗겨 버리실" 수 없다. 이것은 오직 우리 자신만이 할 수 있으며, 또 반드시 해야만 하는 일이다. 사도 바울은 우리가 진심으로 그리스도를 받아들이기 위해 버려야만 하는 것들을 성경 다른 곳에서도 말하고 있다. "곧 분과 악의와 훼방과 너희 입의 부끄러운 말이니라. 너희는 서로 거짓말을 하지 말라"(골 3:8-9).

하지만 성령께서 우리가 버려야 할 것들을 드러내시기만 하는 것은 아니다. 그분은 우리로 하여금 할 수 있게 도우신다. "너희가… 영으로써 몸의 행실을 죽이면 살리니"(롬 8:13). 이것은 사도 바울의 격려의 말씀이었다. 우리는 옛 언약 아래 살았던 사람들처럼 아무런 도움도 없이 그저 독자적인 힘으로 노력할 필요가 없다. 우리의 인격이나 행실에서 그리스도와 같이 되기로 작정할 때, 끝까지 우리를 도우시는 것을 최고의 기쁨으로 여기시는 강력한 보혜사를 모시게 된다.

그 후에 성령님께서는 마땅히 우리의 것이 되어야 하고, 그렇게 될 수 있는 은혜와 축복을 보여주시며 우리로 하여금 그것들을 소유하게 하신다. 많은 성도들의 삶 가운데 있는 비극 중 하나는, 그들이 요구할 수 있는 엄청난 특권이 있음에도 불구하고 턱없이 빈곤한 경험을 하고 있다는 사실이다. 사도 바울은 이렇게 기록하였다. "찬송하리로다. 하나님, 곧 우리 주 예수 그리스도의 아버지께서 그리스도 안에서 하늘에 속한 모든 신령한 복으로 우리에게 복 주시되." "만물이 다 너희 것임이라." "그의 신기한 능력으로 생명과 경건에 속한 모든 것을 우리에게 주셨으니." 성령님께 그리스도의 성품이 내 안에 역사하시기를 간구할 때 우리에게 주실 수 없는 은혜는 없다.

"…보매 저와 같은 형상으로 화하여."

"이에 여호와의 불이 내려서" 열왕기상 18장 38절

Spiritual Maturity

The Purging Fire Of The Spirit

성령의 정결케 하는 불

[말씀 읽기: 열왕기상 18장 1-40절]

이 이야기는 구약 성경에서 가장 극적인 이야기들 가운데 하나이다. 모든 장면이 살아있는 듯 생생하고 선명하다. 화려한 등장 인물에 극적인 사건들이 펼쳐진다. 그리고 결과는 너무나 영광스럽다.

여호와의 선지자 엘리야는 이스라엘 역사상 가장 주목할 만한 인물 가운데 한 명이다. 그는 위기의 순간에 하나님의 정의의 투사로 갑자기 등장하더니 불수레와 회리바람을 타고 갑자기 퇴장했다. 신약 성경은 다른 어느 선지자보다도 그에 대해 많은 이야기를 한다. 무명인이었던 그가 갑자기 등장해서 공적(公的)으로 한 첫번째 행동은, 기도로 하늘을 닫아서 3년 반 동안 비가 내리지 않도록 한 것이었다. 우상을 숭배한 이스라엘에 대한 심판이었다.

비록 우리에게 그의 유년 시절의 기록은 없지만, 이런 강력한 공적 사역을 위해서 그는 분명히 개인적으로 많은 준비를 하였을 것이다. 엘리야가 행한 일들은 오직 하나님과의 개인적인 만남의 결과일 수밖에 없다. 그는 은밀하게 선지자로 부름을 받았다. 비밀스러운 시험들을 통해 하나님을 알게 되면서 그분을 전적으로 신뢰하게 되었다. 하나님과의 비밀스러운 사귐을 통해 그는 사람을 두려워하는 것으로부터 완전히 해방되었다. 외관상으로 그는 소박하고 꾸미지 않은 외모를 가진, 태양에 검게 그을린 한 남자였다. 그러나 영적으로는 매우 열정적이고 신앙 깊고 용기 있는 사람이었다.

성품은 위기의 때에 드러난다. 엘리야의 삶의 비밀은 이 한 구절로 요약된다. "아브라함과 이삭과 이스라엘의 여호와여, 주께서 이스라엘 중에서 하나님 되심과 내가 주의 종이 됨과 내가 주의 말씀대로 이 모든 일을 행하는 것을 오늘날 알게 하옵소서"(36절). 기도를 보면 그 사람의 참모습을 볼 수 있다. 여기에서는 세 가지 사실이 드러난다.

그는 하나님의 영광을 사모하는 강렬한 열정이 있었다. "주께서 하나님 되심을 알게 하옵소서." 그가 가장 먼저 생각한 것은 이것이었다. 그의 영혼은 하나님의 영광에 대한 거룩한 열심으로 가득 차 있었다.

> 성품은 위기의 때에 드러난다. 기도를 보면 그 사람의 참모습을 볼 수 있다.

그는 여호와의 종이 되는 것에 만족했다. "내가 주의 종이 됨을 알게 하옵소서." 그는 하나님의 절대적인 소유권을 고백했다.

그는 하나님의 명령에 절대적으로 **복종했다**. "내가 주의 말씀대로 이 모든 일을 행하는 것을 알게 하옵소서."

온 이스라엘을 모은 것(19절)은 즉흥적인 일이 아니었다. 결과를 놓고 판단하건데, 엘리야가 오랜 시간 동안 하나님을 섬기며 하나님으로부터 이 일에 대한 훈련을 받았으리라는 사실을 믿기는 그리 어렵지 않다. 그가 보여준 하나님에 대한 절대적인 확신은 오랜 시간 동안 하나님과 교제한 결과였을 뿐이다. 엘리야는 그의 하나님을 알았다.

엘리야가 이렇게 극적인 도전을 했던 것은 이스라엘이 범하고 있던 배교를 깊이 염려하고 있었기 때문이다. 왕좌에는 이스라엘 역사상 가장 약하고 가장 악한 왕이 있었다. 심지어 성경은 아합이 결혼하기 전에도 그에 대해서 "아합이 그전의 모든 사람보다 여호와 보시기에 악을 더욱 행하여"라고 기록하고 있다. 여기에다 그는 악한 업적 하나를 더했다. "느밧의 아들 여로보암의 죄를 따라 행하는 것을 오히려 가볍게 여기며… 이세벨을 아내로 삼고 가서 바알을 섬겨 숭배하고… 저는 그전의 모든 이스라엘 왕보다 심히 이스라엘 하나님 여호와의 노를 격발하였더라"(왕상 16:30-33). 여호와 대신 바알이 이스라엘의 숭배의 대상이 되었다. 엘리야가 극적으로 이스라엘 역사의 무대에 걸어 나온 것은 바로 참 종교와 윤리가 거의 사라져 버린

이 위기의 때였다.

불의 도전

"불로 응답하시는 하나님."

하나님을 예배하는 것과 바알을 숭배하는 것 사이에는 타협이 있을 수 없다. 상반되는 두 종교가 평화롭게 공존하며 함께할 수는 없다. 그 위기를 몰아내는 것은 하나님의 사람이다. 하나님께서는 항상 시대에 걸맞는 당신의 사람을 준비하고 계신다. 하나님께서는 그를 은밀하게 예비하시고 위기의 때가 왔을 때 그를 드러내신다. 하나님께서는 반드시 당신의 증인들을 세우신다. 루터(Luther)나 칼빈(Calvin), 웨슬리(Wesley)나 휫필드(Whitefield), 그리고 무디(Moody)나 토레이(Torrey), 그래함(Graham) 같은 사람은 항상 있다.

엘리야의 고결한 성품은 갈멜산 이야기에서 가장 두드러지게 나타난다. 사실 그는 "우리와 성정이 같은 사람"이었다. 그러나 그는 우리와는 차원이 다른 용기와 믿음의 사람이기도 하였다. 마틴 루터처럼 그는 모여든 온 나라의 종교 세력들 앞에 겁 없이 대항하고 있었다. 그는 "나는 말씀 위에 서 있습니다. 그 외에 다른 진리는 없습니다"라고 선포하였다. 그는 거짓 신들에게 그의 하나님과 힘을 겨루어 보자는 도전장을 던졌다. 그 테스트는 매우 공평했다. 바알은 불의 신이었기 때문에, 이 테스트는 바알 고유의 영역이었다. "불로 응답하는 신, 그가 하나님이니라." 이 엘리야의 제안은 매우 정당한 것이었다. 어느 누구도 이 제안에 반대하지 않았다. 그 쟁점은 명확하고 분명했다. "여호와가 만일 하나님이면 그를 좇고 바알이 만일 하나님이면 그를 좇을찌니라." 위기의 시간이 찾아왔고 이제 그들은 하나를 택하고 하나를 버려야만 했다.

불의 의미

"여호와께서 불가운데서 거기 강림하심이라." 이스라엘 백성들은 불에 의한 시험의 의미를 잊지 않았다. 하나님께서 불로 응답하셨을 때, 그들은 모두 자기 민족의 역사에 있었던 일들을 떠올릴 수 있었고, 그 불이 하나님의 임재의 표시임을 알았다.

하나님께서는 당신의 임재를 불타는 떨기나무 속에서 나타내셨다. "그가 보니 떨기나무에 불이 붙었으나 사라지지 아니하는지라… 하나님이 떨기나무 가운데서 그를 불러…"(출 3:2, 4). 시내 산 위에서 하나님의 임재는 불로 입증되었다. "시내 산에 연기가 자욱하니 여호와께서 불 가운데서 거기 강림하심이라"(출 19:18). 그의 백성들 가운데 하나님의 임재는 밤 중에 성막 위에 떠 있는 불로 상징되었다. "여호와의 영광이 성막에 충만함이었으며… 밤에는 불이 그 구름 가운데 있음을 이스라엘의 온 족속이 그 모든 행하는 길에서 친히 보았더라"(출 40:35,38). 성전 낙성식 때에도 비슷한 하나님의 임재의 표시가 있었다. "솔로몬이 기도를 마치매 불이 하늘에서부터 내려와서… 여호와의 영광이 그 전에 가득하니"(대하 7:1). 불의 임재는 곧 하나님의 임재의 증거였다.

이것이 구약 시대에 불이 상징하는 의미였다. 그렇다면 오늘날 우리에게 그 의미는 무엇일까? 신약 시대에 그것은 성령의 능력과 임재의 상징이었다. 메시야의 사역을 알리면서 세례 요한은 이렇게 말했다. "그는 성령과 불로 너희에게 세례를 주실 것이요"(마 3:11). 그의 예언은 성취되었다. 오순절에 성령께서 모인 제자들에게 권능으로 임하셨을 때에 나타난 상징은 이것을 매우 확실히 보여주었다. "불의 혀같이 갈라지는 것이 저희에게 보여 각 사람 위에 임하여 있더니"(행 2:3). 그러므로 오늘날 적용에 있어서 불의 상징적 의미가 성령의 능력과 임재라고 보는 견해는 정당하다.

> 불은 하나님의 임재의 상징이요, 성령의 능력과 임재의 상징이다.

오늘날 교회와 성도들 개개인의 삶 속에서 가장 부족한 것은 바로 하나님의 불, 즉 성령의 명백한 임재와 강력한 사역이다. 우리에게는 자연적인 수준에서 설명될 수 없는 일들이 거의 일어나지 않는다. 우리의 삶은 불에 감화된 삶이 아니다. 나방이 불을 향해 끌리듯, 사람들을 교회로 끌어올 수 있는 거룩한 불이 우리 교회에는 없다. 교회가 타락한 세상에 전혀 영향력을 끼치지 못하는 이유는, 바로 하나님의 불을 잃어버렸기 때문이다. 오늘날 교회는 조직도 더 좋아졌고, 목회자도 더 박식해졌고, 사람이나 재정에 있어서도 더 풍성해졌으며, 예전보다 더 좋은 숙련된 기술을 가지고 있다. 하지만 혼란스러운 세상의 문제들을 푸는데 지금처럼 교회가 역할을 못하던 때는 없었다. "주님, 우리에게 불을 보내 주십시오." 이것이 우리의 기도가 되어야만 한다. 다른 어떤 것이 이 시대의 필요를 채울 수 있겠는가?

불이 내려옴

"이에 여호와의 불이 내려서." 불이 내린 장면은 갈멜산 이야기의 핵심이며 절정이었다. 다른 모든 것들은 이 순간을 위한 준비 과정이었다. 이 순간을 준비하기 위해 무슨 일들이 있었는지 살펴보면 중요한 영적 교훈을 배울 수 있다.

그 불은 국가적인 배교의 때에 내려왔다. 여호와를 예배함이 바닥까지 쇠락하고, 바알 숭배가 온 지면에 만연했다. 영적 암흑이 온 땅을 덮고 있었다. 하나님께서는 상황이 가장 좋을 때에만 축복을 주시는 것이 아니다. 빛이 가장 필요한 때는 바로 어둠이 가장 깊을 때이다. 그리고 시대의 어둠을 극복하려고 애쓰는 사람도 없었다. 우리 시대의 상황과 매우 비슷하다는 것을 알 수 있다. 악한 사단의 세력은 널리 퍼져 있다. 바알에 무릎을 꿇지 않은 사람이 7,000명이나 남아 있음에도 불구하고, 교회는 세상에 거의 영향력을 행사하지 못하고 있다.

> 빛이 가장 필요한 때는 바로 어둠이 가장 깊은 때이다.

그 불은 엘리야가 주저함 없이 하나님께 복종했을 때 내려왔다. 이

전에 하나님께서는 엘리야에게 "너는 숨으라"고 말씀하셨다. "저가 여호와의 말씀과 같이 하여 곧 가서"(왕상 17:3,5). 이제 하나님께서 분명하게 명령하신다. "너는 가서 아합에게 보이라. 내가 비를 지면에 내리리라"(18:1). 엘리야가 그의 철천지원수 아합을 얼마나 만나기 싫어했을지는 쉽게 알 수 있다. 3년 동안 원한을 품은 아합은 엘리야의 목숨을 찾고 있었다. 그는 엘리야의 기도 때문에 하늘 문이 닫히고 기근이 온 땅에 덮친 것을 잊을 수가 없었다. 하지만 가뭄이 끝나기 전에 엘리야는 주님의 말씀에 순종해야만 했다.

엘리야는 "너는 숨으라"는 말씀을 들었을 때와 똑같이 즉각적으로 순종했다. "엘리야가 아합에게 보이려고 가니"(18:2). 불이 내려온 것과 비가 온 것은, 윤리적으로나 영적으로 악의 화신이었던 아합을 대면하라는 말씀에 엘리야가 순종한 결과였다. 만약 우리의 삶 가운데 하나님께 순종하기를 거부하는 영역이 있다면, 우리는 헛되이 하나님의 불이 내려오기를 기대하지 말아야 한다. 만약 하나님께서 우리에게 순종하라거나 혹은 상환하라거나 사과를 하라거나 아니면 증언을 하라는 식으로 어떤 행동을 우리에게 강요하신다면, 우리는 우리 자신을 희생하면서까지 순종하려 하지는 않을 것이다. 하나님께서는 우리가 순종을 하고 난 후에야 복을 주실 수 있다.

그 불은 무너진 단을 수축한 후에 내려왔다. "저가 무너진 여호와의 단을 수축하되"(30절). 그 무너진 단은 중요한 의미를 갖고 있었다.

제단이 상징하는 것은 예배이다. 아마도 갈멜산은 하나님의 백성들을 만나는 비밀의 장소였던 것으로 보인다. 하지만 그 제단은 파손되었고, 여호와께 드리는 예배는 중단되었다. 그 불이 내려오려면 제단은 반드시 재건되어야만 한다. 엘리야는 열두 개의 돌을 취하여—그는 북왕국과 남왕국의 분열을 인정하지 않았다— 제단을 재건했다. 그의 목적은, 그들 가운데 나타난 하나님의 임재를 통해 나라가 재결합하는 것이었다. 하나님의 불은 하나님의 백성들 가운데 영적인 연합이 있을 때에 내려온다. 우리의 삶 가운데 파손된 어떤 제단이 있다면, 그것이 다시 세워질 때까지 그 불은 내려오지 않을 것이다. 그렇다면 제단이 상징하는 것은 무엇일까? 그리스도께서 십자가의 제단 위에서 자신을 드리지 않았는가? 오직 십자가가 진정한 의미에서 그 중심의 자리로 회복될 때에만, 주님의 불이 내려올 것이다.

> 하나님의 불은 하나님의 백성들 가운데 영적인 연합이 있을 때에 내려온다.

그 불은 모든 제물이 제단에 놓여졌을 때 내려왔다. "[그가]… 송아지의 각을 떠서 나무 위에 놓고 이르되"(33절). 하나님의 불은 빈 제단에는 절대로 내려오지 않는다. 제물의 각을 뜨는 것은 영적으로 중요한 의미가 있다. 찬양과 숭고한 결단의 순간에 모든 삶을 제단 위에 드리는 것은 쉽다. 하지만 헌신은, 프란시스 리들리 하버갈(F. R. Havergal)이 아름다운 가사로 이야기하듯이 몸의 각 지체를 드리는 것으로서 실천되어야 한다. 그 곡은 "나의 생명 드리니"로 시작하지만, "나의 손… 나의 발… 나의 음성… 나의 사랑을 받으옵소서"라고 나아간다(역자 주: 찬송가 348장 가사). 이것은 처음에 크게 한번 드린 헌신을 의미하는 것이 아니다. 계속해서 드리는 행동이다. 하나님께서는 부분적으로 드리는 것에 만족하지 않으신다. 아나니아와 삽비라는 하나님께 일부분을 드리면서 마치 그것이 전부인 것처럼 속였다. 그 결과 그들 스스로 비극적인 값을 치뤄야만 했다. 하나님께서는 아브라함에게 그의 삶에 있어서 최고의 것과 최악의 것을 드리라고 명하셨다. 아브라함은 자신의 세속적인 불신앙의 아들 이스마엘을 포기하고, 그를 광야로 몰아내야만 했다. 그는 숭고한 믿음의 아들 이삭을 제단 위에 놓고 산 제물의 칼을 들어야만 했다. 그런 후에 주님의 불이 아브라함에게 내려왔고 하나님의 응답이 있었다. "또 네 씨로 말미암아 천하 만민이 복을 얻으리니 이는 네가 나의 말을 준행하였음이니라." 제물의 마지막 조각까지 제단 위에 놓여졌다. 우리는 하나님을 속일 수 없다. 하나님께서는 언제 제단이 다 채워졌는지를 아시며 그 응답을 지체하지 않으실 것이다. 엘리야가 제물의 마지막 조각을 제단 위에 놓았을 때, 거기에는 화염의 섬광이 있었다.

그 불은 속임수의 가능성이 모두 제거된 후에 내려왔다. "통 넷에 물을 채워다가 번제물과 나무 위에 부으라 하고… 물이 단으로 두루 흐르고"(33, 35절). 엘리야는 가짜 불의 여지를 남겨두지 않았다. 바알 선지자들과 대결할 때에 그는 "불은 놓지 말 것"을 세 번씩이나 규정하였다. 속임수나 몰래 불을 놓을 수 있는 것은 불가능했다. 그리고 그는 자신에게도 동일하게 엄격했다. 속임수를 대비하는 모든 예방책이 동원되었다. 엘리야는 그의 제단 위로 내려오는 불이 하늘로부터 내려온 것임이 확실하기를 바랐다. 그는 "내게로 가까이 오라"며 백성들을 초대했다. 백성들이 자세히 살펴보는 것을 두려워하지 않았다. 하나님에 대한 확신이 있었기에, 그는 오히려 어려움들을 쌓아두었다. 물은 곧 숨어있는 작은 불씨를 꺼버릴 수도 있었다. 그의 믿음은 불가능을 비웃는 믿음이었다. 이런 낙관적인 믿음을 가진 사람은 그다지 많지 않다. 우리는 불이 잘 붙을 수 있도록 제물에 기름을 부어 하나님을 돕고 싶어 한다. 엘리야는, 하나님 외에는 자신에게 다른 방법이 없음을 증명하고 싶었다. 이것은 또한 영적인 것을 무당의 일로, 혹은 성령의 능력을 집단 최면으로 대체하려는 속임수로부터 우리를 지켜준다.

그 불은 엘리야가 믿음의 기도를 마친 후에 내려왔다. 엘리야는 이렇게 기도했다. "여호와여 주께서 이스라엘 중에서 하나님이 되심과 내가 주의 종이 됨과 내가 주의 말씀대로 이 모든 일을 행하는 것을 오늘날 알게 하옵소서. 여호와여 내게 응답하옵소서 내게 응답하옵소서 이 백성으로 주 여호와는 하나님이신 것을 알게 하옵소서"(36-37절). 바알 선지자들이 응답 없는 신을 부르고 피가 흐르기까지 자신들의 몸을 창으로 상하게까지 하면서 제단 위에서 뛰며 열광적으로 큰 소리를 지르던 것과 비교해 볼 때, 이 얼마나 대조되는 모습인가! 하지만 그들의 필사적인 부르짖음에 대해 하늘에서는 어떤 불의 응답도 없었다. 믿음의 기도를 드리기 전에 엘리야는 믿음의 웃음을 웃었다. 아무 응답이 없는 하늘은 바알을 부르짖는 그들의 기도가 얼마나 헛된 것인지를 보여주었다. 엘리야는 여호와께서 응답하실 것을 확신했기 때문에 조소하며 저들과 저들의 신을 조롱했다. "큰 소리로 부르라. 저는 신인즉 묵상하고 있을지, 혹 잠깐 나갔을지, 혹 길을 행하는지, 혹 잠이 들어서 깨워야 할 것이지"(27절). 엘리야가 이처럼 그의 하나님에 대해 너무나 분명한 태도를 보였기에 하나님께서는 당신의 종을 실망시키실 수 없었다. 이러한 확신의 표현은 하나님을 만족시켜 드렸다.

하나님과 주의 종을 증명하기 위한 이 단순한 기도가 드려지자마자 하늘로부터 하나의 섬광이 내려왔다. "이에 여호와의 불이 내려서." 그 불은 단계적으로 내려온 것이 아니다. 믿음의 기도에 이어서 바로 하늘로부터 불이 내려왔다. 번제물과 나무와 돌과 흙은 하나같이 하늘의 불꽃을 견뎌내지 못했다. 엘리야의 마음의 소원이 실현되었다. 여호와의 주권이 확립되었다. 참 하나님의 능력과 존재가 다시 한 번 그의 백성들에게 명백하게 나타났다. 하나님과 주의 종의 명예가 지켜지고 바알 선지자들의 주장이 뒤엎어졌다. 우리의 기도가 "아버지로 하여금 아들을 인하여 영광을 얻으시게 하려는" 소원으로 드려질 때, 우리 역시 그 불이 내려오는 것을 보게 될 것이다.

불의 위업

불이 내려와 모든 이스라엘 백성들을 엎드리게 했다. "모든 백성이 보고 엎드려 말하되 '여호와 그는 하나님이시로다, 여호와 그는 하나님이시로다' 하니"(39절). 주의 종이 한 말은 소멸시키는 불이신 하나님으로부터 내려온 불에 의해 입증되었다. 그들은 자신들의 눈으로 직접 본 증거를 부정할 수 없었다. 신을 부정하는 이 세상은, 그들이 우리 가운데서 하나님의 불, 즉 우리 가운데 일하시는 성령님의 능력과 실재를 목격할 때 우리의 증언에 주의를 기울이기 시작할 것이다.

불이 내려와 거짓 선지자들의 죽음을 가져왔다. 엘리야의 첫번째 행동은 이스라엘 백성들에게 명하여 그들의 손으로 직접 바알 선지자들을 죽이게 하는 것이었다. 참 하나님의 모든 대적들은 반드시 타도되어야만 한다. 참된 불이 내려오자 바알의 제단에서 나온 거짓 불은 자동적으로 제거되었다. 오직 하늘로부터 내려온 그 불로 인해, 엘리야는 이와 같이 정결케 하는 영적인 권위를 부여 받았다.

불이 내려와 명백하게 불가능한 일들을 성취하였다. 어느 누가 돌들이 다 타버렸다는 것을 들어봤겠는가? 하지만 그렇게 되었다. 오순절에 하나님의 불은 사도들의 삶 가운데 불가능한 일들을 성취시켰다. 비겁함 대신 용기가, 의심 대신 믿음이, 이기주의 대신 헌신과 그리스도의 영광을 위한 열정이 생겼다. 이전에 그들에게서 절대 찾아볼 수 없었던 인격적 특성들이 이제 충만해졌다. 믿는 자에게 임한 하나님의 불은 그가 혼자서 10년 동안 해내지 못했던 일을 단 10분 안에 이루어낼 것이다.

가장 불가능한 일,
그것은 바로 내 안에서 죄의 통치가 끝나는 것.
그 일이 가능할 수 있을까? 그렇다고 나는 믿네.
비록 불가능하지만 그것은 확실하다네.
불가능한 일이 있으나
나에게는 모든 것이 가능하다네.
_ 찰스 웨슬리 (C. Wesley)

불이 내려오자 오직 재만 남았다. 탈 수 있는 모든 것은 소멸되었으며, 불멸의 것들만 남았다. 불은 더 이상 재를 어떻게 할 수 없다. 하나님의 불은 세속적인 것과 피상적인 것들을 다 태워 버릴 것이다. 그리고 오직 영원한 가치를 지닌 것만을 남겨 놓는다. 재는 두 가지 특징이 있다. 아주 약한 바람에도 날리고 그것은 항상 바람의 방향대로 움직인다. 하나님의 불이 내려진 삶은 성령의 암시에 특별히 민감하며, 항상 하나님이 뜻하시는 방향대로 움직일 것이다.

오, 순결한 하늘의 불을 전하기 위해

위로부터 내려오신 당신이여,

초라한 내 마음의 제단 위에

거룩한 사랑의 불을 태우소서.

꺼지지 않는 불길로

당신의 영광을 위하여 타오르게 하소서.

그리고 겸허한 기도와 뜨거운 찬양 속에

떨림이 그 근원으로 돌아오게 하소서.

_ 찰스 웨슬리 (C. Wesley)

"권력으로 억제하여 그 역사를 그치게 하니" _에스라 4장 23절
"이는 힘으로 되지 아니하며 능으로 되지 아니하고
오직 나의 신으로 되느니라" _스가랴 4장 6절

Spiritual_Maturity

The Mighty Dynamic Of The Spirit

성령의 강력한 에너지

[말씀 읽기: 에스라 4장 1-24절/스가랴 4장 1-10절]

투철한 애국심을 가진 이스라엘의 남은 자들은, 그들의 바벨론 포로 생활을 마치고 예루살렘으로 돌아왔다. 그들은 성전을 재건해도 좋다는 고레스 왕의 칙령을 받아 대단히 의욕적으로 성전 건축 작업에 착수하였다. 하지만 얼마 못 가서 그들은 곧 조직적인 방해에 부딪치게 되었다. 적들이 간계와 거짓으로 바사 왕 아닥사스다로부터 성전 건축을 중단하라는 조서를 받아낸 것이다. 이 문서를 들고 의기양양해진 적들은 서둘러 예루살렘에 있는 유대인들에게 내려가서, 힘과 능으로 그 일을 멈추게 하였다(스 4:20-24).

이 예기치 못한 사건으로 인해 낙담하고 용기를 잃은 애국자들은,

그들의 긴 여정을 성공적으로 인도하셨던 하나님께 부르짖는 대신, 힘을 잃고 단념해 버렸다. "이에 예루살렘에서 하나님의 전 역사가 그쳐서 바사 왕 다리오 제 이 년까지 이르니라." 제1 라운드 게임은 하나님과 이스라엘 사람들을 대적한 자들이 승리하였다.

우리 자신의 마음이 얼마나 쉽게 변하고 얽혀 있는지 생각해 본다면 그들의 나약한 정신력과 하나님을 온전히 신뢰하지 못한 것을 비난하기는 쉽지 않을 것이다. 우리는 이보다 더 편안한 상황에서도 믿음의 모습을 보이지 못할 때가 얼마나 많은가!

세 가지 심각한 어려움

이스라엘 백성들은 매우 어려운 상황에서 일했다. 주변 민족들의 반대에 부딪혔고, 왕은 그들의 말에 귀를 기울였다. 그들은 유리한 위치에 있었다. 그들은 변화하는 상황에 따라 전략을 바꾸었다. 첫 번째 전략은 침투였다. "우리로 너희와 함께 건축하게 하라." 이것이 실패하자 그들은 방해 작전을 폈다. "그들은 유다 백성의 손을 약하게 하여." 그 다음은 협박이었다. "그 건축을 방해하고 [그들은 저들이 짓는 것을 두려워하게 하였고]." 이에 만족하지 않고 그들은 좌절감을 갖게 하려고 힘을 쏟았다. 그들은 "의사들에게 뇌물을 주어 그 경영을 저희"하였다. 그리고 마지막으로 그들은 이스라엘 백성을 고소하였다 (스 4:1-6).

이들이 사용했던 전략은 오늘날 우리 시대에서도 너무나 익숙하다. 부수적인 사항들은 변해왔지만, 그 방식에는 변함이 없다. 세계 곳곳의 많은 기독교인들이 그들의 신앙을 지키는 가운데 이와 유사한 반대 세력들과 부딪치고 있다.

그들은 자원의 부족으로 인해 고통을 받았다. 고레스 왕은 관대하게도 그의 조서에서 성전을 재건하는데 필요한 모든 비용은 왕실에서 지불할 것이라고 밝혔다(스 6:4). 그러나 현재의 아닥사스다 왕은 그의 조서에서 이 규정을 취소하였다. 이 수입원이 없어지자, 그들의 대사업에 필요한 군사적인 자원과 재정적인 자원은 파산상태에 이르고 말았다. 설상가상으로, 그들의 사기를 진작시켜왔던 숭고하고 고귀한 이상들은 사라져 버렸고, 그들은 자신들의 실패를 받아들이기 시작했다.

하지만 무엇보다 심각한 어려움은 바로 자격 미달인 그들의 지도자들이었다. 그들의 총독 스룹바벨은 비록 왕가의 혈통에서 태어났지만 별로 믿음직한 사람이 아니었다. 적들이 조직적으로 방해 공작을 펼치자 그는 풀이 죽고 말았다. 그는 윈스톤 처어칠(Winston Churchill)과는 다른 사람이었다. 윈스톤 처어칠은 제2차 세계 대전 중에 프랑스의 변절 소식을 듣고, 그의 내각을 향해 이렇게 말했다. "여러분, 저는 이것으로 인해 오히려 더 기운이 납니다." 스룹바벨은 시작은 좋았지만 꾸준한 능력을 보여주지 못했으며 낙심한 백성들에게 어떤 격려도 주지 못했다.

나라의 영적 지도자였던 대제사장 여호수아는 확실히 그 시대의 가장 경건한 사람이었다. 하지만 스가랴 3장 3절을 보면, 그는 하나님 앞에 "더러운 옷을 입고" 섰던 것으로 보이며, 그 결과 하나님 앞에서 그들을 대표하여 섬길 자격을 박탈당했다. 세상적으로든 영적으로든 그들에게는 유능한 지도력이 없었기에 백성들 앞에, 지나갈 수 없는 높은 산처럼 어려움들이 불쑥 불쑥 나타났던 것은 그리 놀라운 일이 아니다.

희망을 주는 이상

바로 이런 위기의 순간에 스가랴는 이상을 통해 희망의 메시지를 받게 된다. 이 이상 중에 천사가 사용한 구절이, 성전 건축이 중단되었을 때 에스라가 사용했던 바로 그 표현이었던 것이 단순히 우연의 일치였을까? 아니면 하나님의 지시였을까? 하나님의 집을 건축하는 일이 정말 원수들의 "힘과 능"에 의해서 중단되었던 것일까? 그들이 낙담할 이유는 전혀 없었다. "스룹바벨의 손이 이 전의 지대를 놓았은즉 그 손이 또한 그것을 마치리라"(슥 4:9). 하지만 그 일은 "힘으로 되지 아니하며 능으로 되지 아니하고 오직 나의 신으로" 성취될 것이라고 하나님께서 말씀하셨다. 방해 세력의 공작에도 불구하고, 자원의 부족에도 불구하고, 무능력한 지도자들에도 불구하고, 그들이 하나님의 작전을 따르는 한 승리는 보장되어 있었다. 승리는 스룹바벨이나 여호수아에게 달려 있지 않았다. 성공은 사람의 힘이나 사람의 능이 아닌, 바로 성령의 능력에 달려 있다.

이상 가운데 스가랴는 등대를 보았다. "순금 등대가 있는데 그 꼭대기에 주발 같은 것이 있고 또 그 등대에 일곱 등잔이 있으며 그 등대 꼭대기 등잔에는 일곱 관이 있고 그 등대 곁에 두 감람나무가 있는데 하나는 그 주발 우편에 있고 하나는 그 좌편에 있나이다"(슥 4:2-3). 기름통으로 사용된 주발은 두 감람나무로부터 나오는 기름으로 끊임없이 채워졌다.

성전에 있는 순금 등대에 익숙한 유대인들에게 이 이상이 의미하는 바는 분명하다. 그들은 하나님께서 이 세상에 빛을 밝히라고 자신들을 선택하셨다는 것을 알고 있었다. 하지만 그들은 이 역할에 있어서 처참하게 실패했으며, 율법의 등불은 거의 꺼져버렸다. 아시아의 일곱 교회에 보낸 편지에서, 우리 주님께서는 이스라엘이 이루지 못하고 실패한 역할이 교회로 넘겨졌음을 분명히 말씀하셨다. 이 이상의 표현을 빌려, 우리는 그것의 상징적 가르침을 오늘날 교회에 적용할 수 있다.

> 성공은 성령의 능력에 달려 있다.

교회의 역할

등대의 모습으로 상징된 교회의 1차적인 역할은 어둠에 덮여 있는 세상에 빛을 밝히는 것이다. 이 외에 등불의 다른 역할이 있을까? 등불에 대한 반응은 우리의 책임이 아니다. 요한계시록에서 그리스도는 교회를 상징하는 일곱 촛대 가운데 서서, 그들의 증거의 등불이 어느 정도로 빛나고 있는가를 유심히 보시며 평가하신다(계 1:13,20).

> 등불로서 교회가 감당할 첫번째 역할은 세상에 빛을 밝히는 것이다.

황금 촛대가 성전 안을 밝히는 유일한 수단이었던 것처럼, 교회는 타락한 세상을 밝히는 유일한 수단이다. 교회는 세상을 밝히기 위해서 존재한다. 만약 이것에서 실패한다면 모조리 실패하는 것이다. 하나님께서는 다른 대안을 준비해 놓으시지 않았다. 주님은 말씀하셨다. "너희는 세상의 빛이니." 그 빛은 "나는 세상의 빛"이라고 말씀하신 주님의 빛에 반사된, 파생된 빛이다. 오늘날 이 세상의 어두움은 얼마나 깊은가! 우상숭배와 미신, 잔학함과 고통, 부도덕과 범죄, 유물론과 냉소주의! 바로 지금의 이 상황이 교회와 성도들이 빛을 발해야 할 때이다.

그렇다면 교회는 어떻게 그 역할을 완수할 수 있을까? 이 이상에서 그 비결을 알 수 있다. 교회는 본래 빛을 낼 수 있는 어떤 능력도 갖고 있지 않다. 등대가 빛을 비추긴 하지만, 그 자체가 빛을 내지는 않는다. 등대는 빛을 만들어 낼 수 없다. 단지 빛을 품고 있을 뿐이다. 등대는 빛을 외부의 근원지로부터 얻는다. 항상 가득 찬 상태로 등대 위에 놓여 있던 기름통은 순금 관을 통해 타오르는 등불에 끊임없이 기름을 공급한다. 번갈아 가며 금 기름을 주발 안으로 끊임없이 부었던 감람나무들로 인해, 그 주발은 항상 가득 차 있다.

기름이 상징하는 것은 분명하다. 그것은 "나의 신"이다. 교회는 오직 성령의 지속적인 공급과 도우심을 통해서만 빛을 밝힐 수 있다. 주발은 하나님의 모든 능력과 자원의 저장고가 되시는 그리스도를 상징한다. 사도 바울은 "그 안에서 신성의 모든 충만이 육체로 거하시고 너희도 그 안에서 충만하여졌으니"라고 기록하였다. 주님의 거룩한 본성에서 성령의 충만함은 언제나 최고점에 달해 있다. 효과적으로 빛을 품기 위해 필요한 모든 자질은 주님 안에 저장되어 있으며, 우리는 매 순간마다 주님의 충만함에 의존할 수 있다. 오순절 날에 당신의 기다리던 제자들에게 성령을 부어주신 분이 바로 주님이셨다. "그[예수]가 약속하신 성령을 아버지께 받아서 너희 보고 듣는 이것을 부어 주셨느니라"(행 2:33). 오늘날에도 성령을 부어 주시는 분은 여전히 주님이시다.

> 교회는 성령의 공급과 도우심을 통해서만 빛을 밝힐 수 있다.

금지된 방법들

"이는 힘으로 되지 아니하며 능으로 되지 아니하고." 교회 일은 결코 인간적인 방법만으로는 완수되지 않는다. "만군의 여호와께서 말씀하시되 이는 힘으로 되지 아니하며 능으로 되지 아니하고." "힘으로 되지 아니하며"라는 구절은 아마도 "군사력으로 되지 아니하며"라고 표현될 수 있을 것이다. "군사력"이라는 말은 집단적 힘이나 사람의 힘, 혹은 재력을 의미한다. 때때로 그것은 "부(富)"를 의미하기도 하고, 윤리적인 의미로 "선행"을 의미하기도 하며, 혹은 "용기"를 의미하기도 한다. 어쨌든 그 용어를 사용하는 기본 생각에는 사람의 방법이라는 의미가 깔려 있다.

여기 "능"이라는 말 또한 힘을 의미하지만, 한 개인의 힘이나 용감한 행위라고 볼 수 있다. 이 단어는 한 번도 집단적인 개념으로 사용되지 않았다. 두 단어를 함께 생각해 보건대 이 구절은, 교회 일의 성공 여부는 사람들의 연합된 세력에 좌우되는 것도, 혹은 어느 한 개인의 추진력이나 용기에 달려 있는 것도 아님을 의미한다. 그것은 오직 전적으로 성령님의 일하심에 달려 있다. 왜 그런가? 교회의 일은 하나님의 일이며, 인간의 어떤 수단이나 방법, 혹은 기술이나 힘은 기껏해야 사람의 것이기 때문이다. 만약 그 일이 눈에 보이는 조직체를 세우는 일이라면, 인간적인 방법으로도 충분할 것이다. 하지만 교회는 눈에 보이는 조직체 이상의, 훨씬 이상의 것이다. 그것은 오직 영적인 방법에 의해서만 유지되고 자라나는 초자연적인 유기체이다. 오늘날 교회가 직면하고 있는 큰 위험은, 더 나은 방법들을 면밀히 계획하고 찾는 가운데 교회가 해야 할 일을 완수하는 데 없어서는 안 될 초인적인 요소를 잊어버리지 않을까 하는 것이다.

이스라엘의 남은 자들은, 성공이라는 것은 적이 사라진다고 되는 것도, 유능한 지도자에 의해 좌우되는 것도, 인간적인 자원에 달려 있는 것도 아님을 배워야 했다. 그들은 성공이 오직 강력한 성령님의 절대적인 일하심에 달려 있음을 배워야만 했다.

> 교회는 오직 영적인 방법에 의해서만 유지되고 자라나는 초자연적인 유기체이다.

하나님께서 정하신 방법

"만군의 여호와께서 말씀하시되… 오직 나의 신으로 되느니라." 전기가 주는 혜택을 누리려면, 전기의 법칙을 따라야만 한다. 우리가 그 법칙을 따를 때에만 그 효력의 혜택을 누릴 수 있다. 마찬가지로 우리가 의지하는 다른 모든 것들을 포기하고, "성령의 법칙"을 따를 때 우리는 성령님의 능력을 경험할 수 있다. 만일 우리가 세상의 어두움을 밝히려 한다면, 우리 자신을 금 기름에 담그고 성령의 불이 우리 삶의 심지에 불을 붙이도록 해 드려야만 한다. 세상에 절실히 필요한 것은 하나님의 불꽃으로 빛을 내는 삶이다.

이 이상에서는 빛을 내기 위해 꼭 필요한 등잔의 심지가 언급되지 않았다. 그러나 심지가 없다면 기름과 불꽃을 접촉시킬 수 없으며, 결국 빛을 비출 수 없다. 심지는 단지 태워 없어지기 위해서 존재할 뿐이다. 심지가 자신의 몸을 아끼는 한, 빛은 비추일 수 없다. 빛을 비추는 과정에서 성도의 삶은 조금씩 조금씩 소실된다. 예수님께서는 누군가를 치료하실 때마다 그 효능이 몸 밖으로 빠져 나가는 것을 아셨다. 성경은 주님에 대하여 "주의 전을 사모하는 열심이 나를 삼키리라"고 하였다. 만약 빛을 비추는 과정에서 우리를 다 소진할 준비가 안 되었다면, 우리는 결코 세례 요한처럼 등불을 태우고 빛을 밝히지 못할 것이다. 자신을 소진하다 보면 기진맥진할 때가 반드시 있을 것이다. 하지만 우리에게는 확실한 보상이 보장되어 있다. "겉사람은 후패하나 우리의 속은 날로 새롭도다."

빛을 품는 것은 심지 고유의 능력이 아니다. 심지는 빛을 밝히는 능력이 없다. 그 자체만으로는 독한 냄새와 검은 그을음만을 낼 뿐이다. 심지는 단지 기름과 불꽃의 매개체에 불과하다. 심지는 스스로 공급을 유지할 수 없지만 항상 도움을 받고 있다. 심지는 항상 도산 직전에 있다. 심지에 기름 공급을 중단하면 등불은 꺼지고 만다.

> 밝은 빛을 비추기 위해서는 심지의 검은 딱지를 떼어내야 한다.

구약 시대 제사장들의 직무 중 하나는 정금 불집게로 심지의 검은 딱지를 제거하는 일이었다. 그렇게 하지 않으면 심지는 밝은 빛을 비추지 못한다. 가끔씩 우리의 대제사장께서는 밝은 빛을 비추는 것을 방해하거나 덮고 있는 것들을 우리 삶으로부터 제거하기 위해서 정금 불집게를 사용하셔야만 한다. 주님은 성령께서 우리의 마음에 감동을 주시는 하나님의 말씀을 통해 이 직무를 수행하신다. 비록 힘들긴 하겠지만, 이 사역을 소중하게 받아들이라.

교회가 그 역할을 감당할 수 있는 방법은 열심이나 재정이나 지성이 아닌, 오직 성령의 능력에 의지하는 것뿐이다. 선전이나 조직, 혹은 총명함도 성령님을 대신할 수 없다. 새로운 기술이나 더 나은 방법들도 필요하지만 성령님의 능력 없이는 해낼 수 없다. 성령께서 우리의 가는 길을 준비하셨을 때에만 우리는 선교 사역에 성공할 수 있을 것이다. 선교가 활발한 곳에는 선교사가 도착하기 전에 이미 성령께서 일하시고 계심을 보여주는 증거가 있다. 그것은 마음의 갈증을 느끼게 하시거나, 기대감을 일으키시거나, 자신들의 종교에 환멸을 느끼게 하시거나, 혹은 그들이 가지고 있는 빛이 부족하다는 것을 깨닫게 하시는 것이다.

"오직 나의 신으로"라는 구절이 의미하는 것은 무엇일까? 이것은 모든 그리스도인들의 사역에 있어서 인간을 뛰어넘는 그 무엇이 가장 중요하다는 의미이다. 물론 일은 사람을 통해 행해진다. 그러나 그냥 사람이 아니라, 심지가 성령이라는 기름에 흠뻑 젖어 있듯이 하나님께 완전히 스며든 사람이 하는 것이다. 그러므로 누군가를 개종시켜 믿음 가운데 신자로 세우기 위해서 우리의 논리나 설득력을 의지해서는 안 된다. 주님께서 환경을 바꾸시고 우리 앞길의 장애들을 극복해 주시는 분임을 믿어야 한다. 주님만이 우리로 하여금 "그 일을 끝내게" 하실 수 있음을 기대해야 한다. 우리가 칠흑 같은 어두움에 싸여 있는 세상에 등불을 밝힐 때, 하나님의 불꽃이 우리를 다 태워버리시는 것은 얼마나 큰 특권인가!

> 내가 죽어갈 때, 이 얼마나 기쁜 일인가!
> 내 삶의 등불은 주님을 위해 활활 타올랐다네.
> 내가 가는 길이 아무리 힘들어도 중요하지 않다네.
> 그 길이면 족하다네, 주님의 소중한 발자취를 따라간다면.
> 내가 죽어갈 때, 이 얼마나 기쁜 일인가!
> 내 삶의 등불은 주님을 위해 활활 타올랐다네.

"오직 성령이 너희에게 임하시면 너희가 권능을 받고…
땅 끝까지 이르러 내 증인이 되리라 하시니라"
_ 사도행전 1장 8절

The Missionary Passion Of The Spirit

성령의 선교 열정

[말씀 읽기: 사도행전 13장 1-13절/16장 6-10절]

성령께서는 위대한 명령(역자 주: 마태복음 28:18-20 참조)의 수행자이시며, 선교 활동의 관리자이시다. 신약의 위대한 선교 지침서인 사도행전에서 우리는 성령님의 이름을 거의 매 페이지마다 보게 된다. 사도행전에 나타난 역사는 교회를 통해 계속해서 역사하시는 성령님의 이야기이다.

사도들의 모든 선교 활동 기록을 보면, 그들의 행적과 또한 교회의 행적이 인간의 수단을 뛰어넘는 하나님의 공급하심이라는 것이 명백하게 나타난다. 하나님의 목적을 이루는 데 있어서 주연 배우는 성령이시며 사람들은 단지 성령님의 도구일 뿐이다. 처음부터 끝까지 성령께서는 주동자이자 일꾼들의 우두머리가 되신다.

오순절은 기독교 발전에 두 가지 주목할 만한 사건을 남겼다. 첫째, 성령님께서 위로자와 수여자로서 취임하신 사건이었다. 주님께서 제자들에게 숨을 내쉬며 "성령을 받으라"(요 20:22)고 말씀하셨을 때, 슬픔과 두려움에 빠져 있던 제자들은 부활하신 주님이 약속하셨던 대로 위로자 성령님을 받았다(요 16:7). 성자의 약속은 위로자로서의 성령의 약속이었다.

성부의 약속은 수여자로서의 성령의 약속이었으며 이것 역시 오순절에 성취되었다. "볼찌어다 내가 내 아버지의 약속하신 것을 너희에게 보내리니 너희는 위로부터 능력을 입히울 때까지 이 성에 유하라"(눅 24:49). "저희가 다 성령의 충만함을 받고"(행 2:4). 그들에게 맡겨진 임무가 방대하다는 것을 어렴풋이 알게 되면서 비로소 제자들은 자신들의 능력이 턱없이 부족하다는 것을 느꼈다. 바벨탑 사건을 뒤집는 이 잊지 못할 날에 하나님께서는 그들에게 능력 주시는 성령님을 최초로 경험하는 은혜를 주셨다. 과거 바벨탑에서 사람들은 하나의 언어가 여럿이 되는 것을 보며 당황했었다. 지금 여기서 사람들은 많은 언어가 하나가 되는 것을 보며 깜짝 놀라고 있다. 이 획기적인 사건이야말로 선교 활동의 진정한 시작을 알리는 것이었다. 단 하루 만에 복음은 천하 각국으로 전파되었고, 천하 각국 언어로 말하여졌다.

두 직책을 맡은 성령님의 취임식과 더불어 또 다른 획기적인 일이 일어났다. 그것은 바로 그리스도의 신비로운 몸이자 살아 있고 강렬한 유기체인 교회가 설립된 것이다. 주님께서 육신을 입고 세상에 계셨을 때에는, 주님께서 친히 완벽한 매개체가 되사, 성령님이 세상에 하나님의 목적을 이루실 수 있도록 하였다. 그러나 이제 주님의 영광스러운 몸이 하늘로 올리우시면서 그의 신비로운 몸, 곧 교회가 성령의 도구가 된 것이다. 그리스도께서 이 땅에 계실 때 하셨던 모든 일들은 성령께서 능력을 주심을 인해 이루어졌다. 이제 교회에도 동일한 원리가 적용되었다. 성령 세례는 결합함의 의미를 가지고 있다. 왜냐하면 성령 세례에 의해서 모든 시대의 모든 신자들이 그리스도의 신비로운 몸의 일원이 되기 때문이다. "한 성령으로 세례를 받아 한 몸이 되었고"(고전 12:13). 이 몸은 그 지체들을 통하여 구원의 복된 소식을 온 세상에 전해주는 책임을 맡고 있다. 복음은 "모든 민족에게 증거되기 위하여 온 세상에" 선포되어야 한다(마 24:14). 이렇게 증거하기 위한 능력을 그들은 성령의 부으심 가운데 발견했을 것이다.

선교의 능력을 주시는 성령

주님께서는 승천하시면서 성령의 강림과 온 세상에 복음을 전할 능력을 갖게 되리라는 사실을 결부시키셨다. "오직 성령이 너희에게 임하시면 너희가 권능을 받고 예루살렘과 온 유대와 사마리아와 땅 끝까지 이르러 내 증인이 되리라"(행 1:8). 불과 며칠 후 그리스도의 말씀이 성취되었을 때, "천하 각국으로부터 온 경건한 사람들"은 성령께서 주신 그들의 증언을 들었다. 오순절 사건은 그와 동일한 모습으로 일어나게 될, 차후 전도 활동의 표본이었다.

성령 충만의 독특한 방식은 명확하게 진술되어 있다. "저희가 다 성령의 충만함을 받고"(행 2:4). 이것은 오순절에 모인 제자들에게만 국한된 경험도, 단지 특수한 어떤 경우에만 일어난 것도 아니었다. 일례로, 사도행전 4:8,31을 보면 베드로는 연속하여 성령 충만함을 경험하였다. 사도행전 전반에 걸쳐 이 주제에 대해서 반복적으로 강조되고 있는 것은 중요한 의미를 갖는다. 이는 초기 전도자들이 위로부터 주시는 능력을 받은 후에 그들의 사역을 시작하라는 주님의 명령을 진지하게 받아들였음을 보여준다. 그리고 이 위로부터 주시는 능력은 오늘날 전도자가 갖추어야 하는 필수적인 능력이다. 왜냐하면 성령께서 함께하지 않으시면 어떤 증언도 효력을 갖지 못하기 때문이다.

"성령의 충만함을 받고"라는 표현은 그저 그릇이 채워진다는 수동적인 의미가 아니라 인간이라는 존재가 하나님에 의해 통제를 받는 역동적인 개념을 담고 있다. 수동적인 의미는 전혀 없다. 제자들은 최상의 능력을 발휘하였지만, 자비로운 성령님의 통제를 거부하지 않았다.

> 위로부터 주시는 능력은 오늘날 전도자가 갖추어야 할 필수적인 능력이다.

사도행전 2장 4절과 에베소서 5장 18절에서와 같이, "충만하다, 가득 채워지다"라는 용어가 자주 "통제"라는 의미로 사용된다는 것은 주목할 만한 일이다. "[모든 사람이] 심히 두려워하여(역자 주: NIV 성경에는 "그들이 두려움에 가득 차"라고 되어 있음)"(눅 5:26). "도리어 내가 이 말을 하므로 너희 마음에 근심이 가득하였도다"(요16:6). 이들은 두려움과 근심에 의해 통제되었고 마음을 빼앗겼다. 테이어(Thayer)는 그의 사전에서 이와 관련하여 "마음을 통제한다는 것은 마음을 가득 채웠다고도 표현할 수 있다"라고 말한다. 우리가 자발적으로 성령께서 우리의 전인격을 소유하고 통제하시도록 맡겨드리고 주님의 주권 아래 우리 전인격을 드릴 때, 우리는 성령의 충만함을 받는다. 우리가 성령으로 충만할 때, 성령께서는 우리 인격의 중심에서부터 통제하기 시작하신다. 성령께서는 우리의 지성이 예수 그리스도 안에 있는 지성과 같이 진리를 사유하고 인식할 수 있도록 계속하여 가르치신다. 성령께서는 우리의 감정이 오직 그리스도께로 정해지게 하여 깨끗하고 견고하게 하신다. 성령께서는 우리의 의지를 강하게 하셔서 그리스도의 계명에 복종할 수 있도록 하신다. 성령께서는 우리의 인격을 지워버리는 대신 해방시키시며 향상시키신다. 이런 방식으로 성령께서는 제자들이 그들의 엄청난 책임에 걸맞게 준비될 수 있도록 그들의 삶 속에 새로운 생명과 능력을 불어 넣으신다.

성령께서 베푸시는 이러한 요소들은 선교를 위해 가장 기본적으로 필수적인 자질들이며, 다른 것으로 대체될 수 없다.

선교 활동을 진두지휘하시는 성령

예수님의 지상 명령을 수행하는 자요, 그 선교 사역을 관리하는 자로서 성령은 초대 교회의 업적에 두드러지게 드러난다. 아나니아와 삽비라 사건을 심판하신 일을 통하여 새롭게 시작되는 섭리의 시대에 성령님이 갖는 권위가 입증되었다. 성령님을 속인 죄로 그들 부부가 받은 비참한 벌은 갑작스러운 죽음이었다. "어찌하여 사단이 네 마음에 가득하여 네가 성령을 속이고… 사람에게 거짓말한 것이 아니요 하나님께로다"(행 5:3-4). 하나님께서는 이 땅에서 당신의 목적을 수행할 성령님을 훼방하는 일이 결코 가벼운 일이 아니라는 것을 사람들이 알기 원하셨다. 이방인 선교를 여는 첫 번째 말씀이 "성령이 가라사대 내가 불러 시키는 일을 위하여…"(행 13:2)였던 것은 우연이 아니다.

성령님의 첫번째 활동은 선교사들을 부르신 일이다. 선교사를 부르시는 분은 지원자나 교회가 아닌, 바로 성령님이시다. 사울과 바나바를 부르시는 상세한 구절(행 13:1-4)은 이에 관한 분명한 사실을 보여준다. "내가 불러 시키는 일을 위하여 바나바와 사울을 따로 세우라"는 말씀은 성령의 메시지였다. 성령의 부르심은 교회나 선교사의 어떤 활동보다 선행했다. 교회의 의무는 그들을 보내는 것이었고, 성령님의 지시를 인식하고 그것을 행하는 것이었다. 성령님께서는 당신의 목적을 위해 가장 적합한 사람들을 선택하셨고, 교회는 어떠한 이의도 제기하지 않았다. 선교사의 의무는 그 부르심에 응답하는 것이었다. 결국 적합성에 대한 판단은 개인이나 교회 지도자들에게 있는 것이 아니었으며, 성령님께 있었다. 그들의 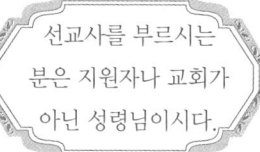 몫은 성령님의 인도하심에 민감해지는 것이었으며, 그분의 명령에 복종하는 것이었다. 교회는 이 문제에 대해 가결하지 않았다. 후보자들도 증명서 뭉치를 제출하지 않았다. 영적 지도자들이 "주를 섬겨" 금식하며 기도하는 중에 선교사들을 발견할 수 있었다. 하지만 계속해서 이런 식으로 진행되지는 못했다. 특별히 현대 선교 초창기 선교사들은, 라몬 럴(Ramon Lull)이나 윌리엄 캐리(William Carey) 같은 영적 거장들의 음성에 둔감했던 교회의 극심한 반대와 무관심을 무릎쓰고 선교지로 나가야 했다. 그러나 비록 사람들은 무시했을지라도 그들을 부른 성령님은 절대 그들을 잊지 않으셨다.

그 다음에 성령께서는 교회의 동의을 받아 선교사들을 **파송하셨**다. 교회는 안수를 통해 그들을 임명한다는 것을 상징적으로 드러냈지만, 권한을 부여하는 추진력은 진정한 성직 수임자이신 성령님으로부터 나왔다. 교회는 성령께서 이미 성별하여 임명하신 사람들을 바치며 임명하였다. 성령께서 먼저 임명하지 않으신다면, 사람이 머리에 손을 얹고 안수하는 것은 헛된 일이다.

선교 지역의 선택도 선교사들에게 달린 것이 아니라, 역시 성령님의 권한이었다. 추수의 주인이신 주님을 위해 일하시는 성령님만이 주님의 전략을 알고 계신다. 이것은 바울의 전도 여행에서 분명히 나타난다. 첫 번째 선교 여행에서 성령께서는 그들을 아시아와 로마로 가는 해로가 있는 구브로로 인도하셨다. 그들의 두 번째 선교 여행과 관련하여 성경은 다음과 같이 말씀하신다. "성령이 아시아에서 말씀을 전하지 못하게 하시거늘 브루기아와 갈라디아 땅으로 다녀가 무시아 앞에 이르러 비두니아로 가고자 애쓰되 예수의 영이 허락지 아니하시는지라"(행 16:6-7). 오직 성령님만이 어디가 전략적 중심지인지, 또 누가 그곳에서 일하기에 가장 적합한지를 알고 계신다. 캐리(Carey)는 남태평양으로 가려고 계획했다. 그러나 성령께서는 그에게 인도로 가라 하셨다. 바나도(Barnardo)는 중국으로 가려 했다. 그러나 성령께서는 그를 영국을 위해 사용하셨다. 저드슨(Jodson)의 목표는 인도였다. 성령께서는 그의 발걸음을 버어마로 옮기셨다. 그 결과들을 볼 때, 이들이 성령님의 인도하심에 주의를 기울인 것이 얼마나 중요한가를 볼 수 있다!

아시아와 비두니아는 때가 되면 복음을 받게 될 것이다. 하지만 현재 하나님의 전략은 복음이 유럽을 향해 서쪽으로 전파되어 그곳에서 거대한 선교 활동이 일어나게 하는 것이었다. 유럽은 추수할 시기가 무르익어 있었다. 앵글로 색슨 민족은 선교의 개척자들이 될 운명이었다. 그리고 모든 선교 활동의 5/6 가량이 그들에 의해 행해져왔다. 바울은 성령의 막으심을 인식할 수 있을만큼 영적으로 충분히 민감했다. 그는 자신의 뜻을 강행하며 나가는 대신 기도하며 하나님의 뜻을 구했다. 교회가 확장되고 전혀 예상치 못한 곳으로 복음이 전파된 것은 선교사들의 신중한 계획 때문이 아니라 성령의 개입으로 인한 것임을 주목해야 한다.

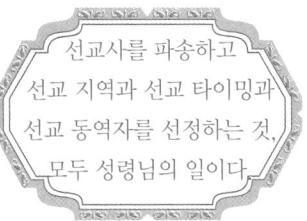
선교사를 파송하고 선교 지역과 선교 타이밍과 선교 동역자를 선정하는 것, 모두 성령님의 일이다.

성령께서는 선교 계획의 **타이밍**도 결정하신다. 때때로 하나님은 너무나 느리게 일하시는 것처럼 보인다. 왜 하나님께서는 기독교의 근간을 이루는 사건들이 성취된 후 17년을 기다리신 후에야 전 인류를 향한 선교 활동을 시작하셨을까? 왜 겨우 2명만 보내셨을까? 왜 그토록 절박한 필요에 대해 그렇게 보잘것없는 특별 부대를 준비하셨을까? 우리는 하나님의 생각은 우리의 생각보다 높으시며, 그분의 길은 우리가 알지 못한다는 사실을 배워야만 한다. 우리의 몫은 성령님의 인도하심에 주의를 기울이며 그분의 타이밍이 나타나도록 성령님을 섬기는 것이다. 우리는 성령님의 때가 있음을 배워야 한다. 성령께서는 아주 세심하게 정확한 시간표에 맞춰 일하고 계심에도 불구하고, 우리는 자신의 능력 안에서 실패와 실망에 따라 그분의 때를 무시한다.

동역자들을 선정하는 일 역시 성령님의 권한 영역 내에 있다. 사울은 자기 자신의 동역자를 선택하지 않았다. 성령께서 그를 지목하셨다. 성령께서는 경험이 더 풍부하고 영적으로 강한 선임자와 함께 가지 않는다면 아무리 지혜롭고 많이 배운 사도라 할지라도 파송하지 않으셨다. 사울이 바나바와 함께 파송된 것은 우연이 아니었다. 바나바는 성숙하고 경험 많은, '위로의 아들'이었다. 성령께서는 바나바의 인자한 성품에다, 하나님의 학교에서 오랜 기간 준비해 온 사울의 열정, 불 같은 열심, 끊임없는 집요함, 탁월한 지적 능력을 더하셨다. 그들은 함께 놀라운 은사의 혼합물을 만들어냈다. 하지만 그렇게 영적으로 철저하고 유능한 팀 내에서도 바나바의 생질 요한 마가로 인하여 다툼이 일어났다(행 15:39). 그렇지만 성령께서는 이런 유감스러운 사건조차, 하나의 선교 팀을 두 개로 만드시는 방법으로 뒤집어 버리셨다.

성령님의 또 다른 사역은 선교사들에게 중요한 역할을 감당할 개종자들을 인도하시는 일이다. 이것을 분명히 보여주는 예가 있다. 성령께서 사마리아에서 중요한 역할을 감당하고 있던 빌립을 부르셔서 광야인 가사로 가게 하신다. 분명 이것은 논리적으로 전혀 옳은 판단이 아니었다. 하지만 성령님의 음성에 순종하여 빌립이 가사에 이르렀을 때, 그리스도와 그의 구원을 찾는 매우 영향력 있는 한 사람이 정확하게 동시에 그곳에 이르렀다(행 8:29). 빌립이 그리스도를 영접할 준비가 되어 있는 구도자를 만나 그에게 복음을 전할 기회를 얻게 된 것은 그의 주저함 없는 순종의 대가였다. 그리고 이 개종 즉, 다른 사람도 아닌 에디오피아 모든 국고를 맡은 내시의 개종을 통해 복음이 그 나라에 전해졌다. 성령님의 개입이 없었다면 빌립은 결코 가사로 내려가지 않았을 것이며, 그 결과 에디오피아는 복음을 알지 못했을 것이다. 이보다 덜 극적일지는 몰라도 모든 선교 현장은 이와 비슷하다.

선교 활동에 있어서 치명적인 어려움 가운데 하나는 어두운 세력의 압박이다. 때때로 이런 압박들은 너무 커서 견디기 힘들어 보이지만, 이때에도 역시 성령께서는 **사단의 방해에 대항**하는 능력을 부어 주신다. 박수 엘루마는 총독 서기오 바울이 복음을 믿지 못하게 방해하며 바나바와 사울에게 대항하였다. "사울이 성령이 충만하여… 가로되 모든 궤계와 악행이 가득한 자요… 주의 바른 길을 굽게 하기를 그치지 아니하겠느냐… 네가 소경이 되어 얼마 동안 해를 보지 못하리라"(행 13:9-11). 그는 사단의 영을 받은 대적을 상대하면서 성령님과의 협력을 경험했다. 성령은 먼저 사울에게 소동의 근원을 분별할 수 있는 영적 통찰력을 주셨고, 그 다음에 그 일을 처리할 수 있는 영적 권위를 주셨다. 그는 담대하게 엘루마의 방해의 목적, 영, 근원, 그리고 본질을 폭로했고, 이어 엄숙하게 하나님의 심판을 간구했다.

성령께서는 또한 선교사들을 낙심과 대적들 가운데에서 격려해 주신다. 유대인들이 예수님에 대한 적개심에 가득 차 그들을 그 지경에서 쫓아내었을 때였다. 그 뒤 이상한 일이 일어났다. "제자들은 기쁨과 성령이 충만하니라"(행 13:52). 그들은 그들의 환경을 뛰어넘어 환

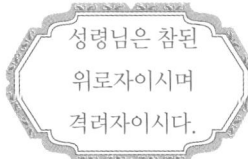
성령님은 참된 위로자이시며 격려자이시다.

란 가운데서 기뻐할 수 있었다. 그들은 참으로 성령께서 신묘한 위로자이며 격려자이심을 알게 되었다.

교회의 지도자들을 임명하셔서 교회를 지도하시는 분도 바로 성령님이시다. 이 일은 다수결 투표에 의해서 결정되지 않았다. "온 양떼를 위하여 삼가라. 성령이 저희 가운데 너희를 감독자로 삼고"(행 20:28). 양떼의 목자를 임명하신 분은 성령이시다. 가장 낮은 곳에서부터 가장 높은 곳까지 모든 것이 성령님의 특권이다. 심지어 교회 안에서 가장 미천한 직책이라 할지라도 그들은 반드시 성령님에 의해서 통제되어야만 한다(행 6:3).

첫 번째 예루살렘 회의에 참석한 대표자들은 성령의 주재와 임재를 분명히 인정하였다. "성령과 우리는… 가한 줄 알았노니"(행 15:28). 그들은 그들의 의견에 있어서 가장 중요한 자리를 성령님께 내어드렸다.

초기 선교사들이 그들이 만나는 사람들에게 행한 사역을 보면 그들이 얼마나 성령의 사역을 중시하고 있었는지 알 수 있다(행 8:17, 9:17). 바울이 에베소에서 만난 열두 사람에게 성령 충만과 그 능력을 말하고 있음을 보아도 알 수 있다(행 19:2-6). 그러니 개종자들에게 무엇보다 먼저 이 사실을 가르쳐야 하지 않겠는가?

교회와 선교사들이 성령님께 그들의 모든 사역을 맡긴다면, 우리는 세계 선교 현장에서 놀랄 만한 진보를 보게 될 것이다. 그러나 분명한 사실은 성령의 활동이 철저히 무시되는 곳이 아닌데도 성령께서 마음껏 일하실 기회가 없다는 것이다.

선교 현장에서 성령께서 활약하신 가장 감격적인 이야기 가운데 하나는 인도 옹골 지역의 론 스타 선교회의 이야기이다. 15년 간의 헌신적인 사역의 결과는 고작 10명의 개종자에 불과했고, 엄청난 적자로 인해 미국 침례교 연합은 1853년에 선교 센터의 문을 닫기로 결정했다. 콜버 박사(Dr. Colver)는 그토록 큰 값을 지불하고 얻은 이 작은 교회를 위해 감동적인 청원을 했다. 비서관이었던 에드윈 브라이트 박사(Dr. Edwin Bright)도 그를 지지하며 다음과 같은 연설을 했다. "10명으로 구성된 이 작은 교회에 누가 이 소식을 전하겠습니까? 미국 침례교도들이 그들을 포기하기로 결의했다고 누가 그들에게 알릴 것입니까?" 그는 연단을 왔다 갔다 하며 말했다. "도대체 누가 그 편지를 쓸 겁니까?"

그날 밤, "나의 조국, 당신의 나라(My country, 'Tis of thee)"의 저자인 스미스 박사(Dr. Samuel Smith)는 잠을 이룰 수 없었다. 토의할 때 보았던 지도가 떠올랐다. 거기에는 선교 센터들이 별 마크로 표시되어 있었다. 버어마에는 빽빽하게 못이 박혀 있었지만, 인도에는 오직 한곳뿐이었다. 누군가가 이것을 론 스타(역자 주: lone star는 '외로운 별'이라는 뜻임)라 불렀다. 연필과 종이를 집어 들고 스미스 박사는 이렇게 썼다.

론 스타여, 빛을 비추소서,

그대의 밝은 빛은 동방 하늘 위로 펼쳐지리라.

슬픔과 어둠은 지나가고 여명이 속히 오리라!

순례자의 눈에 빛을 비추고 축복하소서.

론 스타여, 빛을 비추소서, 나는 결코 끄지 않으리.

아직 운명이 결정되지 않은 희미한 빛을 발하는 그 등불을

베들레헴의 외로운 별(lonely star)은

밝고 영광스러운 날을 가져왔도다.

론 스타여, 빛을 비추소서, 비탄과 눈물 속에서

가슴 아픈 실패들은 종종 시작되었으니

당신 주변에 빛을 비추소서

하늘의 외로운 별들(Lone Stars)은 결코 멸시받지 않으리라.

론 스타여, 빛을 비추소서, 누가 이처럼 빛나는 보석을

땅에 던져 깨뜨리겠는가?

어둠의 세력 가운데 빛을 발하는 이 별을!

한 무리로부터 최근 버림받은 이 별을

땅에 던져 깨뜨리기 위해 애쓸 것인가?

론 스타여, 빛을 비추소서, 그 날들이 가까워졌도다.

어느 누구도 그대보다 더 맑은 빛을 비출 수 없는 그 날들이.

의심과 두려움 속에서 태어나 깊이 생각하는 그대여,

그대는 임마누엘이신 주님의 눈살을 찌푸리게 할 것이라.

론 스타여, 빛을 비추소서, 이 땅이 회복되어질 때까지

그대는 이 땅 가운데 우상들을 명하여 엎드러지게 할 것이며

그대의 빛이 비추어진 수많은 곳에서

만유의 주이신 주님께 왕좌를 내어 드리게 될 것이라.

아침 식사 때, 의장인 저지 헤리스(Judge Harris)가 스미스 박사에게 그의 의견을 물었다. 그는 위의 시를 꺼내었다. 의장은 회의 중에 이 시를 감동적으로 낭독하였다. 청중들은 충격을 받았고, 흐느끼기 시작했다. 희망의 비전이 보이기 시작했다.

그 결과는 어땠을까? 성령의 위대한 활동이 그들의 믿음을 보상하셨다. 단 하루에 2,222명이 세례를 받았다. 30년이 지난 후, 옹골 교회에는 15,000명의 성도가 운집했고, 세계에서 가장 큰 침례교회가 되었다.

"저희가… 성령이 말하게 하심을 따라
다른 방언으로 말하기 시작하니라"_ 사도행전 2장 4절

Spiritual_Maturity

The Spirit And Speaking With Tongues(1)

성령과 방언 (1)

[말씀 읽기: 고린도전서 12장 6-11절/28-31절]

오순절 성령강림은 새로운 시대의 서막이 오른 것을 분명히 보여주었다. 천하 각국에서 온 군중들은 사도들이 받은 놀라운 방언의 은사에 당황했다. 그들은 깜짝 놀랐으나 "각각 자기의 방언으로 제자들이 말하는 것"을 듣고 깊이 감명받았다.

가이사랴와 에베소에 있는 이방인 무리에게 성령이 부어졌을 때에도 방언으로 말하는 일이 두 번 연달아 일어났다. 이 사실에 근거해서 흔히 말하는 오순절 운동이 번져 나갔다. 오순절 계통의 신자들은 대다수가 방언을 말하는 것이 성령을 받은 증거이며, 방언은 성령 세례와 반드시 수반되어야 한다고 믿고 있다. 이 오순절 운동은 지난 반세기 동안 괄목할 만한 성장을 이루어 왔다. 미국의 교회들 가운데 가장 빠르게 성장한 교단이 바로 이들이다. 이것만으로도 이들의 주장과 성경적 기초를 조사해볼 이유가 될 것이다. 만약 우리가 하나님께서 주신 복을 놓치고 있다면 그것이 무엇인지 알아야만 한다. 또 만약 이 운동이 아무리 능력이 있어도, 그 강조하는 바에 잘못된 부분이 있다면 우리는 그것을 알아야만 한다.

성령강림 운동은 복음주의 교리를 부정하지 않기 때문에 결코 이단이 아니다. 게다가 성령강림 운동은 진심으로 믿음을 주장하고 있다. 그러므로 비록 오순절 교회들의 관점에 동의하지 않더라도 그들도 그리스도의 한 지체라는 것을 기억해야만 한다. 사실 어떤 부분에서 그들의 믿음이 오해가 될 만한 소지가 있긴 하지만, 그들 중 대부분은 아주 신실하고 매우 열심이다. 긍정적으로 표현해서, 성령강림 운동은 영적으로 심취되어 있다는 말로 가장 잘 표현될 것이다. 그리고 이러한 심취 상태는 객관적이고 논리적인 논쟁으로는 좀처럼 극복될 수 없다. 따라서 이들에게 단지 삼단 논법을 줄줄이 나열하며 접근하는 것은, 비록 적절한 성경 구절로 뒷받침된다 하더라도 그들에게 전혀 아무런 감동을 주지 못할 것이다. 그들은 복음주의 교회의 차갑고 불만족스러운 교리가 줄 수 없는 무언가를 즐기고 있다.

영적으로 갈급한 기독교인들과 새로운 개종자들이 이들의 품으로 몰려드는 것은, 그들이 다른 교회에서는 줄 수 없는 더 생동감 있고, 더 만족스럽고, 더 역동적인 어떤 약속을 제공하기 때문은 아닐까?

초대 교회의 열심과 열정을 잃어버린 오늘날 다른 교회들과는 달리, 그들이 초대 교회의 부활을 약속하고 있기 때문은 아닐까? 이 부분에 대한 우리의 가르침이 부적합하거나 결함이 있는 것은 아닐까? 우리가 국내 선교와 선교 활동에 있어서 활발하게 일어나고 있는 오순절 운동에 자극을 받는 것은 필요하다.

오순절의 은사

주님께서 제자들에게 예루살렘에서 기다리라고 명하셨던 "아버지의 약속하신 것"은 무엇인가? 그것은 방언의 은사가 아니라, 위로부터 임하는 능력을 덧입는 것이었다. 이 두 가지는 완전히 다른 것이며 구별할 수 있다(눅 24:49). 능력을 부여받은 증거는 능력있는 주님의 증인이 되는 것이었다. 사도행전 1장 8절에 기록되었듯이, 주님께서도 성령의 권능을 덧입는 것은 곧 그리스도의 복음을 증거하는 것이라고 분명히 말씀하셨다. "오직 성령이 너희에게 임하시면 너희가 권능을 받고… 땅 끝까지 이르러 내 증인이 되리라." 성령이 임하실 때에 "성령의 말하게 하심을 따라 다른 방언으로 말하기"가 수반되었다는 것은 사실이지만(행 2:4), 오순절파 성도들이 주장하는 것처럼 이것이 은사 그 자체이거나 혹은 은사의 가장 중요한 증거는 아니었다.

> 주님이 제자들에게 기다리라고 한 것은 방언의 은사가 아니라 위로부터 임하는 능력이었다.

다른 방언과 알아듣지 못하는 방언

이 주장에 동의하기 위해서는 몇 가지 예비적인 질문들에 대한 대답이 선결되어야 한다: 오순절의 "다른 방언"과 고린도전서 14장의 "방언"이 같은 것인가? 두 방언은 분명히 차이가 있다. 많은 성경적 증거들이 있다.

- 오순절에는 저희가 다 방언을 말하였다(행 2:4).

  고린도 교회 성도들은 그렇지 않았다(고전 12:30).

- 오순절에는 방언을 모든 사람들이 이해할 수 있었다(행 2:6).

  고린도에서의 방언은 아무도 이해하지 못했다(고전 14:2,9).

- 오순절에 그들은 사람들에게 말했다(행 2:11,17).

  고린도에서 그들은 하나님께 말했다(고전 14:2).

- 오순절에 그들은 통역하는 사람이 필요 없었다(행 2:6).

  고린도에서는 통역하는 사람 없이는 방언이 금지되었다(고전 14:23, 28).

- 오순절 방언은 신자들에게 표적이 되었다(행 11:15).

  고린도에서 그것은 믿지 않는 자들에게 표적이 되었다(고전 14:22).

- 오순절에 방문자들은 경외심과 놀라움으로 가득 찼다(행 2:7,8).

  고린도에서 바울은 만약 교회 안에서 모두 방언으로 말하면 방문자들이 미쳤다고 말하지 않겠냐고 경고했다(고전 14:23).

- 오순절에는 완벽한 일치와 화합이 있었다(행 2:1).

  고린도에는 어지러움과 혼동이 있었다(고전 14:33).

두 방언의 모습에는 이와 같이 명백한 차이점들이 있기 때문에, 만약 두 사건을 동일한 것으로 생각하고 교리의 체계를 세워 주석한다면 문제가 될 것이다. 만약 고린도전서 14장의 "방언"이 사도행전 2장의 것과 똑같은 것이 아니라면, 그것은 도대체 무엇이었을까? 오순절 날에 나타난 "다른 방언"은 그들의 모국어가 아닌 다른 나라 말이었다. "각각은 그들이 배운 적이 없는 언어를 말하기 시작했습니다. 하지만 그것은 그 언어에 익숙한, 다양한 나라에서 온 사람들이 알아들을 수 있는 진짜 언어였습니다. 그것은 뜻을 알 수 없는 소리가 아닌, 이해할 수 있는 언어였습니다." 고린도전서 14장의 "방언"은 무아경이며 시끄러운 소리였고, 열렬하고 열광적인 종교적 경험이었을 뿐, 통역의 은사를 통하지 않으면 말하는 자나 듣는 자가 반드시 이해할 수 있는 것은 아니었다.

윌리암 바클래이(William Barclay)는 이렇게 주석한다. "이 현상은 초대 교회에 있어서 매우 흔한 것이었습니다. 그 현상 중에 사람은 점점 더 흥분하여 무아경에까지 이르게 되고 그 상태에서 아무도 알아들을 수 없으며 억제할 수 없는 소리를 쏟아 놓았습니다. 이런 소리들이 통역되지 않으면, 어느 누구도 그것이 무슨 뜻인지 알지 못했습니다. 좀 이상해 보일 수도 있지만, 초대 교회에서 이 은사는 매우 선망의 대상이었습니다. 그것은 위험한 은사였습니다. 첫째

> 사도행전 2장의 방언은 사람들이 알아들을 수 있는 외국어였고, 고린도전서의 방언은 열광적인 종교 체험이었다.

로, 방언을 하는 것은 보통과 달랐으며 몹시 찬사를 받았고, 그에 따라 그 은사를 가진 사람은 자신의 은사에 대해서 어떤 영적인 교만에 빠지기 쉬웠습니다. 다음으로, 그것을 소유하고 싶은 강한 열망으로 인해, 적어도 어느 정도는 일종의 자기 최면과 고의적으로 유발시킨 병적 흥분을 만들어 내었으며 결국 철저히 거짓이며 미혹시키는 가짜 방언들을 지어냈습니다."

하지만 이런 종류의 무아경에서 하는 말들은 결코 성령강림 운동에서만 유일하게 나타나는 특징이 아니라는 것을 기억해야만 한다. 이것은 이슬람과 힌두교, 그리고 몰몬교와 심령술에서도 매우 익숙한 것이다. 이 사실만으로도 사람들은, 방언을 말하는 것이 영적 세례나 영적 부으심의 유일한 증거이며 필수적이라는 주장을 경계하여 볼 수 있을 것이다. 어떤 작가는 이렇게 주장한다. "거의 모든 종교에서 열심이 광신으로 바뀔 때는 유사한 행위들이 있기 마련입니다." 그렇다면 방언을 말하는 것은 진리의 영에 의한 사역일 뿐 아니라, 거짓의 영에 의한 일일 수도 있는 것이다.

참된 "방언"이 오늘날에도 있을까?

이 질문에는 두 가지 견해가 있다. 첫 번째 견해는, 로버트 앤더슨 경(Sir Robert Anderson)의 확신에 찬 말에 잘 표현되어 있다. "사도행전과 같은 시기에 쓰인 서신서들을 살펴보면, 사도행전에서 기술된 오순절 은사와 기적들이 두드러진 위치를 차지하고 있다. 그러나 반면 후기 서신서에서는 이러한 것들을 발견할 수 없다. 즉, 후기에 가서는 기적과 은사들이 그쳤음을 추측할 수 있다. 바울의 마지막 옥중 서신들은 이 추측이 옳다는 것을 증명하고 있다."

다음의 사례가 이러한 견해를 지지해 준다. 영적인 은사들의 목록을 보여주는 고린도전서 12장과 그 은사들의 가치 있는 활용 방법을 알려주는 14장을 분리하는 13장에는 이런 말씀이 나온다. "예언도 폐하고 방언도 그치고 지식도 폐하리라. 우리가 부분적으로 알고 부분적으로 예언하니, 온전한 것이 올 때에는 부분적으로 하던 것이 폐하리라"(고전 13:8-10).

오순절의 은사와 증거가 사라졌다는 주장을 옹호하는 사람들은, 이 고린도전서 13장 10절의 말씀이 바울의 기록에 나타난 하나님의 진리가 완전히 밝혀지는 것을 뜻한다고 주장한다. 연대순으로 보아 영적 은사들이 마지막으로 나열된 에베소서 4장 8-16절에는 기적의 은사가 생략되어 있다. 게다가 거기에 언급된 은사들 가운데서 사도와 선지자, 이 두 가지마저 지금은 사라지고 없다. 성숙과 완전이 이루어지면서, 지식과 예언과 방언, 이 세 가지 특별한 은사는 사라졌고 그쳤다. 그 이유는 바로 그 은사들의 목적이 완수되었기 때문이다. 그 은사들은 계시가 불완전했을 때에만 필요했다(히 2:3-4 참조). 이런 은사들은 영적 미성숙과 동반되었다. 그래서 바울은 이 점에 대해 "장성한 사람이 되어서는 어린아이의 일을 버렸노라"라

> 은사들은 목적이 완성되었을 때 사라졌다.

고 말했다.

이러한 논쟁은 계속되고 있다. 그러나 성경의 분명한 증거가 아니라, 일련의 적절한 연역적 추론에 의거하고 있다. 저자는 오순절파의 견해에 매료되어 있는 사람들과 이런 류의 논쟁을 해보았으나 아무런 성과도 없었다. 모든 논의를 종식시킬 만한 절대적인 성경적 진술은 없다. 그 반대로, 몇몇 성경적 진술들은 명료하게 이러한 의견에 반대하는 것으로 보인다.

"방언 말하기를 금하지 말라"(고전 14:39).

"나는 너희가 다 방언 말하기를 원하나"(고전 14:5).

"내[바울]가 너희 모든 사람보다 방언을 더 말하므로 하나님께 감사하노라"(고전 14:18).

이와 같은 명확한 진술들에도 불구하고, 오늘날 방언을 말하는 것을 "헛소리나 병적 흥분에 불과"하다고 분류하는 것은 너무 무분별한 판단이다. 따라서 영감을 받은 바울의 기록에서 성령의 음성을 듣는 신자들에게는 설득력이 없다.

방언을 헛소리나 병적 흥분으로 분류하는 것이 타당한 면도 있음은 분명하다. 그 열매들은 대부분 성령의 열매가 아닌 것으로 밝혀졌다. 통역이 주어질 때조차 그 내용이 종종 미숙하고, 성경보다 더 깊은 의미는 없었다. 성령 운동의 초기 성장을 연구한 토리 박사(Dr. R.

A. Torrey)는 비록 이 운동의 대부분이 가짜라고 믿었음에도 불구하고, "오늘날에도 하나님께서 방언의 은사를 주신다는 사실을 나는 부정하지 않습니다"라고 하였다. 성령 운동이 힘을 얻기 시작했을 때, 신뢰할 만한 성경 주석가인 솔타우 목사님(Rev. George W. Soltau)은 이렇게 썼다. "오늘날에는 방언이 없다는 것입니까? 확실히 있습니다. … 누가 이 은사를 받을까요? 참된 복은 종종 예기치 않게, 그리고 구하지 않았는데도 은밀하게 사적으로 주어졌으며, 영혼을 얻거나 과시하기 위해서가 아닌, 예배와 경배의 목적으로 주어졌음을 알 수 있습니다. 공적인 모임 중에 이 은사를 받은 몇몇 경우가 있으며, 그런 경우 온유와 겸손, 절제, 그리고 사랑의 영이 수반되었습니다."

필자도 이러한 경험을 한 적이 있다. 방언은 은밀하게 또 구하지도 않았음에도 나타나 예배와 경배의 결과를 가져왔다. 이러한 일이 몇 번 더 일어난 후, 그것은 그쳤고 다시는 일어나지 않았다.

"다 방언을 말하는 자겠느냐?"_ 고린도전서 12장 30절

Spiritual Maturity

The Spirit And Speaking With Tongues(2)

성령과 방언 (2)

[말씀 읽기: 고린도전서 14장 1-33절]

오순절파 교인 대부분은 방언이 성령 세례 혹은 성령 부으심의 가장 중요한 증거라는 견해를 갖고 있다. 그들은 방언이 나타나지 않으면 성령 세례를 경험한 것이 아니며, 성령 충만함을 받지 못한 것이라고 주장한다. 즉, 방언이 성령님의 임재와 능력의 유일한 척도라는 것이다. 이러한 믿음은 오순절날 예루살렘에서, 가이사랴의 고넬료집에서, 그리고 에베소의 교회 모임에서 성령 세례의 증거로 방언이 나타났다는 사실에 근거하고 있다(행 2:4, 10:46, 19:6). 그러나 앞에서 언급된 세 경우를 연구한 결과를 보면, 각각의 경우에 방언의 은사가 주어진 데에는 뚜렷한 이유가 있다는 것이 밝혀졌다.

오순절에는 처한 상황이 급박하고 위급했기 때문이었다. 오순절 절기로 인해 주변의 나라들로부터 많은 유대인들이 모여들었다. 많은 사람들이 이제 막 집으로 돌아가려고 하고 있었다. 그리스도께서 십자가에 못박히고 부활하시어 하늘에 오르신 것은 이제 과거의 일이 되었기에 복음의 기초는 이미 완성된 상태였다. 이제 성령강림의 역사에 온 도시가 관심을 모으고 있다. 이 거대한 무리가 복음을 받아들이고 이루어진 일들에 대해 설명을 들으려면, 그것은 바로 지금이어야만 했다. 방언의 은사가 없었다면 언어의 장벽으로 인해 15개 국에서 온 사람들에게 증거할 수 없었을 것이다. 그래서 하나님의 주권적인 의지로 성령을 은사로 부어주셨으며 이 나라들을 먼저 복음화 시키려는 하나님의 목적이 달성되었다. 그 이후로 똑같은 일이 일어났다는 기록은 어디에도 없다.

가이사랴에서의 이유는 달랐다. 이곳에서의 방언은, 이방인인 고넬료에게 복음을 전하라는 주님의 명령에 순종하기를 꺼리는 베드로 때문에 나타났다. 그의 태도는 예루살렘 교회의 태도를 정확히 대변하고 있었다. 이방인에게도 유대인과 똑같은 은사를 주신다는 것을 베드로와 교회 모두에게 확신시키기 위해, 하나님께서는 예루살렘에서 보여 주신 징후를 다시 한 번 주셨다. 그러나 이번에는 여러 언어로 나타나거나 복음의 의미를 담고 있지는 않았다.

> 방언의 은사가 나타난 것은 뚜렷한 이유가 있을 때였다.

에베소의 유대인 제자들은 요한의 세례

를 받았으나 세례 요한으로부터 시작되어 계속된 역사에 대해서는 아무것도 듣지 못하였다. 그들은 속죄의 사실이나 성령의 은사에 대해 모르고 있었다. 하지만 바울의 가르침으로 인해 그들도 예루살렘과 가이사랴에서 일어났던 성령의 강림을 체험했다. 이번에도 오순절에 나타났던 복음적인 의미는 없었다.

이 세 경우 모두 방언의 은사는 성령의 충만함이나 은사라기보다 각각의 경우에 맞는 **하나님의 축복임**을 보여준다. 또한 세 경우 모두 간구하거나 기대하지 않았는데도 방언의 은사를 받았으며 또한 모임을 통해 받았다는 것에 주목할 필요가 있다. 각각의 경우에서 은사는 선택되거나 특별히 준비된 개인에게 부어진 것이 아니라 모여있는 무리에게 부어졌다.

이상의 이유로 볼 때, 방언이 성령 세례나 성령 부으심의 유일한 증거라는 주장은 더 이상 설득력이 없다. 만일 이 주장이 사실이라면 그 실제적인 영향력으로 인해, 모든 영적 은사 가운데 방언을 말하는 것이 가장 중요해질 것이며 따라서 다른 은사보다 더욱 힘써 구해야 할 것이다. 그러나 바울은 그 정반대의 것을 강조한다. 어디서든지 예언은 방언보다 우선하며, 바울은 이 방언을 가장 덜 중요한 것으로 분류하고 있다. 그는 고린도 교인들에게 "더욱 큰 은사를 사모하라"고 권면하고 있다. 이것은 어떤 성령 은사는 다른 것보다 더 크고 더 간절히 구해야 한다는 것을 나타낸다. 고린도 교인들에게 예언하기를 사모하라고 독려하는 동시에 방언에 대해서 금하지는 말라고 말한다. 그는 방언이 남용될 가능성이 많다는 사실을 지적하였으며 다른 어떤 은사에도 이러한 제한과 규제로 울타리를 쳐 놓지 않았다. 바울은 말하였다. "교회에서 네가 남을 가르치기 위하여 깨달은 마음으로 다섯 마디 말을 하는 것이 일만 마디 방언으로 말하는 것보다 나으니라"(고전 14:19).

> 방언은 은사라기보다 때에 맞는 하나님의 축복이다.

'방언'의 목적

이 은사가 이처럼 엄격한 규제를 필요로 하고, 남용되거나 위조될 가능성이 많다면, 이것이 과연 어떠한 가치를 지니고 있는지 의문을 품을 수 있을 것이다. 본래대로 순수하게 그리고 하나님이 허락하신 범위 내에서 사용된다면, 성령님이 주신 것이라는 사실만으로도 불필요하거나 가치가 없는 것이 아니라는 충분한 증거가 된다. 만일 이것이 불필요하거나 무가치하다면 통역의 은사에 대한 설명이나 정당성을 찾을 수 없을 것이다.

방언의 은사는 새로운 시대의 시작을 증명하였다. 또한 아직 문서화된 신약이 없을 때에 성령에 감화를 받아 하는 말임을 증명하고 확인해 주는 중요한 역할을 하였다. 하나님께서는 "표적들과 기사들과 여러 가지 능력과 및 자기 뜻을 따라 성령의 나눠주신 것"으로써 하나님의 설교자들의 증인이 되셨다. 방언은 또한 헌신과 경배의 순수한 표현이 될 수 있으며 그렇게 유익한 목적에 이바지할 수 있다. 우리는 다른 은사에 비해 방언이 열등하다고 너무 강조한 나머지 그것을 주시는 성령의 지혜에 이의를 제기하는 일이 없도록 주의해야만 한다.

은사의 규칙

바울은 무아경에 빠져 외치는 방언을 독려할 필요는 없지만 무시해서도 안 된다고 명시하면서 그것을 활용하는 데 제한적인 규제들을 둘러 놓았다. 그는 그 은사의 실제성에는 의문을 품지 않았지만 그 위험성을 알고 있었다. 왜냐하면 무아경과 광란 그리고 자기 최면을 구별해 내기가 매우 어렵기 때문이다. 오늘날 순수한 방언이 있음을 인정받으려면, 그것이 성경의 요구사항에 부합되는지를 검증 받아야 함을 당연하게 받아들여야 한다. 그것은 모든 것이 "적당하게 하고 질서대로" 되어야 한다는 조건 하에 허용되었다. 바울의 가르침에서 다음의 사실들이 나타난다.

모든 영적 은사를 주시는 것은 성령의 주권적인 권리이다(고전 12:11). 따라서 어떠한 은사도 권리로서 청구될 수 없다. 우리는 성령님께 어떤 영적 은사를 달라고 지정할 수 없다.

우리는 신령한 은사 즉, 교회의 덕을 세우는 데에 가장 좋은 것을 사모해야 한다(고전 14:12). 고린도 교회는 이 충고를 무시하고 가장 화려한 것에 주력하다가 스스로 혼란과 패배에 빠지게 되었다.

은사를 주시는 가장 첫째 목적은 교회의 덕을 세우기 위함이다(고전 14:12). 만일 어떤 은사가 나타났다고 공언하였으나 교회의 덕을 세우는 역할을 감당하지 못한다면 그것은 가짜이거나 남용되고 있는 것이다. 만일 누군가가 대중 앞에서 "방언"을 말하고 싶다면 먼저 그것을 통역할 수 있는지를 확인하여야 한다(고전 14:28).

교회 안에서 "방언"을 말하는 것은 둘이나 세 사람이 순서대로 하였다. 그들은 동시에 말하는 것이 아니라 순서에 따라 말해야 했다. 이렇게 하지 못하는 방언은 금지당했다(고전 14:27).

만일 은사를 행하는 것이 질서보다 혼란을 야기시킨다면 그것은 가짜라는 확실한 증거이다. 왜냐하면 하나님은 어지러움의 하나님이 아니시기 때문이다(고전 14:33).

> 은사를 주시는 가장 첫째 목적은 교회의 덕을 세우기 위함이다

주의해야 할 이유

우리는 방언에 대해 이러한 생각을 갖고 있는 사람들이 바로 우리의 동료이며 그중 많은 수가 독실한 기독교인이라는 것을 발견한다. 그러나 우리는 그 열매와 잠재되어 있는 위험성에 비추어 이 움직임을 평가해 보아야 한다. 이것이 지니고 있는 큰 위험 중 하나는, 가장 중요하고 본질적인 것을 부차적인 것으로 종속시키는 경향이 있다는 것이다. 화려한 것을 높이다 보면, 기독교의 위대한 중심적 진리를 영적으로 눈에 보이는 것과 이로 인한 경험들에 종속되는 것으로 만

들어 버리기가 쉽다. 이런 것을 유도하는 가르침은 즉시 의심해 봐야 한다.

이런 가르침에는 몇 가지 위험들이 있다.

✜영적인 위선 _ 물론 이것은 어떤 기독교인 그룹에서든 나타날 수 있는 것이지만, 독특하고 구별된 진리를 갖고자 하는 단체에서 특히 위험할 수 있다. 방언의 은사가 성령 세례나 성령 충만의 가장 중요한 증거라는 주장과 이 은사가 다른 어떤 교회보다 오순절파 모임에서 가장 많이 나타난다는 주장은 거만한 태도를 불러오기 쉽다. 한번은 그들 중에 한 명이 필자에게 이런 말을 하였다. "당연히 우리는 당신들보다 더 높은 수준으로 살고 있지요." 이것이 분명 사실일 수 있지만 다른 사람이 말해 주는 것이 더 나았을 것이다. 그러나 더 엄밀히 말하자면, 이러한 교만한 태도에 우리가 지적하고 안타까워하는 것처럼, 그들 내부에서 깨어 있는 자들이 안타까워해야 할 일이다.

✜허위의 가능성 _ 모든 영적인 은사 중에서 방언이 가장 남용되거나 허위로 꾸미기 쉽다는 것에는 반박의 여지가 없다. 이교도와 반기독교 단체도 이 현상을 경험한다는 사실은 이런 징후가 하늘로서뿐만 아니라 지옥으로부터도 나올 수 있다는 것을 명백하게 보여준다. 사단은 선하고 거룩한 것을 모두 변질시키고 모방하여 자신의 비열한 용도로 악용하기를 기뻐한다. 육체적인 영역과 영적인 영역은 매우 밀접하게 연관되어 있어서 하나를 다른 하나로 오해하기가 쉽

다. 육체적인 의욕과 흥분이 영적인 열심으로 오해되기 쉬운 것이다.

❖분열을 일으키는 경향 _ 오순절 운동의 역사를 조금이라도 알고 있는 사람이라면 이 점은 크게 힘들이지 않아도 알 수 있을 것이다. 오순절 교회들은 선교지와 모국에서 모두 분열의 역사가 끊이지 않았고 그 단체와 수많은 전도 모임에서 분열이 계속되었다. 자신들을 성령 운동의 전형이라고 생각하는 단체가 성령의 조화로움 대신, 분열을 일으킨다는 것은 슬픈 일이다. 바울은 로마 성도들에게 보낸 편지에서 정반대의 조언을 하고 있다. "너희 교훈을 거스려 분쟁을 일으키고 거치게 하는 자들을 살피고 저희에게서 떠나라"(롬 16:17). 그러나 모든 오순절파 모임이 분열을 일으키는 것은 아니다. 또한 이 구절이 이들을 배척하라고 부추기는 말씀도 아니다.

❖감정의 과장 _ 만일 우리 전통적인 교회가 감정적인 요소를 과도하게 억압하는 경향이 있다면, 오순절 모임은 정반대의 경우이다. F.W. 로버트슨(F.W. Robertson)은 말한다. "성령께서는 인간과 세 가지 방법으로 하나가 될 수 있을 것입니다. 사람의 몸과 하나가 되면 소위 말하는 기적이 나타납니다. 사람의 영혼과 하나가 되면 격앙된 기분을 느끼게 되는데 이는 '방언'을 통해 표출됩니다. 사람의 지식과 하나가 되면 예언을 하게 됩니다. '방언'의 경우에 있어서, 사람은 느낄 수 있지만 그 기분을 논리적으로 설명할 수는 없습니다. 명확한 분별력이 무아경 속으로 사라져 버립니다. 만일 사람이 그것을 조절하지 않으면 말하는 자가 그 기분에 빠져버리게 됩니다."

이 무아경의 상태가 너무 기분 좋은 것이고, 또 고린도 교회의 경우에는, 다른 사람들의 칭찬과 경쟁심으로 너무 흥분된 나머지, 마치 오늘날의 오순절과 모임처럼 이것이 가장 중요한 목표가 되었다. 그들은 자신들의 격앙된 기분을 보여주느라 시간을 다 써버렸으며, 이 통제되지 않은 종교적 감정이 이성과 지각을 압도하였다. 자연적이고 동물적인 감정이 마치 영적인 열정인 양 행세하였다. 이와 같은 경향이 성령강림 운동에서도 나타났는데, 엄청난 과장이 수반되는 경우가 드물지 않았다.

전 세계를 대상으로 이 단체의 발달과 특징을 집약한 고(故) 아더 T. 피어슨(Arthur T. Pierson) 박사는 주제에 접근하기 위한 항목들을 다음과 같이 요약하였다.

- 사람의 경험이 아니라 절대 틀림이 없는 성경 말씀만이 최후의 상소법원이 될 수 있다.
- 힘써 구해야 할 은사는 덕을 세우는 것이어야 한다.
- 순수한 모든 영적 은사는 평화와 조화의 원인이 된다.
- 성령께서 부어주시는 것은 그 기질을 겸손하고 온순하게 한다.
- 은사 자체를 위하거나 자신의 영광을 위하여 구하는 은사는 어떤 것이든지 가짜이며 속임수이다.
- 지나친 사람의 영향력은 성령 하나님의 주권과 모순된다.
- 분열을 일으키고 분리하려는 경향은 그것이 무엇이든지 심각한

의심의 대상이 될 수 있다.

우리는 늘 사단의 간계와 속임수를 알아챌 수 있도록 경계해야 한다.

성령에 관한 올바른 가르침

대답해야 할 질문이 하나 더 남아 있다. 방언에 집착하고 있는 사람들을 돕고, 다른 사람들이 여기에 빠지지 않도록 하는 가장 좋은 방법은 무엇일까?

우리는 복음을 전해야 할 책임이 있는 모든 기독교인들에게 성령의 역사에 관한 분명한 올바른 가르침을 주어야 한다. 그리고 오순절의 의의와 그들이 개인적으로 어떻게 성령 충만을 받을 수 있는지를 일찍부터 알려 주어야 한다. 그리스도께 돌아온 사람에게는 최대한 빨리 기회를 잡아 이 가르침을 전해야 한다. 그들의 신앙이 더 깊어질 때까지 미루어져서는 안 된다. 이 경험을 통하여 그들이 성숙할 수 있다. 새로이 개심한 사람이 흡수할 수 있는 영적 진리의 양은 놀라울 정도이다. 교회마다 이러한 바른 가르침이 이루어진다면 분명히 훨씬 적은 사람들이 타락하지 않고 훨씬 더 빨리 거룩함으로 나아갈 수 있을 것이라고 확신한다.

성도들이 오순절 흐름에 빠졌거나 그쪽에 매료되었다면, 인신 공격을 할 것이 아니라 영적인 방법으로 상황을 만족시킬 수 있는 특별한 보살핌을 주어야 한다. 정면 공격은 그들을 거기에 빠지게 할 가능성이 훨씬 크다. 다른 사람들이 무아경과 능력을 체험할 수 있다는 약속에 매료되어 있을 때 적용할 수 있는 방법은, 성경 말씀을 보여주고, 성령께서 삶을 통제하실 때 거룩함과 기쁨과 능력이 증거된다는 개인적인 경험을 보여주면 된다. 만일 우리 자신이 성령 충만을 누리지 못했다면, 먼저 그 충만함이 우리의 것이 되도록 구해야 한다. 그런 후에야 우리는 바울이 "제일 좋은 길"이라 부르는 것을 가르침 뿐만 아니라 실제로도 증명할 수 있을 것이다.

바울의 위대한 사랑의 찬가가 우연히 고린도 서신 중간에 놓인 것이 아니다. 그 숭고한 주제는 뚜렷한 목적을 가지고 있으며 그 대상이 분명하게 언급되어 있다. "너희는 더욱 큰 은사를 사모하라. 내가 또한 제일 좋은 길을 너희에게 보이리라." – 화려한 영적 은사보다 더 좋은 길, 바로 성도의 사랑의 길이다. 순수한 사랑의 마음 없이 은사를 사용한다면, 그 은사가 아무리 훌륭해도 영적으로 전혀 가치가 없다. 바울은 주장한다. "사랑을 따라 구하라. 신령한 것을 사모하되" 그러나 전자 없는 후자는 소용없다. 사랑이 "제일 좋은 길"이다.

> 화려한 영적은사보다 더 좋은 길은 바로 성도의 사랑의 길이다.

"그룹 토의 문제"

본서는 믿음의 "성숙으로 나아가기"를 원하는 모든 사람들에게 유용한 책입니다. 나아가 가까운 친구들과 함께 소모임으로 모여 이 책을 연구하고 토론한다면 더 큰 유익을 얻을 수 있을 것입니다. 이 학습 지침서는 소모임에서 여섯 번에 걸쳐 책의 개념들을 토론하도록 개발되었습니다. 각 장마다 세 부분으로 나누어져 있습니다.

▷시작하기

일상 생활의 경험으로 시작하여 모임의 모든 멤버들이 토론에 참여하도록 돕습니다. 한 시간의 모임 중에 5분을 초과하지 않도록 하십시오.

▷핵심 파악하기

이 책의 셋 혹은 네 장의 핵심에 초점을 맞추어 중심 성경 말씀에 대해 심도 있는 토론을 제공합니다. 이 질문들을 토론하려면 대개 40-45분 정도의 시간이 필요합니다.

▷적용하기

모임의 멤버들이 삶에 어떻게 적용할 수 있을지 제안하여 실천하도록 합니다. 이 질문들을 토론하기 위해 10-15분의 시간을 남겨 두십시오.

소모임에 앞서 모임의 각 멤버들이 해당 장를 읽고 답을 미리 준비하도록 하십시오. 토론을 시작하고 마칠 때는 꼭 기도로 하십시오.

첫 번째 시간

그룹 토론을 위해, 본서 1-3과를 읽고 다음의 질문들에 답해 보세요.

시작하기

1. 당신에게 일어난 안 좋은 일을 하나님께서 선한 방향으로 인도하신 경험이 있다면 어떤 것이 있나요?

핵심 파악하기

2. 왜 어떤 사람들은 "모든 것이 합력하여 선을 이룬다"는 말씀을 믿기 어려워할까요? (1과)

3. 당신의 삶을 되돌아 볼 때, 다른 사람들이 악하게 하려 한 것을 하나님께서 선하게 허락하신 것은 무엇인가요? (1과)

4. 당신의 삶에서 일어나는 악으로 인해 하나님께 감사하는 것이 옳았던 경험이 있나요 아니면 잘못되었었나요? (1과)

5. 당신의 반응은 다음 중 누구의 반응과 가장 비슷합니까?
   [모세, 욥, 야곱, 엘리야, 이사야, 에스겔, 다니엘, 베드로, 사울, 요한]

6. 위의 예에서 열거된 사람들의 반응 중에서 공통적으로 나타나는 특징은 무엇인가요? (2과)

7. 왜 사람들은 하나님의 이상을 보고자 기도할까요? (2과)

8. "하늘의 추적자"가 당신을 끝까지 쫓아온 경험이 있나요? (3과)

9. 성도의 삶에 나타난 실패가 어떻게 우리에게 유익이 될까요? (3과)

10. 하나님의 주권, 거룩하심, 오래 참으심을 아는 것이 영적인 성숙에 어떻게 영향을 미칠까요?

적용하기

11. 하나님께서 당신의 삶에서 영적 성숙을 이루기 위해 사용하시는 불리한 환경은 무엇이며, 까다로운 사람들은 누구인가요?

두 번째 시간

그룹 토론을 위해, 본서 4-7과를 읽고 다음의 질문들에 답해 보세요.

시작하기

1. 야채, 꽃, 나무, 정원 혹은 농작물 등 무언가를 심거나 키웠던 경험이 있었나요? 무엇이 그 경험을 긍정적 혹은 부정적으로 만들었나요?

핵심 파악하기

2. 하나님께서 우리를 훈련시키기 위해 사용하시는 경험에 대해 더 좋은 태도를 가지려면 어떻게 해야 할까요? (4과)

3. 왜 영적인 훈련을 위한 필수적인 대가는 마음을 아프게 하는 걸까요?
   (4과)

4. 왜 자주 성도들은 그들의 장점과 약점에 대해 하나님과 다른 견해를 보일
   까요? (5과)

5. 하나님께서 당신의 약함을 사용하셨던 때는 언제인가요?

6. 왜 성도에게 있어 교만이 그토록 큰 죄일까요? (6과)

7. 왜 오늘날의 성도들은 교만이 하나님께서 그토록 싫어하시는 것이라는
   것을 알지 못할까요? (6과)

8. 교만 테스트 중 당신에게 있어 가장 확실한 지표가 되는 것은 무엇인가
   요? (6과)

9. 왜 대부분의 경우 믿음의 삶은 쉽지 않을까요? (7과)

10. 삶에서 당하는 어려움들이 영적인 성숙에 어떠한 영향을 미치는지 당신
    의 생각을 말해 보세요.

적용하기

11. 교만과 싸우기 위해 당신에게 필요한 단계들은 무엇입니까?

12. 지금 당하고 있는 어려움 중 새로운 시각으로 바라보아야 할 것은 무엇인가요?

세 번째 시간

그룹 토론을 위해, 본서 8-10과를 읽고 다음의 질문들에 답해 보세요.

시작하기

1. 예수님에 관한 이야기 중 가장 좋아하는 부분은 어디입니까? 왜 그것을 좋아하나요?

2. 기억에 남는 예배를 생각해 보세요. 무엇 때문에 그 예배가 의미 있었나요?

핵심 파악하기

3. 그리스도의 7가지 특징 중 어떤 것이 가장 인상적인가요? (8과)

4. 그리스도의 이상에 관한 내용을 읽을 때 어떤 감정이 일어났나요? (8과)

5. 어린양이 받으시기에 합당한 7가지 속성들 중에서 당신에게 있어 다소 혼동스러운 것은 어떤 것인가요? (9과)

6. 그리스도께서 이 일곱 속성들을 우리와 함께 나누신다는 의미는 무엇일까요? (9과)

7. 어떤 점에서 하나님을 경배하는 것과 기꺼이 찬양하는 것이 영적인 성숙의 척도가 될까요? (9과)

8. 왜 그리스도께서 우리를 위해 중보하실 필요가 있습니까? (10과)

9. 그리스도께서 우리의 대제사장이 되신다는 것을 기억함으로써 우리는 무슨 도움을 받을 수 있을까요? (10과)

적용하기

10. 그리스도께 대한 경배를 새롭게 하거나 향상시키기 위해 당신이 취할 수 있는 방법들은 무엇입니까?

네 번째 시간

그룹 토론을 위해, 본서 11-14과를 읽고 다음의 질문들에 답해 보세요.

시작하기

1. 연애할 때 사랑의 불을 타오르도록 하는 것은 무엇일까요?

핵심 파악하기

2. "축복 받는다"는 말을 새신자에게 어떻게 간략하게 설명하시겠습니까? (11과)

3. 복 있는 사람의 속성 중 지금 당신의 삶에서 가장 큰 도전이 되는 것은 어

떠한 것입니까? (11과)

4. 만일 누군가가 여기에 제시된 성도의 성품에 대한 기준이 너무 높아서 행동을 향상시키기 보다는 자존감만 상하게 할 수 있다고 주장한다면, 당신은 어떻게 대답하시겠습니까? (11과)

5. 당신은 더 행복한 가정, 더 많은 소유, 더 편한 삶을 살기 위해 더욱 애쓰고 있습니까? (12과)

6. 제자가 되기 위한 이 어려운 조건들을 무시할 때 생길 결과는 무엇일까요? (12과)

7. 당신의 삶 가운데 어떤 요소가 주님을 향한 당신의 헌신의 가치를 저하시키나요? (13과)

8. 어떻게 하면 그리스도에 대한 사랑을 새롭게 할 수 있을까요? (13과)

9. 왜 성도들은 그들이 누릴 수 있는 영적 자원들보다 훨씬 못 미치는 삶을 살고 있을까요? (14과)

적용하기

10. 예수님을 더욱 사랑하기 위해, 내 삶에서 버려야 할 부분은 무엇인가요?

11. 이번 한 주간 조금이라도 더 그리스도인다운 삶을 살기 위해 무엇을 결

심할 수 있나요?

다섯 번째 시간

그룹 토론을 위해, 본서 15-18과를 읽고 다음의 질문들에 답해 보세요.

시작하기

1. 당신이 체험해 본 가장 뜨거운 불은 어떤 것인가요? (산불, 건물화재, 모닥불, 용광로 등) 그 힘(파워)을 한번 묘사해 보세요.

핵심 파악하기

2. 성령 강림으로 인해 제자들은 특별히 어떤 점에서 변화되었나요? (15과)

3. 당신의 영적 여행에서, 어떻게 당신은 성령께서 성도들에게 주시는 힘을 발견하셨나요? (15과)

4. 우리의 삶 속에서 성령의 변화시키는 능력을 촉진시키거나 돕기 위해 우리가 할 수 있는 일은 무엇이 있을까요? (16과)

5. 성령께서 우리를 변화시키는 과정 중에 우리의 책임과 한계는 무엇인가요? (16과)

6. 어떻게 성령의 역사는 고통스러우면서도 동시에 힘을 돋우어 주는 경험이 될 수 있나요? (16과)

7. 하나님의 불이 내려오면 하나님의 백성과 그 교회에 어떤 일이 생길까요? (17과)

8. 엘리야의 성격이나 행동중 어떤 것이 당신에게 가장 영감을 줍니까? (17과)

9. 선교를 위해 "소진되어 버리는" 것과 "불타오르는" 것의 차이가 무엇일까요? (18과)

10. 왜 교회가 "힘이나 능이 아닌" 것으로 운영되는 것이 중요할까요? 이것을 이토록 다르게 만드는 것은 무엇입니까? (18과)

적용하기

11. 이번 주 성령의 능력에 더욱더 의지해야 할 일이 있습니까? 있다면 무엇입니까?

여섯 번째 시간

그룹 토론을 위해, 본서 19-21과를 읽고 다음의 질문들에 답해 보세요.

시작하기

1. 일상 생활에서 매일 사용하는 에너지 공급원에는 어떤 것들이 있나요? (전기, 가스, 핵, 물, 바람, 디젤 등) 이 중에서 가장 많이 사용되는 것은 무엇입니까?

핵심 파악하기

2. 선교에 있어서 성령의 역할은 무엇입니까? (19과)

3. 성령 강림 운동이나 은사 운동에 대한 당신의 생각은 어떻습니까? (20과)

4. 은사 중 오늘 날 그친 것이 있다고 생각하십니까? 아니면 여전히 모든 은사가 유효하다고 보십니까? 그 이유는 무엇인가요? (20과)

5. 본문에 나온 방언의 4가지 위험 중 어떤 것이 가장 염려스럽습니까? (21과)

6. 왜 분열시키는 것이 교회에 그토록 큰 위협이 될까요? (21과)

7. 이 책에서 당신에게 가장 도움이 된 부분은 성부, 성자, 성령 중 어디입니까?

8. 당신의 삶에서 성삼위일체께서 성화시켜 주시도록 내어드려야 할 부분은 무엇입니까?

적용하기

9. 이 책을 읽은 결과, 당신의 영적 성숙을 위해 가장 중요한 방법은 무엇입니까?

Oswald Sanders의 영적성숙

지은이　| 오스왈드 샌더스
옮긴이　| 고신석

초판 1쇄　| 2008년 2월 29일
초판 3쇄　| 2022년 12월 16일

발행인　　| 김경섭
국제총무　| 최복순
총무　　　| 김현욱
협동총무　| 김상현
편집부　　| 고유영(편집실장), 허윤희, 박은실, 김성경
인쇄　　　| 영진문원

발행처　　| 묵상하는사람들
등록번호　| 20-333
일부총판　| 생명의말씀사 Tel. (02) 3159-7979　Fax. 080-022-8585

주소　　　| 서울특별시 서초구 청룡마을길 8-1(신원동) (우) 06802
전화　　　| (02) 588-2218　　팩스　| (02) 588-2268
홈페이지　| www.precept.or.kr
국민은행 772-21-0310-382(김경섭)
2008 ⓒ 묵상하는사람들

값 17,000원
ISBN 978-89-8475-342-6 03230

독자 여러분의 의견을 기다립니다.
독자 전화 (02) 588-2218 / pmbook77@naver.com